Oliver Chama   **Steuerrecht**

W0181316

JURIQ Erfolgstraining

Herausgegeben von JURIQ® Juristisches Repetitorium, Köln

Steuerrecht

von
Oliver Chama
Richter am Amtsgericht

2., neu bearbeitete Auflage

C.F. Müller

Bibliografische Information der Deutschen Nationalbibliothek
Die Deutsche Nationalbibliothek verzeichnet diese Publikation in der
Deutschen Nationalbibliografie; detaillierte bibliografische Daten sind
im Internet über <http://dnb.d-nb.de> abrufbar.

Print: ISBN 978-3-8114-5825-3
ePub: ISBN 978-3-8114-5923-6

E-Mail: kundenservice@cfmueller.de
Telefon: +49 6221 1859 599
Telefax: +49 6221 1859 598

www.cfmueller.de

© 2022 C.F. Müller GmbH, Heidelberg

Dieses Werk, einschließlich aller seiner Teile, ist urheberrechtlich geschützt. Jede Verwertung
außerhalb der engen Grenzen des Urheberrechtsgesetzes ist ohne Zustimmung des Verlages
unzulässig und strafbar. Dies gilt insbesondere für Vervielfältigungen, Übersetzungen, Mikro-
verfilmungen und die Einspeicherung und Verarbeitung in elektronischen Systemen.

Satz: TypoScript, München
Druck: Westermann Druck, Zwickau

Liebe Leserinnen und Leser,

die Reihe „JURIQ Erfolgstraining" zur Klausur- und Prüfungsvorbereitung verbindet sowohl für Studienanfänger als auch für höhere Semester die Vorzüge des klassischen Lehrbuchs mit meiner Unterrichtserfahrung zu einem umfassenden Lernkonzept aus Skript und Online-Training.

In einem ersten Schritt geht es um das **Erlernen** der nach Prüfungsrelevanz ausgewählten und gewichteten Inhalte und Themenstellungen. Einleitende Prüfungsschemata sorgen für eine klare Struktur und weisen auf die typischen Problemkreise hin, die Sie in einer Klausur kennen und beherrschen müssen. Neu ist die **visuelle Lernunterstützung** durch

- ein nach didaktischen Gesichtspunkten ausgewähltes Farblayout
- optische Verstärkung durch einprägsame Graphiken und
- wiederkehrende Symbole am Rand

  ↻ = Definition zum Auswendiglernen und Wiederholen

  Ⓟ = Problempunkt

  @ = Online-Wissens-Check

Illustrationen als „Lernanker" für schwierige Beispiele und Fallkonstellationen steigern die Merk- und Erinnerungsleistung Ihres Langzeitgedächtnisses.

Auf die Phase des Lernens folgt das **Wiederholen und Überprüfen** des Erlernten im **Online-Wissens-Check**: Wenn Sie im Internet unter **www.juracademy.de/skripte/login** das speziell auf das Skript abgestimmte Wissens-, Definitions- und Aufbautraining absolvieren, erhalten Sie ein direktes Feedback zum eigenen Wissensstand und kontrollieren Ihren individuellen Lernfortschritt. Durch dieses aktive Lernen vertiefen Sie zudem nachhaltig und damit erfolgreich Ihre steuerrechtlichen Kenntnisse!

Frage 1 (Punkte: 1)

Die X-OHG betreibt jeweils ein Restaurant in München und Augsburg sowie eine Kochschule in Hamburg. Wieviele Umsatzsteuererklärungen muss sie aufgrund dieser Tätigkeiten abgeben?

Antwort

Aussagen	Antwort		Aussagerichtigkeit und Kommentar
a) Überhaupt keine, da die Tätigkeit einer OHG nicht der Umsatzsteuer unterliegt. Lediglich ihre Gesellschafter schulden die Umsatzsteuer.	☐	✓	Falsch. Anders als im Einkommensteuerrecht kann eine OHG auch Unternehmer i.S.v. § 2 Abs. 1 UStG sein, so dass ihre Tätigkeit der Umsatzsteuer unterliegen kann.
b) Zwei, da die OHG zwei Unternehmen betreibt: das Unternehmen "Restaurant" mit Betrieben in München und Augsburg und das Unternehmen "Kochschule" in Hamburg.	☐	✓	Falsch. Im Umsatzsteuerrecht gilt der Grundsatz der Unternehmenseinheit. Eine natürliche oder juristische Person bzw. eine Personenvereinigung kann umsatzsteuerlich nur ein Unternehmen haben.
c) Genau eine.	☑	✓	Richtig. Die X-OHG ist Unternehmer i.S.v. § 2 Abs. 1 UStG und wegen des Grundsatzes der Unternehmenseinheit unterfällt jede unternehmerische Betätigung ein- und demselben Unternehmen. Demnach muss gemäß § 18 Abs. 3 UStG eine Umsatzsteuererklärung abgegeben werden.

→ **Richtig**
Punkte für diese Antwort: 1/1.

Schließlich geht es um das **Anwenden und Einüben** des Lernstoffes anhand von Übungsfällen verschiedener Schwierigkeitsstufen, die im Gutachtenstil gelöst werden. Die JURIQ **Klausurtipps** zu gängigen Fallkonstellationen und häufigen Fehlerquellen weisen Ihnen dabei den Weg durch den Problemdschungel in der Prüfungssituation.

Das **Lerncoaching** jenseits der rein juristischen Inhalte ist als zusätzlicher Service zum Informieren und Sammeln gedacht: Ein erfahrener Psychologe stellt u.a. Themen wie Motivation, Leistungsfähigkeit und Zeitmanagement anschaulich dar, zeigt Wege zur Analyse und Verbesserung des eigenen Lernstils auf und gibt Tipps für eine optimale Nutzung der Lernzeit und zur Überwindung evtl. Lernblockaden.

Das Steuerrecht gehört zu den komplexesten Rechtsgebieten und wird wegen seiner „Unlernbarkeit" auf breiter Front gefürchtet. Aber auch das Steuerrecht ist in mehr oder weniger systematischen Gesetzen geregelt, welche Ihnen durch dieses Skript nähergebracht werden sollen. Es enthält die wesentlichen Grundlagen aller üblicherweise abgeprüften Steuerrechtsgebiete und erläutert diese anhand zahlreicher Beispiele. Darüber hinaus vertieft es auch zahlreiche Themen, die immer wieder Gegenstand von steuerrechtlichen Klausuren sind.

Meine Zielgruppe ist neben jenen, die sich schnell in die Materie einarbeiten und zumindest das elementare Grundwissen beherrschen müssen, auch der Prüfungskandidat, der bereits umfangreiche Vorkenntnisse hat, die er noch erweitern, im Einzelnen vertiefen und im Gesamten repetieren möchte.

Die komplett überarbeitete Neuauflage ist auf dem Rechtsstand von Juni 2022 und berücksichtigt auch das Jahressteuergesetz 2022 vom 15. März 2022 sowie das BMF-Schreiben vom 10. Mai 2022 zu Einzelfragen zur ertragsteuerlichen Behandlung von virtuellen Währungen und sonstigen Token.

Auf einen Fußnotenapparat, der umfassend Literatur- und Rechtsprechung widergibt, wurde bewusst verzichtet, da hier nicht wissenschaftlicher Tiefgang, sondern eindeutig das grundlegende Systemverständnis und die Praxistauglichkeit des vermittelten Fachwissens im Vordergrund stehen soll.

Auf geht's – ich wünsche Ihnen viel Freude und Erfolg beim Erarbeiten des Stoffs!

Und noch etwas: Das Examen kann jeder schaffen, der sein juristisches Handwerkszeug beherrscht und kontinuierlich anwendet. Jura ist kein „Hexenwerk". Setzen Sie nie ausschließlich auf auswendig gelerntes Wissen, sondern auf Ihr Systemverständnis und ein solides methodisches Handwerk. Wenn Sie Hilfe brauchen, Anregungen haben oder sonst etwas loswerden möchten, sind wir für Sie da. Wenden Sie sich gerne an C.F. Müller GmbH, Waldhofer Straße 100, 69123 Heidelberg, E-Mail: kundenservice@cfmueller.de. Dort werden auch Hinweise auf Druckfehler sehr dankbar entgegen genommen, die sich leider nie ganz ausschließen lassen. Oder Sie wenden sich direkt an den Verfasser unter chama@juristischegrundlagen.de.

München, im Juni 2022   *Oliver Chama*

JURIQ Erfolgstraining –
die Skriptenreihe von C.F. Müller
mit Online-Wissens-Check

Mit dem Kauf dieses Skripts aus der Reihe „JURIQ Erfolgstraining" haben Sie gleichzeitig eine Zugangsberechtigung für den Online-Wissens-Check erworben – ohne weiteres Entgelt. Die Nutzung ist freiwillig und unverbindlich.

Was bieten wir Ihnen im Online-Wissens-Check an?

- Sie erhalten einen individuellen Zugriff auf **Testfragen zur Wiederholung und Überprüfung des vermittelten Stoffs**, passend zu jedem Kapitel Ihres Skripts.
- Eine individuelle **Lernfortschrittskontrolle** zeigt Ihren eigenen Wissensstand durch Auswertung Ihrer persönlichen Testergebnisse.

Wie nutzen Sie diese Möglichkeit?

Online-Wissens-Check

Registrieren Sie sich einfach für Ihren kostenfreien Zugang auf **www.juracademy.de/ skripte/login** und schalten sich dann mit Hilfe des Codes für Ihren persönlichen Online-Wissens-Check frei.

Ihr persönlicher User-Code: 253554208

Der Online-Wissens-Check und die Lernfortschrittskontrolle stehen Ihnen für die **Dauer von 24 Monaten** zur Verfügung. Die Frist beginnt erst, wenn Sie sich mit Hilfe des Zugangscodes in den Online-Wissens-Check zu diesem Skript eingeloggt haben. Den Starttermin haben Sie also selbst in der Hand.

Für den technischen Betrieb des Online-Wissens-Checks ist die JURIQ GmbH, Unter den Ulmen 31, 50968 Köln zuständig. Bei Fragen oder Problemen können Sie sich jederzeit an das JURIQ-Team wenden, und zwar per E-Mail an: info@juriq.de.

Inhaltsverzeichnis

Literaturverzeichnis

Ax, Rolf/Große, Thomas/Melchior, Jürgen/Lotz, Anja/ Ziegler, Christian	Abgabenordnung und Finanzgerichtsordnung, 22. Auflage 2021
Birk, Dieter/Desens, Marc/ Tappe, Henning	Steuerrecht, 24. Auflage 2021
Dötsch, Ewald/Alber, Matthias/ Sell, Hartmut/ Zenthöfer, Wolfgang	Körperschaftsteuer, 19. Auflage 2020
Eisgruber, Thomas/ Schallmoser, Ulrich	Einkommensteuerrecht, 2. Auflage 2010
Endriss, Walter	Handbuch für die Steuerberaterprüfung, 7. Auflage 2012
Ettlich, Ronald	Einkommensteuerrecht, 2011
Grobshäuser, Uwe/Knies, Jörg/ Schmidt, Stephan	Einkommensteuer, 3. Auflage 2015
Mutschler, Ingo/Scheel, Thomas	Umsatzsteuer, 6. Auflage 2021
Tipke, Klaus/Lang, Joachim	Steuerrecht, 24. Auflage 2021

Tipps vom Lerncoach

Warum Lerntipps in einem Jura-Skript?

Es gibt in Deutschland ca. 1,6 Millionen Studierende, deren tägliche Beschäftigung das Lernen ist. Lernende, die stets ohne Anstrengung erfolgreich sind, die nie kleinere oder größere Lernprobleme hatten, sind eher selten. Besonders juristische Lerninhalte sind komplex und anspruchsvoll. Unsere Skripte sind deshalb fachlich und didaktisch sinnvoll aufgebaut, um das Lernen zu erleichtern.

Über fundierte Lerntipps wollen wir darüber hinaus all diejenigen ansprechen, die ihr Lern- und Arbeitsverhalten verbessern und unangenehme Lernphasen schneller überwinden wollen.

Diese Tipps stammen von *Frank Wenderoth*, der als Diplom-Psychologe seit vielen Jahren in der Personal- und Organisationsentwicklung als Berater und Personal Coach tätig ist und außerdem Jurastudierende in der Prüfungsvorbereitung und bei beruflichen Weichenstellungen berät.

Wie lernen Menschen?

Die Wunschvorstellung ist häufig, ohne Anstrengung oder ohne eigene Aktivität „à la Nürnberger Trichter" lernen zu können. Die modernen Neurowissenschaften und auch die Psychologie zeigen jedoch, dass Lernen ein aktiver Aufnahme- und Verarbeitungsprozess ist, der auch nur durch aktive Methoden verbessert werden kann. Sie müssen sich also für sich selbst einsetzen, um Ihre Lernprozesse zu fördern. Sie verbuchen dann die Erfolge dann auch stets für sich.

Gibt es wichtigere und weniger wichtige Lerntipps?

Auch das bestimmen Sie selbst. Die Lerntipps sind als Anregungen zu verstehen, die Sie aktiv einsetzen, erproben und ganz individuell auf Ihre Lernsituation anpassen können. Die Tipps sind pro Rechtsgebiet thematisch aufeinander abgestimmt und ergänzen sich von Skript zu Skript, können aber auch unabhängig voneinander genutzt werden.

Verstehen Sie die Lerntipps „à la carte"! Sie wählen das aus, was Ihnen nützlich erscheint, um Ihre Lernprozesse noch effektiver und ökonomischer gestalten zu können!

Lernthema 10
Imaginationsmethoden

Imaginationsmethoden haben – ähnlich wie beim Mentaltraining im Sport – zum einen die Funktion, dem Körper klare Handlungsanweisungen zu geben. Wenn Sie erforderliche Tätigkeiten zunächst in der Vorstellung durchführen, entwickeln Ihr Körper und Ihr Gehirn bereits ein Handlungskonzept, das nur noch abgerufen und umgesetzt werden muss.

Sie können damit zum anderen auch negative Gedanken- oder Gefühlskreisläufe unterbrechen, die Ihre Aktivität hemmen und positive Innenbilder erzeugen, die sich förderlich auf die Zuversicht auswirken und Energien freisetzen. Mittels Imagination können Sie sich selbst aus einer Flaute „herausrudern".

Lerntipps

Vermeiden Sie die Vermeidungsspirale!

Es ist ganz normal, dass wir nicht jeden Tag gleichermaßen motiviert sind. Wir beginnen mit Arbeiten – zum Beispiel auch nach einer längeren Ruhephase –, die uns noch relativ unbekannt sind oder wie ein unüberwindbarer Berg erscheinen. Oder wir haben einen Durchhänger und das Gefühl, die Ideen gehen uns aus. Wir fühlen uns inkompetent und unwohl, haben Zweifel und werden unzufrieden. Negative Fantasien und die damit verbundenen Gefühle hindern uns an der Arbeit. In solchen Phasen erscheinen uns alle anderen Aktivitäten attraktiver als die bevorstehenden. Wir gehen die Aufgaben nicht an und fühlen uns danach noch unwohler, weil wir eigentlich produktiv sein wollten. Gefühle wie Unlust, Selbstzweifel und Unzufriedenheit addieren sich. Wenn wir uns nicht möglichst bald aktivieren, laufen wir Gefahr, in eine Vermeidungsspirale zu geraten.

Setzen Sie anstelle von Negativfantasien Innenbilder ein, die Sie aktivieren!

Die folgende Imaginationsmethode soll es Ihnen erleichtern, einen Anfang zu finden. Wenn Sie einmal begonnen haben, werden Sie von sich aus weiter arbeiten und die gesamte Arbeitsphase wird Ihnen leichter fallen. Weil viele Lernende die Erfahrung machen, dass die Methode sie unterstützt, können sie zukünftig gelassener mit anfänglichen Motivations- und Aktivitätsproblemen umgehen.

Methode: Innenbilder zur Aktivierung

Verschaffen Sie sich eine grobe Übersicht über die vor Ihnen liegende Arbeit!
- Welche Inhalte sind gefordert (Teilthema XY zum Zivilrecht)?
- Welche Arbeitsmittel sind zu benutzen (Bücher, Skripte, PC)?
- Welche Lerntätigkeiten sind gefordert (Einführung, Karteikarten schreiben, mündlich Wiederholung, schriftliche Zusammenfassung)?
- Welche Themen sollen abgehandelt werden (Aufbauschemata zum Thema X)?

Stellen Sie Ihre Arbeitsmittel bereit!
- Räumen Sie Ihren Schreibtisch leer.
- Suchen Sie die Materialien zusammen, die Sie aus der gegenwärtigen Sicht benötigen können (Bücher, Ordner, Skripte).

Leiten Sie die Imaginationsarbeit durch eine Entspannung ein!
- Suchen Sie einen Ort der Entspannung wie Stuhl, Sofa.
- Machen Sie es sich wie gewohnt bequem und entspannen Sie mit geschlossenen Augen für ca. 2 Minuten.

Imaginieren Sie Ihre Vorbereitungsaktivitäten!
- Stellen Sie sich vor, wie Sie sich dem Schreibtisch nähern und lassen sich dabei immer 30 bis 60 Sekunden Freiraum für weitere Imaginationen.
- Sie sehen die Arbeitsmaterialien vor sich auf dem Schreibtisch liegen.
- Stellen Sie sich vor, wie Sie in dem Buch X blättern, wie Sie den Ordner zum Thema Y aufschlagen und die Seiten durch Ihre Finger gleiten lassen!
- Nun stellen Sie sich kurz das anstehende Thema vor, es heißt: XYZ.
- Vorhin haben Sie sich einen groben Überblick zu dem Thema verschafft. Lassen Sie nun einige Begriffe zu diesem Thema in Ihrer Vorstellung emporkommen.
- Sie werden merken, dass Ihnen sofort einige Begriffe dazu einfallen.

Sie stellen sich jetzt die anstehenden Aktivitäten noch konkreter vor!
- Sie stellen sich vor, wie Sie in dem vorhin schon vorgestellten Buch oder Ordner zu diesem Thema blättern und konzentriert verschiedene Stellen intensiver betrachten.
- Dann stellen Sie sich vor, wie Sie sich an Ihren Arbeitsplatz setzen.
- Ganz plastisch stellen Sie sich vor, wie Sie den Artikel X lesen und wie Sie Ihre Hände heben, um sich Notizen zu machen oder wie Sie den PC anschalten und anfangen, auf der Tastatur zu schreiben.

Sie merken, dass Sie Ihre Tätigkeit gut anfangen können und sich zunehmend aktiver fühlen!
- Spüren Sie bei Ihren Tätigkeiten deutlich, wie Sie sitzen, das Buch halten, Ihre Finger die Tastatur bedienen – so plastisch wie Ihnen möglich.
- Sie merken, wie Sie aktiv sind, Ihr Kopf klarer wird, Sie sich entspannen und gleichzeitig handeln.

Stellen Sie sich vor, wie Sie gleich die Arbeit konkret beginnen werden!
- Stellen Sie sich vor, wie Sie sich gleich aufstehen werden, zum Arbeitsplatz gehen und zu arbeiten beginnen.
- Öffnen Sie die Augen, stehen Sie auf und begeben Sie sich tatsächlich an Ihren Arbeitsplatz.
- Beginnen Sie jetzt mit den imaginierten Tätigkeiten.

Sie werden verblüfft sein, wie gut diese Methode klappt, um eine Aktivität zu beginnen und dadurch eine Vermeidungsspirale zu unterbrechen!

Rufen Sie sich gelegentlich Ihre Gedanken vor Beginn einer Tätigkeit in Erinnerung!

Wir haben gerade bei größeren Ausarbeitungen Gedanken und Gefühle, die uns daran hindern, etwas zu beginnen. Wir blockieren uns damit auch, für die Zeit nach der Aufgabenerledigung positive Perspektiven zu entwickeln. Erinnern Sie sich doch einmal an Ihre Gedanken, die Sie vor Beginn einer solchen Tätigkeit hatten und vergleichen Sie diese mit den Gedanken und Gefühlen danach. Meist waren die Gedanken wesentlicher negativer und Sie merken danach häufig erleichtert, dass es eigentlich gar nicht so schlimm war. Häufig ärgert man sich auch, dass man eine Tätigkeit so lange vor sich her geschoben hat.

- Schreiben Sie sich häufiger die Gedanken und Gefühle **vor und nach** einer Tätigkeit auf.
- Ihre **Bewertungen vor einer Handlung** werden sich dadurch verbessern. Sie sehen weniger Hindernisse und sind zuversichtlicher, da Sie wissen, dass es danach fast immer besser ist als vor der Aufgabe.
- Sie beginnen Ihre Tätigkeiten zügiger und sind bei der Arbeit motivierter.
- Sie sparen sich damit auch viel psychischen Stress.

Diese Gedanken können uns so absorbieren, dass sie unsere Lern- und Arbeitsfähigkeit und sogar unsere Lebensqualität beeinflussen.

Während Sie mit dem Gedankenstopp ständig auftretende Gedanken unterbrechen, sorgen Sie mit der Imaginationsübung „Der rote Ballon" für mehr innere Ausgeglichenheit und Ruhe, da Sie diese Gedanken abschalten **und** „entsorgen" können.

Übung „Der rote Ballon"

Bitte stellen Sie sich nun Ihr Problem oder die Person vor, mit der (jetzt) keine sinnvollen Lösungen möglich sind …

Nun steht neben Ihnen eine große Kiste … in diese stecken Sie nun das Problem.

Falls es groß ist, können Sie nachstopfen. Auch eine Person können Sie hinein geben und etwas nachhelfen …

Wenn das Problem oder die Person drin ist, nehmen Sie den Deckel, legen ihn fest drauf und nageln oder schrauben die Kiste zu … Sie merken deutlich, wie Sie immer zufriedener hämmern oder schrauben …

Nun sehen Sie neben sich. Da ist ein riesiger roter Ballon fest gebunden … sein Seil befestigen Sie ganz fest an der Kiste … und lassen es nun los …

Der Ballon erhebt sich, spannt das Seil straff und hebt die Kiste mit ihrem Inhalt hoch … steigt immer weiter auf, immer höher … und die Kiste mit ihrem Inhalt wird immer kleiner und kleiner …

Sie spüren das deutlich … Ihre Entlastung und Befreiung nimmt immer mehr und mehr zu … der Ballon wird immer kleiner und wird dann mit seiner Last weit fortgetragen … weit über den Horizont hinweg …

… und Sie können tief und entspannt durchatmen.

Diese Übung bereitet Freude und hat eine befreiende Wirkung. Entspannung und innere Ruhe können statt innerer gedanklicher Getriebenheit wieder einkehren.

Weglaufende Gedanken können eskalieren!

Wenn wir negative Gedanken und Gefühle entwickeln, denken wir schnell und beharrlich in die gleiche Richtung. Wir denken uns dann lebhaft in eine Situation ein, sodass wir vergessen, diese an der Realität zu überprüfen. Dem Gehirn ist es gleich, ob uns Dinge lediglich vorstellen oder sie real vorhanden sind [in Lernthema 8 (Mentale Übungen und Autosuggestion) wurde schon erwähnt, dass man sich das auch positiv zunutze machen kann mit positiven Autosuggestionen und Imaginationen]. Dies führt zu einer Eskalation der Gedanken. Wir greifen auf frühere schlechte Erfahrungen zurück, übertragen sie auf die gegenwärtige Situation, wir übersteigern Vorurteile uns gegenüber. Man sieht sich schon im Vorhinein als Versager, bekommt Angst, Gefühle von Inkompetenz und schlimmstenfalls werden die Gedanken zur sich selbst erfüllenden Prophezeiung.

Unterbrechen Sie weglaufende Gedanken möglichst früh – mit dem Gedankenstopp!

Sobald ein Gedanke als Anfang negativer Gedankenkreisläufe einsetzt, schlagen Sie mit der flachen Hand auf den Tisch und sagen „Stopp!". Auch wenn es albern klingt, es hilft vor allem, wenn Sie die Unterbrechung stets zu Gedankenbeginn durchführen und konsequent sind. Am besten gelingt die Unterbrechung mit körperlichen Aktivitäten wie Aufräumen, Bücher raussuchen. Überprüfen Sie den Realitätsgehalt Ihrer Gedanken auch, indem Sie Meinungen Außenstehender einholen und konkretes Feedback bekommen (z.B. über Ihre Ausarbeitung). Es geht aber vor allem darum, dass Sie allein bestimmen und *Sie* Macht über Ihre Gedanken haben.

Beseitigen Sie „Gedankenabfall", wenn Sie die zugrunde liegenden Probleme jetzt nicht lösen können!

Mitunter verfolgen uns Gedanken, deren zugrunde liegenden Probleme wir (im Moment) nicht lösen können. Solche Gedanken können sein:

- unangenehme und peinliche frühere Begebenheiten, die wir auch nach einer Entschuldigung nicht ungeschehen machen konnten,
- immer wieder Ärger über Personen oder Sachverhalte, die nicht änderbar sind,
- in der Zukunft liegende Probleme, die wir noch gar nicht lösen können.

1. Teil
Allgemeine Steuerlehre und allgemeines Steuerschuldrecht

A. Einteilung der Steuerarten

Die verschiedenen Steuerarten können insbesondere nach dem Gegenstand der Besteuerung und nach ihren Auswirkungen beim Steuerschuldner eingeteilt werden.

1

Einteilung nach dem Gegenstand der Besteuerung				
Personen-steuern	Sach-steuern	Verkehr-steuern	Verbrauch-steuern	Aufwand-steuern
Nach persönlichen Verhältnissen von natürlichen und juristischen Personen (Einkommen- und Körperschaftsteuer)	Gegenstände oder Vorgänge unabhängig von persönlichen Verhältnissen (z.B. Umsatzsteuer, Realsteuern, d.h. Gewerbe- und Grundsteuer)	Rechtsgeschäfte oder wirtschaftliche Vorgänge (z.B. Erbschaftsteuer, Grunderwerbsteuer, „Finanztransaktionssteuer")	Verbrauch oder Gebrauch bestimmter vertretbarer Wirtschaftsgüter (z.B. Mineralölsteuer, Stromsteuer)	Aufrechterhaltung eines tatsächlichen oder rechtlichen Zustands (z.B. Kfz-Steuer, Hundesteuer, Zweitwohnsitzsteuer)

Die Umsatzsteuer kann nicht eindeutig als Verbrauch- oder Verkehrsteuer eingeordnet werden. Nach ihrem Sinn und Zweck handelt es sich um eine Verbrauchsteuer. Aus § 21 Abs. 1 UStG folgt jedoch im Umkehrschluss, dass es sich ausschließlich bei der Einfuhrumsatzsteuer um eine Verbrauchsteuer im Sinne der Abgabenordnung handelt. Wegen ihrer rechtstechnischen Anknüpfung an Vorgänge des Rechtsverkehrs (vgl. § 1 Abs. 1 UStG) liegt eine Einordnung der Umsatzsteuer als Verkehrsteuer nahe. Nach h.M. handelt es sich jedoch um eine (allgemeine) Verbrauchsteuer, da die Anknüpfung an Vorgänge des Rechtsverkehrs lediglich aus rechtstechnischen Gründen notwendig ist, aber nichts über den materiellen Gehalt der Umsatzsteuer aussagt. Es handelt sich lediglich nicht um eine Verbrauchsteuer im Sinne der AO, die den Begriff der Verbrauchsteuer nur für die speziellen Verbrauchsteuern verwendet. Meint die AO die Umsatzsteuer, so benennt sie diese ausdrücklich (vgl. z.B. § 21 AO im Unterschied zu § 23 AO).[1]

2

Einkommen-, Körperschaft- und Gewerbesteuer bilden gemeinsam die höchst bedeutsame Gruppe der Ertragsteuern, bei denen die Steuer von der Höhe des erwirtschafteten Ertrags abhängt.

3

---

1 *Birk/Desens/Tappe* Steuerrecht, Rn. 74.

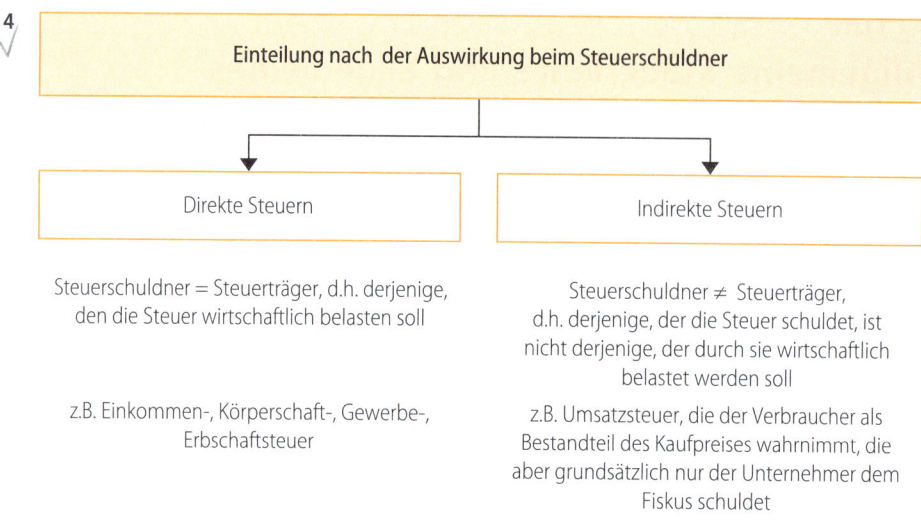

4

B. Systematik der Steuerrechtsordnung

I. Das materielle Steuerrecht

5 Materielles Steuerrecht ist Steuerschuldrecht. Die einzelnen Steuergesetze, z.B. EStG, GewStG, UStG, regeln das besondere Steuerschuldrecht, also die Steuerschuld aufgrund der Erfüllung von besonderen Steuertatbeständen. Die AO regelt in ihrem Zweiten Teil, §§ 33–77, das allgemeine Steuerschuldrecht und enthält damit die „vor die Klammer gezogenen" Vorschriften. Diese Regelungen sind für alle Steuerarten anwendbar (vgl. § 1 Abs. 1 AO), sofern nicht das besondere Steuerschuldrecht eine vorrangige Sonderregel enthält (lex specialis-Grundsatz). In ihrem Zweiten Abschnitt des Ersten Teils, §§ 3–15, enthält die AO Definitionen, die im gesamten Steuerschuldrecht anwendbar sind. Ergänzt werden die Regelungen in der AO und den materiellen Steuergesetzen durch die bei Sachverhalten mit Auslandsbezug relevanten Vorschriften des AStG sowie für Bewertungsfragen durch die Vorschriften des BewG.

II. Das formelle Steuerrecht

6 Das formelle Steuerrecht besteht aus dem Steuerverfahrensrecht, d.h. dem Steuerverwaltungs- und dem Steuerprozessrecht. Das allgemeine Steuerverwaltungsrecht regelt die AO in ihrem Dritten bis Siebten Teil (§§ 78–368). Die einzelnen Steuergesetze (EStG, KStG etc.) enthalten vereinzelt auch besondere Steuerverwaltungsvorschriften (bspw. § 10d Abs. 4 EStG). Das Steuerprozessrecht ist in der FGO geregelt.

C. Grundprinzipien der Besteuerung

I. Die Gesetzmäßigkeit der Besteuerung

Die in Art. 20 Abs. 3 GG für die gesamte öffentliche Gewalt statuierte Gesetzmäßigkeit der Verwaltung, wird durch § 85 S. 1 AO für das Steuerrecht konkretisiert. Die Finanzbehörden müssen die Steuern nach Maßgabe der Gesetze festsetzen und erheben. Dabei gibt es insbesondere auch bei den periodischen Steuern keine Bindung der Finanzbehörden an ihre Rechtsauffassung und Sachbehandlung in früheren Besteuerungsperioden. Ferner ist nicht nur die Besteuerung ohne oder gegen das Gesetz, sondern auch die Nichtbesteuerung bzw. „Andersbesteuerung" entgegen der gesetzlichen Anordnung unzulässig. Rechtswidrig sind daher Steuervereinbarungen (Absprachen, Verträge, Vergleiche) zwischen Steuerpflichtigem und Finanzbehörde über die Festsetzung oder Erhebung einer Steuer (Ausnahmen: § 78 Nr. 3, § 224a AO).[2] Nicht unter das Verbot der Steuervereinbarungen fällt zur Förderung einer effizienten Besteuerung die sog. tatsächliche Verständigung über schwierig zu ermittelnde Sachverhalte.[3]

7

Beispiel Die zwischen Finanzamt und Steuerpflichtigem getroffene Abrede, dass zur Bemessung der AfA nach § 7 EStG bei einer bestimmten Produktionsmaschine von einer fünfjährigen Nutzungsdauer ausgegangen wird, stellt eine tatsächliche Verständigung dar. Wird dagegen verabredet, dass dem Steuerpflichtigen im Hinblick auf diese Maschine pauschal ein Betriebsausgabenabzug in Höhe von 1000 € zugestanden wird, so liegt eine unzulässige Steuervereinbarung vor. Die Nutzungsdauer ist ein tatsächlicher Umstand und damit einer Verständigung zugänglich. Die Höhe des Betriebsausgabenabzugs ergibt sich jedoch als Rechtsfolge aus dem Sachverhalt und kann nicht wirksam vereinbart werden. ■

II. Die Tatbestandsmäßigkeit der Besteuerung

Die in §§ 3 Abs. 1, 38 AO konkretisierte Tatbestandsmäßigkeit der Besteuerung ist eine Ausprägung der Gesetzmäßigkeit der Besteuerung. Sie besagt, dass eine Steuer nur geschuldet wird, wenn der Tatbestand eines materiellen Steuergesetzes (und nicht zusätzlich auch ein Ausnahmetatbestand) erfüllt ist. Die analoge Anwendung von Steuergesetzen zur Ausweitung der Besteuerung ist unzulässig.

8

Der Tatbestand eines jeden Steuergesetzes besteht aus dem Steuersubjekt, dem Steuerobjekt, der Bemessungsgrundlage und dem Steuersatz.[4]

III. Die Gleichmäßigkeit der Besteuerung

Die aus dem allgemeinen Gleichheitssatz des Art. 3 Abs. 1 GG abzuleitende Gleichmäßigkeit der Besteuerung bedeutet Rechtssetzungsgleichheit und Rechtsanwendungsgleichheit.

9

2 *Ax/Große/Melchior/Lotz/Ziegler* AO und FGO, Rn. 69.
3 *BFH* vom 31.7.1996, BStBl II 1996, 625.
4 *Ax/Große/Melchior/Lotz/Ziegler* AO und FGO, Rn. 70.

1.   Rechtssetzungsgleichheit

10 Die Rechtssetzungsgleichheit erfordert eine Besteuerung nach der individuellen wirtschaftlichen Leistungsfähigkeit, d.h. jeder muss relativ – gemessen an seiner Steuerzahlungsfähigkeit – gleich belastet werden. Nach dem BVerfG[5] muss der Gesetzgeber (nicht die Finanzverwaltung!) deshalb die Besteuerung nach der wirtschaftlichen Leistungsfähigkeit des Einzelnen ausrichten (Leistungsfähigkeitsprinzip). Als Ausprägungen dieses Prinzips sind im Einkommensteuerrecht das objektive und das subjektive Nettoprinzip zu unterscheiden.

Nach dem **objektiven Nettoprinzip** sind bei der Bestimmung des zu versteuernden Einkommens diejenigen Beträge abzuziehen, die der Steuerpflichtige zur Erhaltung und Sicherung seiner Einkommensquelle aufwenden muss.

Nach dem **subjektiven Nettoprinzip** sind bei der Bestimmung des zu versteuernden Einkommens auch diejenigen Beträge abzuziehen, die der Steuerpflichtige zur Sicherung seiner und der Existenz seiner Kinder aufwenden muss.

Beispiel   Die Kosten für die Strecke zwischen Wohnung und Arbeitsstätte müssen steuerlich abzugsfähig sein, damit dem objektiven Nettoprinzip entsprochen wird. Denn diese Kosten sind für den Steuerpflichtigen zur Erzielung seiner Einnahmen unvermeidlich. Die Abzugsfähigkeit von Krankenversicherungsbeiträgen trägt dagegen dem subjektiven Nettoprinzip Rechnung. Denn diese Kosten sind für die Einnahmeerzielung an sich nicht notwendig, fallen aber zur Absicherung persönlicher Risiken zwangsläufig an. ■

Das Äquivalenzprinzip, nach dem sich die Steuerlast des Bürgers nach seinem Nutzen von staatlichen Leistungen richten soll, spielt im deutschen Steuerrecht nur eine sehr untergeordnete Rolle und hat mit Rechtssetzungsgleichheit nichts zu tun. Es handelt sich vielmehr um ein rein ökonomisches Besteuerungsprinzip.

Mit dem Prinzip der Rechtssetzungsgleichheit in Konflikt gerät gelegentlich das auch in der deutschen Steuerrechtsordnung verwirklichte Gestaltungsprinzip, nach dem Steuern auch Lenkungswirkung haben können bzw. sollen. Demnach wird die wirtschaftliche Belastungsgleichheit nach dem Leistungsfähigkeitsprinzip in den Hintergrund gerückt und es kommt zu einer gemessen an der wirtschaftlichen Leistungsfähigkeit des Einzelnen überproportional starken Belastung, um ein unerwünschtes Verhalten (z.B. Nutzung des privaten Pkw anstelle des öffentlichen Nahverkehrs) zu reduzieren.

Schließlich kommt dem sog. Effizienzprinzip im deutschen Steuerrecht zwar eine nachrangige, jedoch keine unerhebliche Bedeutung zu. Nach diesem Prinzip muss die Erhebung einer Steuer effizient sein, d.h. der Aufwand der Steuererhebung zum Ertrag nicht außer Verhältnis stehen. So mag die Erhebung einer Vermögenssteuer im Sinne des Leistungsfähigkeitsprinzips geboten sein. Da die Kosten für den Vollzug der Vermögenssteuer jedoch als unverhältnismäßig hoch angesehen werden, wird diese Steuer (derzeit) nicht mehr erhoben.

---

5 BVerfGE 66, 214, 233.

2. Rechtsanwendungsgleichheit

Die Rechtsanwendungsgleichheit wird für die Finanzbehörden in § 85 S. 1 AO konkretisiert, weil diese Vorschrift eine gleichmäßige Steuerfestsetzung und -erhebung fordert. Zu diesem Zweck hat die Exekutive aufgrund der Ermächtigung des Art. 108 Abs. 7 GG Steuerrichtlinien (z.B. EStR, KStR) erlassen, an die sich die Finanzbehörden (aber nicht die Gerichte!) bei der Auslegung der Steuergesetze zu halten haben. Auch OFD-Verfügungen und BMF-Erlasse dienen der gleichmäßigen Rechtsanwendung.[6]

11

D. Die wirtschaftliche Betrachtungsweise im Steuerrecht

Da das Steuerrecht an die wirtschaftliche Leistungsfähigkeit anknüpft, müssen wirtschaftliche Erwägungen bei der Besteuerung eine entscheidende Rolle spielen. Diese zeigen sich im Steuerrecht wie folgt:

12

I. Auslegung der Steuergesetze

Bei der Anwendung der Steuergesetze können gesetzliche Tatbestandsmerkmale nicht ohne weiteres wie in anderen Rechtsgebieten ausgelegt werden. Vielmehr muss in jedem Einzelfall geprüft werden, ob ein und derselbe Begriff bei der Anwendung eines Steuergesetzes anders auszulegen ist als etwa im Zivilrecht. So knüpft bspw. das Erbschaftsteuerrecht an die gleichen Vorgänge an wie das Erbrecht. Daher enthalten sowohl das ErbStG als auch das 5. Buch des BGB in ihren jeweiligen Tatbeständen insoweit identische Begriffe. Dabei gilt die Leitlinie, dass Begriffe in Steuergesetzen, die an Akte des Zivilrechtsverkehrs anknüpfen, grundsätzlich genauso auszulegen sind wie im Zivilrecht (zivilrechtsakzessorische Auslegung).

13

II. Die Zurechnung von Sachen (wirtschaftliches Eigentum)

Gemäß § 39 Abs. 1 AO werden Wirtschaftsgüter dem Eigentümer zugerechnet. Maßgeblich für die Zurechnung ist nach dieser Grundsatzvorschrift also das Eigentum im zivilrechtlichen Sinne (Sacheigentum). Aber bereits der Begriff „Wirtschaftsgut" deutet an, dass die Vorschrift nicht nur die Zuordnung von Sachen i.S.v. § 90 BGB regelt. Vielmehr fallen auch Forderungen unter den Begriff des Wirtschaftsguts.

14

> **Wirtschaftsgut** i.S.v. § 39 AO sind Sachen, Rechte oder sonstige Vorteile wirtschaftlicher Art.

Da im zivilrechtlichen Sinne niemand Eigentümer eines Rechts sein kann, ist bereits an dieser Stelle eine vom Zivilrecht abweichende Auslegung des Begriffs des Eigentümers geboten. Der Begriff des Eigentümers meint auch den Gläubiger einer Forderung oder den sonstigen Rechtsinhaber (z.B. den Vorkaufsberechtigten).

Nach § 39 Abs. 2 AO sind Wirtschaftsgüter unter den dort genannten Voraussetzungen aber nicht dem zivilrechtlichen sondern dem wirtschaftlichen Eigentümer zuzurechnen.

---

6 *Ax/Große/Melchior/Lotz/Ziegler* AO und FGO, Rn. 72.

Wirtschaftlicher Eigentümer ist, wer Besitz, Gefahr, Nutzen und Lasten eines Wirtschaftsguts innehat und den zivilrechtlichen Eigentümer insoweit vollständig verdrängt.

Maßgeblich für das wirtschaftliche Eigentum ist stets eine Gesamtwürdigung der tatsächlichen Verhältnisse des Einzelfalls.

Beispiel Der Unternehmer U erwirbt eine Produktionsmaschine unter Eigentumsvorbehalt vom Großhändler H und übereignet sie kurz darauf zur Sicherung eines Darlehens an die Bank B, nutzt sie aber selbst weiter im Betrieb. Zivilrechtlicher Eigentümer ist B. Nach § 39 Abs. 2 Nr. 1 AO ist die Maschine steuerlich aber dem U zuzurechnen. ◼

Gemäß § 39 Abs. 2 Nr. 2 AO werden Wirtschaftsgüter zudem niemals einer Gesamthand zugerechnet. Das Steuerrecht erkennt die zivilrechtliche Rechtsfigur der Gesamthandsgemeinschaft nicht an. Eine solche wird vielmehr stets als Bruchteilsgemeinschaft behandelt, d.h. das zivilrechtliche Eigentum einer Gesamthandsgemeinschaft gehört steuerrechtlich anteilig den einzelnen Gemeinschaftsmitgliedern.

Beispiel Die ABC-OHG, an der A, B und C zu je einem Drittel beteiligt sind, ist als Eigentümerin eines von ihr vermieteten Grundstücks im Grundbuch eingetragen (§ 899a BGB). Zivilrechtlich ist die OHG Eigentümerin des Grundstücks. Nach § 39 Abs. 2 Nr. 2 AO ist das Grundstück dagegen A, B und C zu je einem Drittel zuzurechnen. ◼

Auch die einzelnen Einheiten virtueller Währungen und sonstiger Token (Bitcoin, Ethereum, XRP usw.) sind nach Auffassung der Finanzverwaltung (BMF vom 10.5.2022, IV C 1 – S 2256/19/10003 :001, S. 11) Wirtschaftsgüter. Denn sie vermitteln die Möglichkeit, die dem eigenen öffentlichen Schlüssel zugewiesenen vermögenswerten Vorteile einem anderen öffentlichen Schlüssel zuzuweisen. Außerdem sind sie einer selbständigen Bewertung über einschlägige Börsen, Handelsplattformen und Listen zugänglich. Ihr wirtschaftlicher Eigentümer ist, wer Transaktionen initiieren und damit verfügen kann. Dies ist regelmäßig der Inhaber des privaten Schlüssels.

III. Unerheblichkeit von Gesetzes- oder Sittenwidrigkeit

15 Nach § 40 AO kommt es für die Besteuerung nicht darauf an, ob das Verhalten des Steuerpflichtigen neben einem Steuertatbestand auch ein gesetzliches Verbot erfüllt oder sittenwidrig ist. Die Wertneutralität des Steuerrechts erfordert, dass alleine das wirtschaftliche Ergebnis eines Verhaltens besteuerungsrelevant ist. Dies ist schon deshalb geboten, weil nicht einzusehen ist, wieso der rechtstreu Handelnde wirtschaftliche Vorteile versteuern soll, der rechtsuntreu Handelnde dagegen nicht.

IV. Unerheblichkeit der Unwirksamkeit von Rechtgeschäften

16 Nach § 41 Abs. 1 S. 1 AO ist es für die Besteuerung grundsätzlich (vgl. § 41 Abs. 1 S. 2 AO) unerheblich, wenn ein Rechtsgeschäft unwirksam ist, solange das wirtschaftliche Ergebnis des Rechtsgeschäfts dennoch besteht. Dies ist z.B. dann der Fall, wenn eine Übereignung zwar rechtlich nichtig ist, aber dennoch ein Wechsel des Eigentums im wirtschaftlichen Sinne erfolgt. Ergibt sich die Unwirksamkeit des Rechtsgeschäfts aus § 134 BGB oder § 138 BGB, so ergibt sich die steuerliche Unerheblichkeit dieser Unwirksamkeit nicht aus § 41 AO sondern aus dem spezielleren § 40 AO.

V. Unbeachtlichkeit von Scheingeschäften

Nach § 41 Abs. 2 S. 1 AO sind Scheingeschäfte steuerlich unbeachtlich. **17**

> **Scheingeschäfte** sind rechtlich wirksame Rechtsgeschäfte, deren wirtschaftliches Ergebnis von den Parteien nicht gewollt ist und deshalb entweder schon nicht herbeigeführt oder nicht bestehen gelassen wird.

» Extrem praxis- und klausur- relevant! **«**

Die in Klausur und Praxis bedeutsamsten Fälle von Scheingeschäften sind Verträge zwischen Angehörigen, Verträge zwischen einer Kapitalgesellschaft und deren beherrschenden Gesellschaftern sowie Verträge zwischen Personengesellschaften und den Angehörigen von deren Gesellschaftern, die jeweils steuerliche Vorteile bewirken sollen. Solche Verträge sind durch das Fehlen der zwischen „neutralen" Vertragsparteien üblichen Interessengegensätze gekennzeichnet. Die Finanzverwaltung stuft solche Verträge daher als Scheingeschäfte ein, es sei denn es werden im Vorhinein klare und formwirksame Vereinbarungen getroffen, die inhaltlich dem unter fremden Dritten üblichen entsprechend (Fremdvergleich) und wie unter fremden Dritten vollzogen werden.[7]

Beispiel M ist von F geschieden und schuldet ihr monatlichen Unterhalt i.H.v. 2000 € (24 000 € im Jahr). Nach § 10 Abs. 1a Nr. 1 EStG können pro Jahr 13 805 € Unterhaltsaufwendungen als Sonderausgaben steuermindernd berücksichtigt werden. Da M ein Unternehmen betreibt und Steuern sparen möchte, vereinbart er mit F, dass sie als Sekretärin für ihn arbeiten und dafür ein Entgelt i.H.v. 10 195 € (= 24 000 € ./. 13 805 €) jährlich erhalten soll. Diesen Betrag und sämtliche Sozialabgaben könnte M nach § 4 Abs. 4 EStG steuermindernd als Betriebsausgaben absetzen. Tatsächlich sind sich M und F darüber einig, dass F im Büro des M nichts zu suchen und keinerlei Arbeitsleistung für ihn zu erbringen hat (§ 33a EStG soll hier aus Vereinfachungsgründen außer Betracht bleiben). Der Arbeitsvertrag zwischen M und F ist nach § 41 Abs. 2 S. 1 AO für die Besteuerung unerheblich, weil der Vertrag nicht tatsächlich vollzogen wird, d.h. M kann die Lohnaufwendungen nicht nach § 4 Abs. 4 EStG als Betriebsausgaben geltend machen. F hingegen erzielt keine Einkünfte aus nichtselbstständiger Arbeit i.S.v. § 19 EStG, sondern Unterhalt und damit sonstige Einkünfte i.S.v. § 22 Nr. 1a EStG i.H.v. 24 000 €. Wegen ihrer privaten Veranlassung (Scheidung) können die entsprechenden Ausgaben des M gemäß § 12 Nr. 2 EStG nicht steuermindernd berücksichtigt werden. ■

VI. Verbot des Gestaltungsmissbrauchs

Nach § 42 Abs. 1 S. 1 AO ist die rechtsmissbräuchliche Steuerumgehung unzulässig, d.h. die **18** Steuer entsteht so, wie wenn keine rechtsmissbräuchliche Gestaltung gewählt worden wäre (§ 42 Abs. 1 S. 3 AO). Was ein Missbrauch ist, definiert § 42 Abs. 2 S. 1 AO. Unerheblich ist, ob der Steuerpflichtige in Steuerumgehungs- bzw. Missbrauchsabsicht handelt. § 42 Abs. 2 AO enthält lediglich objektive Tatbestandsmerkmale.

Vom Missbrauch zu unterscheiden ist die zulässige Steuervermeidung.

---

7 *BFH* vom 25.7.1991, BStBl II 1991, S. 842.

Die Steuer in zulässiger Weise vermeidet, wer wirtschaftlich angemessen handelt und dabei keinen gesetzlichen Steuertatbestand erfüllt.

Bei der Beurteilung der Angemessenheit muss je nach Sinn und Zweck des einzelnen Steuergesetzes im Einzelfall unter Abwägung aller Umstände beurteilt werden.

JURIQ-Klausurtipp

In der Klausur ist bei der Annahme eines Missbrauchs äußerste Zurückhaltung geboten. Im Zweifel ist wegen der verfassungsrechtlich in Art. 2 Abs. 1 GG garantierten wirtschaftlichen Dispositionsfreiheit des Steuerpflichtigen nicht von einer unangemessenen Gestaltung auszugehen. Gelangt man unter entsprechend aufwändiger Argumentation zu dem Ergebnis, dass eine an sich steuerlich missbräuchliche Gestaltung vorliegt, so kann nach § 42 Abs. 2 S. 2 AO dennoch wegen außersteuerlicher Gründe ein Missbrauch ausgeschlossen sein.

E. Das Steuerschuldverhältnis

I. Der Steuerpflichtige

19   **Steuerpflichtiger** ist nach § 33 Abs. 1 AO, wer eine Steuer schuldet, für eine Steuer haftet, eine Steuer für Rechnung eines Dritten einzubehalten und abzuführen hat, wer eine Steuererklärung abzugeben, Sicherheit zu leisten, Bücher und Aufzeichnungen zu führen oder andere ihm durch die Steuergesetze auferlegten Verpflichtungen zu erfüllen hat. Kurz zusammengefasst ist Steuerpflichtiger jede steuerrechtsfähige Person, die materiell-rechtliche oder verfahrensrechtliche Pflichten zu erfüllen hat, die nicht lediglich Pflichten i.S.v. § 33 Abs. 2 AO sind.

1. Steuerrechtsfähigkeit

20   **Steuerrechtsfähigkeit** ist die Fähigkeit, Träger von steuerlichen Rechten und Pflichten zu sein.

Wer steuerrechtsfähig ist, lässt sich nicht allgemein bestimmen. Dies wird vielmehr durch die einzelnen Steuergesetze für die jeweilige Steuerart festgelegt.

Beispiel   Aus §§ 1 Abs. 1 Nr. 1, 2 Abs. 1 S. 1, 13a Abs. 1 Nr. 1 UStG ergibt sich, dass jeder Unternehmer umsatzsteuerrechtsfähig ist, ohne dass es auf die Rechtsform des Unternehmens ankommt. Demnach ist auch die GbR umsatzsteuerrechtsfähig. Aus § 1 Abs. 1 S. 1 EStG und § 1 Abs. 1 KStG ergibt sich hingegen, dass eine GbR (= keine natürliche oder juristische Person) weder einkommensteuerrechtsfähig, noch körperschaftsteuerrechtsfähig ist. ■

2. Verfahrensrechtliche Steuerpflichten

Verfahrensrechtliche Steuerpflichten sind insbesondere: **21**

- Abgabe einer Steuererklärung, § 149 Abs. 1 S. 1 AO i.V.m. § 25 Abs. 3 EStG, § 31 Abs. 1 KStG, § 18 Abs. 1 und 3 UStG, § 14a GewStG, § 31 ErbStG; § 149 Abs. 1 S. 2 AO,
- Buchführung, § 140 AO i.V.m. § 238 Abs. 1 HGB, § 141 AO,
- Führung von Aufzeichnungen, § 143 AO, § 144 AO, § 22 UStG,
- allgemeine Auskunftspflicht, § 93 AO,
- Vorlage von Aufzeichnungen, Büchern, Geschäftspapieren und Urkunden, §§ 90, 97 AO.

3. Materiell-rechtliche Steuerpflichten

Materiell-rechtliche Steuerpflichten sind insbesondere: **22**

- Zahlung einer selbst geschuldeten Steuer (Steuerschuldner), § 43 S. 1 AO i.V.m. § 36 Abs. 4 S. 1 EStG (Veranlagungs-Einkommensteuer), § 38 Abs. 2 EStG (Lohnsteuer, Schuldner ist der Arbeitnehmer), § 40 Abs. 3 S. 2 EStG (pauschalierte Lohnsteuer, Schuldner ist der Arbeitgeber), § 44 Abs. 1 S. 1 EStG (Kapitalertragsteuer, Schuldner ist der Gläubiger der Kapitalerträge), § 31 Abs. 1 KStG, §§ 13a, 13b Abs. 5, § 14c UStG, § 5 GewStG, § 20 Abs. 1 ErbStG.
- Zahlung einer Haftungsschuld (Haftungsschuldner), §§ 69 ff. AO, § 42d EStG (Haftung des Arbeitnehmers für die Lohnsteuer), § 44 Abs. 5 EStG, § 10b Abs. 4 S. 2 EStG, § 13c UStG, § 25d UStG, § 25 HGB, § 28 HGB, § 128 HGB, § 41 AktG, § 9a GmbHG, § 9b GmbHG, § 11 Abs. 2 GmbHG, etc.
- Zahlung einer für einen anderen einbehaltenen Steuer (Steuerentrichtungspflichtiger), insbesondere § 43 S. 2 AO i.V.m. §§ 38 Abs. 3 EStG, 41a EStG (Lohnsteuer), § 44 Abs. 1 S. 3 EStG (Kapitalertragsteuer), § 48 Abs. 1 S. 1 EStG (Steuerabzug bei Bauleistungen).

4. Nicht ausschließlich Pflichten nach § 33 Abs. 2 AO

Die AO ordnet in § 33 Abs. 2 an, dass kein Steuerpflichtiger ist, wer lediglich in einer fremden **23** Steuersache Auskunfts- oder Vorlagepflichten zu erfüllen hat, ein Sachverständigengutachten erstatten muss oder das Betreten von Grundstücken und Geschäfts- und Betriebsräumen zu gestatten hat. Solche Personen dienen der verfahrensgemäßen Sachaufklärung nach Maßgabe der §§ 93 ff. AO.

II. Ansprüche aus dem Steuerschuldverhältnis

Das Steuerschuldverhältnis ist ein öffentlich-rechtliches Schuldverhältnis, das nur kraft Geset- **24** zes entstehen kann. Insbesondere ergibt sich aus einer vertraglichen Regelung gemäß § 48 Abs. 2 AO kein Steuerschuldverhältnis zwischen einem Dritten und dem Fiskus. Denn das Steuerschuldverhältnis ist durch ein Subordinationsverhältnis gekennzeichnet. Der Fiskus kann Ansprüche aus dem Steuerschuldverhältnis nur durch Verwaltungsakt durchsetzen. Ein Vertrag i.S.v. § 48 Abs. 2 AO führt jedoch zu einem Gleichordnungsverhältnis, vgl. § 192 AO. Die Regelung des § 48 Abs. 2 AO stellt lediglich klar, dass Dritte für Verbindlichkeiten des Steuerschuldners insbesondere bürgen oder die Verbindlichkeiten übernehmen können. Ein Steuerschuldverhältnis entsteht dadurch nicht. Die gesetzlichen Ansprüche aus dem Steuerschuldverhältnis werden im Folgenden dargestellt.

1. Der Steuerzahlungsanspruch

25   Steuerzahlungsanspruch ist derjenige Anspruch des Steuergläubigers gegen den Steuerschuldner, der auf Zahlung einer Steuer für eigene Rechnung des Steuerschuldners gerichtet ist.

Steuerschuldner ist demnach jede Person, die Zahlung einer Steuer für eigene Rechnung schuldet.

Jeder Steuerschuldner ist demnach Steuerpflichtiger (nicht auch umgekehrt!). Die Steuerschuld ist eine persönliche Schuld, die grundsätzlich einer Einzelperson obliegt. Ausnahmsweise handelt es sich aber gemäß § 44 Abs. 1 S. 1 AO um eine Gesamtschuld,

- wenn mehrere Personen aus dem Steuerschuldverhältnis nebeneinander dieselbe Leistung schulden (z.B. Schenker und Beschenkter bei der Schenkungsteuer, vgl. § 20 Abs. 1 ErbStG),
- wenn mehrere Personen aus dem Steuerschuldverhältnis nebeneinander für dieselbe Leistung haften (z.B. mehrere Geschäftsführer einer GmbH, §§ 69, 34 Abs. 1 AO) oder wenn eine Person aus dem Steuerschuldverhältnis eine Leistung schuldet und eine andere Person für diese Leistung haftet (z.B. Arbeitgeber und Arbeitnehmer bei der Lohnsteuer, vgl. §§ 38 Abs. 2 S. 1, 42d Abs. 1 Nr. 1 EStG),
- wenn mehrere Personen zusammen zu einer Steuer zu veranlagen sind (v.a. Zusammenveranlagung von Ehegatten, §§ 26 Abs. 1, 26b EStG).

Steuergläubiger ist diejenige Gebietskörperschaft, der die Ertragshoheit hinsichtlich der jeweiligen Steuer zusteht.

Die Ertragshoheit für die einzelnen Steuerarten ergibt sich aus Art. 106 GG.

2. Der Steuererstattungsanspruch

26   Der **Steuererstattungsanspruch** ist der Anspruch des Steuerpflichtigen auf Erstattung eines ohne Rechtsgrund an den Steuergläubiger geleisteten Steuerbetrages.

Der Steuerpflichtige ist Steuererstattungsgläubiger, der Steuergläubiger ist Steuererstattungsschuldner. Ein Anspruch auf Steuererstattung besteht insbesondere dann, wenn der Arbeitgeber einen höheren Lohnsteuerbetrag an das Finanzamt abgeführt hat, als der Arbeitnehmer Einkommensteuer schuldet, vgl. §§ 38 Abs. 3 S. 1, 36 Abs. 4 S. 2 EStG.

3. Der Steuervergütungsanspruch

27   Aus dem Steuerschuldverhältnis kann sich auch der Anspruch auf Zahlung einer Steuervergütung ergeben (§ 43 Alt. 2 AO).

Steuervergütung ist die Vergütung eines Steuerbetrages, den der Steuerpflichtige mit Rechtsgrund an den Steuergläubiger geleistet hat oder leisten muss.

Insbesondere ist die Zahlung von Kindergeld nach § 31 S. 3 EStG eine (laufende) Vergütung auf die (später zu zahlende) Einkommensteuer. Auch der Anspruch auf Erstattung von Vorsteuerbeträgen (§§ 15, 16 Abs. 2 UStG) ist ein Steuervergütungsanspruch.[8]

Auf die nach dem Steuerentlastungsgesetz 2022 vom 15.3.2022 in §§ 112 ff. EStG vorgesehene Energiepreispauschale in Höhe von 300 € sind nach § 120 Abs. 1 EStG die für Steuervergütungen geltenden Vorschriften der AO entsprechend anzuwenden.

4. Der Steuervergütungserstattungsanspruch

Hat der Steuerpflichtige ohne Rechtsgrund Steuervergütungen ausgezahlt bekommen, so muss er die erhaltene Steuervergütung zurückzahlen, bspw. ihm zu Unrecht ausgezahltes Kindergeld.   **28**

5. Der Anspruch auf eine steuerliche Nebenleistung

Auch der Anspruch auf eine steuerliche Nebenleistung ist Teil des Steuerschuldverhältnisses.   **29**

> **Hinweis**
>
> Was eine steuerliche Nebenleistung ist, zählt § 3 Abs. 4 AO abschließend auf.

6. Der Steuerhaftungsanspruch

Das Steuerschuldverhältnis kann anstelle eines Steuerzahlungsanspruchs einen Steuerhaftungsanspruch beinhalten. Der Unterschied zwischen dem Steuerzahlungs- und dem Steuerhaftungsanspruch besteht darin, dass der Steuerzahlungsanspruch darauf gerichtet ist, dass der Steuerschuldner auf eine eigene Steuerschuld leistet, während der Steuerhaftungsanspruch auf Zahlung einer fremden Steuerschuld gerichtet ist, für die der Anspruchsgegner haftet (Haftungsschuldner). Jeder Haftungsschuldner ist zugleich Steuerpflichtiger. In §§ 69–76 AO regelt die AO Haftungstatbestände (nicht abschließend). Ein Steuerpflichtiger haftet demnach für eine fremde Steuerschuld, wenn ein Haftungstatbestand nach der AO oder einem speziellen Steuergesetz erfüllt ist.   **30**

III. Wechsel des Steuerschuldners

Nach § 45 Abs. 1 S. 1 AO gehen sämtliche Forderungen und Schulden aus dem Steuerschuldverhältnis auf den Gesamtrechtsnachfolger über. Gesamtrechtsnachfolge tritt insbesondere nach § 1922 BGB im Erbfall, nach §§ 1415 f. BGB bei Begründung der ehelichen Gütergemeinschaft und regelmäßig in Umwandlungen nach dem UmwStG ein.   **31**

---

8 *BFH* vom 12.4.1995, BStBl II 1995, S. 817.

IV. Erlöschen des Steuerschuldverhältnisses

32 Nach § 47 AO erlöschen Ansprüche aus dem Steuerschuldverhältnis in den dort genannten Fällen.

> **Hinweis**
>
> Hervorzuheben ist, dass die Verjährung (sowohl bei Festsetzungs- als auch bei Zahlungsverjährung) ebenfalls ein Erlöschensgrund ist und nicht lediglich – wie im Zivilrecht – ein Leistungsverweigerungsrecht gewährt.

Online-Wissens-Check

Welche Umstände führen zum Erlöschen einer Steuerschuld?

Überprüfen Sie jetzt online Ihr Wissen zu den in diesem Abschnitt erarbeiteten Themen. Unter **www.juracademy.de/skripte/login** steht Ihnen ein Online-Wissens-Check speziell zu diesem Skript zur Verfügung, den Sie kostenlos nutzen können. Den Zugangscode hierzu finden Sie auf der Codeseite.

2. Teil
Einkommensteuerrecht

> **Hinweis**   **33**
>
> Klausurlösungen im Einkommensteuerrecht erfordern regelmäßig eine Gliederung in einen „Allgemeinen Teil" (gelegentlich vom Bearbeitervermerk erlassen) und die Prüfung der „objektiven Steuerpflicht" (Klausurschwerpunkt), wobei in der Literatur zahlreiche Varianten dieses Aufbaus existieren. Im Folgenden werden die einzelnen Punkte in der Reihenfolge dargestellt, wie sie in der Klausurlösung regelmäßig abzuarbeiten sind.

A. Allgemeiner Teil

I. Subjektive Steuerpflicht

Subjektiv einkommensteuerpflichtig sind allein natürliche Personen, d.h. jeder lebende **34**
Mensch.

> **Arten der persönlichen Einkommensteuerpflicht**
>
> - unbeschränkte Einkommensteuerpflicht, § 1 Abs. 1 S. 1 EStG
> - erweiterte unbeschränkte Einkommensteuerpflicht, § 1 Abs. 2 EStG
> - antragsgemäße unbeschränkte Einkommensteuerpflicht, § 1 Abs. 3 EStG
> - beschränkte Einkommensteuerpflicht, § 1 Abs. 4 EStG
> - erweiterte beschränkte Einkommensteuerpflicht, § 2 Abs. 1 AStG

In den meisten Klausuren handelt es sich um Fälle der unbeschränkten Einkommensteuerpflicht i.S.v. § 1 Abs. 1 EStG. Die unbeschränkte Einkommensteuerpflicht liegt unabhängig von der Staatsangehörigkeit dann vor, wenn eine natürliche Person einen Wohnsitz oder ihren gewöhnlichen Aufenthalt innerhalb der Bundesrepublik Deutschland hat.

Der Begriff des Wohnsitzes ist in § 8 AO für alle Steuergesetze legal definiert. Erforderlich ist **35**
eine Wohnung, d.h. ein objektiv zum Wohnen geeigneter Raum. Die potentiell steuerpflichtige Person muss die Wohnung innehaben, d.h. tatsächlich über sie verfügen können. Drittens müssen Umstände gegeben sein, die darauf schließen lassen, dass die potentiell steuerpflichtige Person die Wohnung beibehalten und benutzen wird. Dies bestimmt sich nach sämtlichen objektiv erkennbaren Umständen des Einzelfalles. Nicht erforderlich ist dafür ein regelmäßiges Nutzen der Wohnung.[1] Da § 1 Abs. 1 S. 1 EStG „einen" Wohnsitz erfordert, liegt unbeschränkte Einkommensteuerpflicht auch dann vor, wenn von mehreren Wohnsitzen wenigstens einer in Deutschland liegt.

---

1 *BFH*/NV 2004, S. 917.

36 Der Begriff des gewöhnlichen Aufenthalts wird in § 9 S. 1 AO definiert. Besondere praktische Bedeutung kommt dabei der Vermutung des § 9 S. 2 AO zu. Demnach wird unwiderleglich und rückwirkend vom ersten Tag an vermutet, dass der gewöhnliche Aufenthalt einer Person in Deutschland liegt, wenn sich diese Person mehr als 6 Monate – d.h. mindestens 183 Tage – in Deutschland aufhält. Dieser Vermutungszeitraum muss nicht innerhalb von ein und demselben Kalenderjahr liegen. Aus dem Wortlaut des § 1 Abs. 1 S. 1 EStG („den" gewöhnlichen Aufenthalt) ergibt sich, dass eine Person nur einen gewöhnlichen Aufenthalt haben kann.

37 Mit der Bejahung der unbeschränkten Steuerpflicht nach § 1 Abs. 1, Abs. 2 oder Abs. 3 EStG steht fest, dass der Steuerpflichtige mit seinem gesamten Welteinkommen in Deutschland zur Einkommensteuer herangezogen wird, d.h. unabhängig davon, woher der Steuerpflichtige Einkünfte bezieht, muss er diese in Deutschland nach dem EStG versteuern (sog. Welteinkommensprinzip).

> **JURIQ-Klausurtipp**
>
> In der Klausur sollte diese Rechtfolge kurz erwähnt werden, weil dies regelmäßig im Erwartungshorizont des Prüfers liegt.

II. Veranlagungszeitraum

38 Gemäß §§ 2 Abs. 7 S. 1 und 2, 25 Abs. 1 EStG ist Veranlagungszeitraum (immer) das Kalenderjahr. In der Klausur ist nach dem jeweiligen Bearbeitervermerk regelmäßig die Veranlagung für das vorangegangene Kalenderjahr zu prüfen.

III. Veranlagungsart

39 Das EStG kennt drei verschiedene Veranlagungsarten:
- Einzelveranlagung, § 25 Abs. 1 EStG
- Einzelveranlagung von Ehegatten, §§ 26 Abs. 1, 26a EStG
- Zusammenveranlagung von Ehegatten, §§ 26 Abs. 1, 26b EStG

1. Voraussetzungen der Ehegattenveranlagung

40 Eine Ehegattenveranlagung nach §§ 26a, 26b EStG setzt nach § 26 Abs. 1 EStG voraus, dass eine zivilrechtlich wirksame Ehe vorliegt, dass beide Ehegatten unbeschränkt einkommensteuerpflichtig sind und dass die Ehegatten nicht dauernd getrennt leben. Die unbeschränkte Einkommensteuerpflicht der Ehegatten kann sich dabei aus § 1 Abs. 1–3 oder aus der Fiktion des § 1a Abs. 1 Nr. 2 EStG ergeben.

Der Begriff des Getrenntlebens des § 1567 Abs. 1 BGB gilt auch im Einkommensteuerrecht. Anders als im Zivilrecht unterbricht aber ein Versöhnungsversuch das dauernde Getrenntleben, so dass ein Versöhnungsversuch, bei dem die Ehegatten die eheliche Lebens- und Wirtschaftsgemeinschaft wieder hergestellt haben, zu einer Ehegattenveranlagung führen kann.[2]

---

2 *Ettlich* Einkommensteuerrecht, S. 28.

Denn es genügt, wenn die hier genannten Voraussetzungen der Ehegattenveranlagung an nur einem einzigen Tag im Jahr vorliegen[3] (Extremfälle: Hochzeit erst am 31.12. oder Getrenntleben schon ab 2.1.).

2. Durchführung der Zusammenveranlagung

Bei der Ehegattenveranlagung werden nach § 26b EStG zunächst die Einkünfte der Ehegatten jeweils gesondert ermittelt. Sodann werden diese Einkünfte zusammengerechnet und es ergibt sich ein gemeinsamer Gesamtbetrag der Einkünfte.[4] Für die weitere Ermittlung des zu versteuernden Einkommens sind die Ehegatten dann wie ein einziger Steuerpflichtiger zu behandeln, d.h. Sonderausgaben und außergewöhnliche Belastungen werden vom gemeinsamen Gesamtbetrag der Einkünfte abgezogen, unabhängig davon welcher Ehegatte diese jeweils getragen hat. Freibeträge werden nach den gesetzlichen Vorschriften (z.B. § 10 Abs. 3 EStG, § 13 Abs. 3 S. 3 EStG, § 20 Abs. 9 S. 2 EStG) verdoppelt. Am Schluss wird das so ermittelte gemeinsame zu versteuernde Einkommen dem sog. Splittingtarif (siehe unten Rn 46) unterworfen.

 41

> ### Hinweis
>
> Die Zusammenveranlagung ist für die Ehegatten umso günstiger, je weiter ihre jeweiligen Einkommen voneinander abweichen. Bei exakt identischen Einkommen ergibt sich aus der Zusammenveranlagung daher kein wirtschaftlicher Vorteil gegenüber einer Einzelveranlagung.

3. Wahlrecht der Ehegatten

Gemäß § 26 Abs. 2 EStG haben die Ehegatten über die Veranlagungsart ein Wahlrecht, wobei die getroffene Wahl für den jeweiligen Veranlagungszeitraum grundsätzlich bindend ist. Erfolgt keine Wahl, so wird nach § 26 Abs. 3 EStG eine Zusammenveranlagung durchgeführt.

 42

4. Eingetragene Lebenspartner

Nach § 2 Abs. 8 EStG gelten die Regelungen zur Ehegattenveranlagung uneingeschränkt auch bei eingetragenen Lebenspartnerschaften. Auf sonstige eheähnliche bzw. nichteheliche Lebensgemeinschaften sind die gesetzlichen Vorschriften schon mangels der erforderlichen Regelungslücke nicht analog anwendbar.

 43

IV. Tarif

Das deutsche Einkommensteuerrecht kennt drei verschiedene Tarife.

 44

> Der **Tarif** beschreibt den Steuersatz, der zur Berechnung der Steuerhöhe auf das zu versteuernde Einkommen anzuwenden ist.

---

3 *BFH*/NV 2002, S. 645.
4 *Grobshäuser/Knies/Schmidt* Einkommensteuer, S. 13.

1. Grundtarif

45 Der Grundtarif wird in § 32a Abs. 1 EStG geregelt. Die komplexe Berechnungsweise resultiert aus der sozialstaatlich motivierten Forderung, dass ein höheres Einkommen auch prozentual höher zu besteuern ist (sog. linear-progressiver Tarif). Die Einkommensteuertabellen ersparen dem Rechtsanwender regelmäßig eine Berechnung anhand der in § 32a Abs. 1 EStG darge-stellten Formeln. In Höhe des Grundfreibetrags (Sicherung des Existenzminimums) beträgt der Steuersatz nach § 32a Abs. 1 S. 2 Nr. 1 EStG 0 €. Der Grundfreibetrag wurde durch das Steuerentlastungsgesetz 2022 als Reaktion auf die erhöhte Inflation auf 10 347 € angehoben. Bei darüber hinausgehenden Einkommen beginnt der Steuersatz bei ca. 14 Prozent und steigt mit der Höhe des Einkommens bis zum Spitzensteuersatz in Höhe von 42 Prozent an. Ab einem zu versteuernden Einkommen von 274 613 € gilt der sog. Reichensteuersatz von 45 Prozent.

2. Splittingtarif

46 In den Fällen der Zusammenveranlagung nach §§ 26, 26b EStG kommt der Splittingtarif zur Anwendung.[5] Dieser mildert die Progression ab und dient zur Förderung von Ehe und Familie.[6] Da durch das derzeit geltende Modell die sog. „Hausfrauenehe" privilegiert wird, ist der Splittingtarif ständiger Gegenstand sozialpolitischer Diskussionen und Reformüber-legungen.

3. Gesonderter Steuertarif für Einkünfte aus Kapitalvermögen

47 Für Einkünfte aus Kapitalvermögen sieht § 32d EStG einen gesonderten Steuertarif vor. Dieser beträgt linear 25 % („Flattax").

Hinweis

Ob der gesonderte Steuertarif zur Anwendung kommt, kann erst geprüft werden, nachdem festgestellt wurde, dass Einkünfte aus Kapitalvermögen vorliegen. Es empfiehlt sich, in der Klausur dann an dieser Stelle klarzustellen, dass vorbehaltlich des § 32d EStG der Normal- bzw. Splittingtarif gilt und im Aufbau erst nach der Prüfung der Einkünfte zu untersuchen, inwieweit hier der gesonderte Steuertarif tatsächlich zur Anwendung kommt.

V. Steuerliche Berücksichtigung von Kindern

48 Gemäß § 31 S. 1 EStG wird die Belastung des Steuerpflichtigen mit der Existenzsicherung sei-ner Kinder entweder durch Freibeträge nach § 32 Abs. 6 (Kinderfreibetrag sowie Betreuungs-, Erziehungs- und Ausbildungsfreibetrag) oder durch Kindergeld (§§ 62 ff. EStG) steuerlich berücksichtigt, je nachdem was für den Steuerpflichtigen günstiger ist. Der Begriff der Kinder wird in § 32 Abs. 1 EStG legal definiert. In § 32 Abs. 3–5 EStG ist geregelt, unter welchen Voraussetzungen ein Kind steuerlich zu berücksichtigen ist. Seit 1.1.2012 erfordert § 32 Abs. 4 EStG nicht mehr, dass das Kind selbst keine Einkünfte oberhalb des Grundfreibetrages

---

5 Instruktive Beispiele bei *Birk/Desens/Tappe* Steuerrecht, Rn. 631 ff.
6 *Grobshäuser/Knies/Schmidt* Einkommensteuer, S. 10.

bezieht, so dass die Freibeträge nach § 32 Abs. 6 EStG bzw. das Kindergeld nicht mehr von einer Einkommensprüfung beim Kind abhängig sind.

Daneben wird nach § 32 Abs. 6 S. 1 EStG ein Freibetrag in Höhe von 1464 € für Betreuung, Erziehung und Ausbildung des Kindes gewährt. Bei Alleinerziehenden gewährt § 24b EStG einen Entlastungsbetrag in Höhe von 4008 €. Weitere Begünstigungen finden sich im Rahmen der Sonderausgaben (§ 10 Abs. 1 Nr. 5 EStG) und außergewöhnlichen Belastungen (§ 33a Abs. 2 EStG).

B. Objektive Steuerpflicht

Im Rahmen der Prüfung der objektiven Steuerpflicht ist zu klären, ob der Steuerpflichtige mit seinem Verhalten steuerbare und steuerpflichtige Einkünfte erzielt. **49**

> ### JURIQ-Klausurtipp
>
> In der Klausur werden hier regelmäßig mehrere Einzelsachverhalte zur Prüfung gestellt. Jeder wirtschaftliche Vor- oder Nachteil, den ein Steuerpflichtiger laut Sachverhalt erfährt, ist gesondert darauf zu untersuchen, ob er unter eine Einkunftsart des EStG fällt. Sodann ist die Höhe der so verwirklichten Einkünfte zu bestimmen.

I. Einkunftsart („Ob" der Besteuerung)

Das EStG nennt in § 2 Abs. 1 S. 1 EStG sieben Einkunftsarten. Dieser Katalog ist abschließend. Die **50** Erfindung weiterer Einkunftsarten durch etwaige Analogien ist schon wegen des rechtsstaatlichen Grundsatzes vom Vorbehalt des Gesetzes absolut ausgeschlossen (numerus clausus der Einkunftsarten). Kann ein wirtschaftlicher Vor- oder Nachteil unter eine der enummerierten Einkunftsarten subsumiert werden, liegen steuerbare Einkünfte vor, andernfalls nicht. Die Frage, welcher Einkunftsart ein wirtschaftlich relevantes Verhalten zuzuordnen ist, beantwortet zugleich die Frage, ob überhaupt ein einkommensteuerrelevantes Verhalten gegeben ist.

In der Klausur darf die Zuordnung zu einer Einkunftsart niemals offenbleiben, da sich an die Einkunftsart jeweils zahlreiche Besonderheiten im Rahmen der Berechnung der Einkommenshöhe knüpfen. Diese werden im Anschluss gesondert dargestellt.

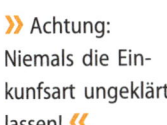

>> Achtung: Niemals die Einkunftsart ungeklärt lassen! <<

1. Einkünfte aus Gewerbebetrieb

Gemäß § 2 Abs. 1 S. 1 Nr. 2 EStG unterliegen Einkünfte aus Gewerbebetrieb der Einkommen- **51** steuer, sind also einkommensteuerbar. Das Gesetz kennt drei Gruppen von Einkünften aus Gewerbebetrieb:

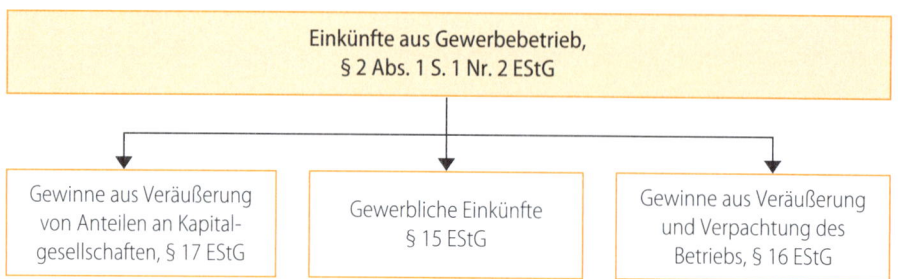

a) Gewinne aus der Veräußerung von Anteilen an Kapitalgesellschaften

>> Der Speziellste
zuerst! <<

52 Der spezielle Einkünftetatbestand der Beteiligungsveräußerung nach § 17 EStG ist durch seine Anknüpfung an formale Regeln ohne Wertungsmöglichkeit gekennzeichnet. Dadurch ist er im Prinzip vergleichsweise einfach zu handhaben. Insbesondere ist keine Feststellung notwendig, ob die Voraussetzungen für einen Gewerbebetrieb tatsächlich vorliegen. Im Detail weist die Vorschrift jedoch äußerst komplizierte Regelungen zur Erfassung von Sonderfällen auf.

>> Sehr wichtige
Unterscheidung! <<

Die steuersystematische Besonderheit des § 17 EStG besteht darin, dass der Ertrag aus der Veräußerung von im Privatvermögen gehaltenen Unternehmensbeteiligungen als gewerblich fingiert wird. Sofern die Beteiligung Teil des Betriebsvermögens des Steuerpflichtigen war, ist § 17 EStG nicht anwendbar. Es handelt sich dann um einen Fall originärer gewerblicher Einkünfte gemäß § 15 EStG. Dies ergibt sich jedenfalls aus der Systematik der steuerlichen Gewinnermittlung nach § 4 Abs. 1 EStG, wonach die gewinnbringende Veräußerung von Betriebsvermögen stets zu Einkünften aus Gewerbebetrieb nach § 15 Abs. 1 EStG führt.[7]

53 Die Qualifikation eines Gewinns aus der Veräußerung von Anteilen an einer Kapitalgesellschaft als gewerblich setzt nach § 17 Abs. 1 EStG kumulativ voraus:
- Beteiligung an einer Kapitalgesellschaft, § 17 Abs. 1 S. 3 oder Abs. 6, Abs. 7 EStG,
- in Höhe von mindestens 1 %,
- zu irgendeinem Zeitpunkt innerhalb der letzten 5 Jahre vor der Veräußerung von Anteilen,
- die veräußerten Anteile wurden im Privatvermögen gehalten.

Beispiel A ist seit 10.2.2020 zu 90 % an der B-OHG, zu 0,7 % an der X-GmbH und zu 40 % an der Y-GmbH beteiligt. Die Y-GmbH hält 20 % der Anteile an der X-GmbH. A veräußert nun am 10.1.2021 gewinnbringend alle Anteile komplett. Der Gewinn aus der Veräußerung des Anteils an der B-OHG unterfällt nicht § 17 EStG, da eine OHG keine Kapitalgesellschaft ist. Der Gewinn aus der Veräußerung der Y-GmbH erfüllt dagegen alle Voraussetzungen des § 17 Abs. 1 S. 1 EStG. Aber auch der Veräußerungsgewinn aus dem Anteil an der X-GmbH ist nach § 17 Abs. 1 S. 1 EStG einkommensteuerbar. Denn es genügt nach dem eindeutigen Gesetzeswortlaut auch eine mittelbare Beteiligung. An der X-GmbH ist A unmittelbar nur mit 0,7 % beteiligt. Über seine Beteiligung an der Y-GmbH in Höhe von 40 % entsteht aber eine darüber hinausgehende mittelbare Beteiligung an der X-GmbH, da diese zu 20 % an der X-GmbH beteiligt ist. So hält A auch 40 % von 20 % an der X-GmbH, also weitere 8 %, so dass sich seine Gesamtbeteiligung auf 8,7 % beläuft. ∎

Die in § 17 Abs. 1 S. 2, Abs. 4 und Abs. 5 EStG genannten Sonderfälle stehen einer Veräußerung von Anteilen gleich.

---

7 Vgl. auch *Grobshäuser/Knies/Schmidt* S. 186.

Hinweis

Ist auch nur eine der Voraussetzungen des § 17 EStG nicht erfüllt, so kommen nur gewerbliche Einkünfte nach § 15 Abs. 1 EStG, Einkünfte aus selbständiger Arbeit nach § 18 EStG oder Einkünfte aus Kapitalvermögen nach § 20 EStG in Betracht.

b) Gewerbliche Einkünfte nach § 15 EStG

Die Regelung des § 15 Abs. 1 EStG kennt drei verschiedene Arten von gewerblichen Einkünften, die im Folgenden erläutert werden. **54**

aa) Einkünfte aus gewerblichen Unternehmen, § 15 Abs. 1 S. 1 Nr. 1 EStG

Um ein gewerbliches Unternehmen im Sinne des § 15 Abs. 1 S. 1 Nr. 1 EStG handelt es sich, wenn ein Gewerbe betrieben wird. Ein Gewerbebetrieb in diesem Sinne liegt vor, wenn alle Voraussetzungen des § 15 Abs. 2 S. 1 EStG erfüllt sind. **55**

(1) Selbstständigkeit

Selbstständig ist tätig, wer Unternehmerrisiko trägt und Unternehmerinitiative entfaltet. **56**

Dies ist der Fall, wenn sich der Steuerpflichtige auf eigene Rechnung und Gefahr betätigt und er an unternehmerischen Entscheidungen beteiligt ist.[8] Maßgeblich ist insbesondere, ob neben einer Gewinnmöglichkeit auch die Gefahr besteht, das eingesetzte Kapital ganz oder teilweise zu verlieren. Entscheidend ist das Gesamtbild der Verhältnisse unter Berücksichtigung der Verkehrsauffassung (Gesamtabwägung aller Umstände), so dass hier ein erheblicher Wertungsspielraum besteht. Das zentrale Abgrenzungskriterium ergibt sich aus § 1 Abs. 2 S. 2 LStDV, wonach ein Dienstverhältnis und keine Selbstständigkeit anzunehmen ist, wenn der Steuerpflichtige unter der Leitung des Arbeitgebers steht oder im geschäftlichen Organismus des Arbeitgebers dessen Weisungen zu folgen verpflichtet ist (Weisungsabhängigkeit).

(2) Nachhaltigkeit

Eine Betätigung ist dann **nachhaltig**, wenn sie auf Wiederholung angelegt ist. **57**

Im Falle einer äußerlich erkennbaren Wiederholungsabsicht, kann bereits die erste Betätigung als nachhaltig eingestuft werden.[9] Umgekehrt spricht die tatsächliche gleichförmige Wiederholung bestimmter Handlungen dafür, dass bereits die erste dieser Handlungen von Wiederholungsabsicht getragen war.[10]

---

8 *Birk/Desens/Tappe* Steuerrecht, Rn. 694.
9 *Birk/Desens/Tappe* Steuerrecht, Rn. 695.
10 *Grobshäuser/Knies/Schmidt* Einkommensteuer, S. 78.

(3) Beteiligung am allgemeinen wirtschaftlichen Verkehr

58 Eine **Beteiligung am allgemeinen wirtschaftlichen Verkehr** liegt vor, wenn Güter oder Leistungen am Markt erkennbar für Dritte gegen Entgelt angeboten werden (Güter- oder Leistungsaustausch).

Im Falle einer typisch kaufmännischen Betätigung ist diese Voraussetzung auch dann erfüllt, wenn der Steuerpflichtige grundsätzlich bereit ist, seine Leistungen am Markt allgemein anzubieten, tatsächlich jedoch nur ein Kunde bzw. ein eng begrenzter Kundenkreis besteht.[11]

(4) Gewinnerzielungsabsicht

59 **Gewinnerzielungsabsicht** ist gegeben, wenn der Steuerpflichtige nach einem Totalgewinn strebt, wobei es nach § 15 Abs. 2 S. 3 EStG genügt, wenn die Gewinnerzielung nur ein Nebenzweck ist.

Als **Totalgewinn** wird eine Betriebsvermögensmehrung im Zeitraum vom Beginn bis zum Ende der gewerblichen Betätigung (sog. Totalperiode) bezeichnet.[12]

Maßgeblich ist, ob der Steuerpflichtige zu Beginn der Eröffnung seiner gewerblichen Einkunftsquelle beabsichtigt, am Ende sein Betriebsvermögen gemehrt zu haben („Totalgewinnprognose") oder ob er von Anfang an vorhat, die Tätigkeit als sog. Liebhaberei auszuüben. Die Absichten des Steuerpflichtigen können sich im Laufe der Zeit jedoch auch ändern.

Beispiel A führt seit 2019 Makeup-Produkte auf ihrem Youtube-Kanal vor und bewertet diese in ihren Videos. Sie sieht darin ein Hobby. Hierzu erwirbt sie laufend zahlreiche Schminkprodukte. Vor Beginn ihrer Videos lässt sie Werbeclips einblenden, um Einnahmen zu erzielen, die nach ihrer Kalkulation bestenfalls die Kosten für die erworbenen Schminkprodukte decken.

In diesem Fall lässt sich eine Gewinnerzielung der A nicht feststellen, da sie nicht beabsichtigt, mit ihren Videos ihr Vermögen zu mehren. Sie kalkuliert Einnahmen und Kosten nicht so, dass zu irgendeinem Zeitpunkt ein Gewinn entstehen könnte.

Mitte 2020 bemerkt A, dass die durch ihren Kanal erzielten Einnahmen regelmäßig höher sind als ihre getätigten Ausgaben. Sie rechnet daher ab jetzt damit, dass ihre Betätigung insgesamt gewinnbringend ist. Vorwiegend führt sie ihre Tätigkeit aber fort, weil es sich dabei nach wie vor um ihr Hobby handelt.

Ab Mitte 2020 handelt A mit Gewinnerzielungsabsicht, da ihre Kalkulation sie fortan Gewinne erwarten lässt. Wegen § 15 Abs. 2 S. 3 EStG ist unerheblich, dass A in erster Linie nur ihrem Hobby nachgeht. Vorbehaltlich der sonstigen Voraussetzungen des § 15 Abs. 2 EStG betreibt A also ab Mitte 2020 ein Gewerbe. Entfällt die Gewinnerzielungsabsicht zu einem späteren Zeitpunkt, so liegt ab diesem Zeitpunkt keine gewerbliche Betätigung mehr vor. ■

60 Wie jede innere Tatsache kann die Gewinnerzielungsabsicht nur aus äußeren Umständen abgeleitet werden. Bei der Neugründung eines Gewerbebetriebs spricht der Beweis des ers-

---

11 *Birk/Desens/Tappe* Steuerrecht, Rn. 696.
12 *Birk/Desens/Tappe* Steuerrecht, Rn. 699.

ten Anscheins dafür, dass der Steuerpflichtige mit Gewinnerzielungsabsicht handelt.[13] Unerheblich ist, ob der Steuerpflichtige tatsächlich vom ersten Tag an oder überhaupt nie Gewinn mit seiner Tätigkeit erzielt. Nur wenn Verluste anhaltend auftreten und nach dem betriebswirtschaftlichen Konzept des Steuerpflichtigen nicht mit einer Besserung der Ertragslage gerechnet werden kann, ist die Vermutung der Gewinnerzielungsabsicht widerlegt, sofern die Betätigung des Steuerpflichtigen ihrer Art nach auch der privaten Lebensgestaltung zufallen kann.[14] In einem solchen Fall ist von einkommensteuerlich irrelevanter Liebhaberei auszugehen.

Beispiel A pflanzt Rosen in seinem Garten an und verkauft diese zur Erzielung von laufenden Gewinnen. Auch nach 4 Jahren hat er jedoch noch keinen Periodengewinn erzielen können. Wenn A kein tragfähiges Konzept zur Verbesserung der Ertragslage vorweisen kann, wird das Finanzamt seine Tätigkeit wohl als Liebhaberei ansehen. Denn das Anpflanzen von Rosen kann bei lebensnaher Betrachtung auch als Hobby des A seiner privaten Lebensgestaltung zuzuordnen sein.

(5) keine private Vermögensverwaltung

Die Verwaltung eigenen privaten Vermögens kann alle Merkmale einer gewerblichen Tätigkeit erfüllen. Es ist jedoch allgemein anerkannt und in § 14 S. 1 AO angedeutet, dass eine solche Vermögensverwaltung regelmäßig keine gewerbliche Tätigkeit im Sinne des § 15 Abs. 2 EStG ist.[15] Einen Anhaltspunkt dafür, was private Vermögensverwaltung ist, liefert § 14 S. 3 AO. Demnach ist private Vermögensverwaltung die bloße Nutzung von Vermögen. Damit ist die Fruchtziehung oder Umschichtung gemeint.[16] Die Abgrenzung zwischen Gewerbebetrieb und privater Vermögensverwaltung ist im Einzelfall unter Berücksichtigung aller Umstände nach der Verkehrsanschauung vorzunehmen. **61**

Der Gesetzgeber hat die wichtigsten Formen der Verwaltung privaten Vermögens in §§ 20–23 EStG der Einkommensteuer unterworfen. Nach § 20 EStG zählt u.a. der Ertrag aus dem Halten und Veräußern von Kapitalanlagen zu den steuerbaren Einkünften. Nach § 21 EStG gilt das gleiche für die Vermietung und Verpachtung bestimmter Objekte. Nach §§ 22 Nr. 2, 23 EStG schließlich unterfällt auch der Gewinn aus privaten Veräußerungsgeschäften der Einkommensteuer. Allen drei Steuertatbeständen ist gemein, dass es um Erträge aus der Verwaltung von Privatvermögen, d.h. aus der Umschichtung privater Vermögenswerte, geht. Sie enthalten jedoch jeweils auch eine Subsidiaritätsklausel, die besagt, dass diese Einkünfte u.a. § 15 Abs. 1 EStG unterfallen, wenn dessen Voraussetzungen erfüllt sind, vgl. § 20 Abs. 8 EStG, § 21 Abs. 3 EStG, § 23 Abs. 2 EStG. Wenn also an sich ein Tatbestand der §§ 20–23 EStG erfüllt ist, aber die Tätigkeit des Steuerpflichtigen keine bloße Vermögensverwaltung mehr darstellt, sondern nach der Verkehrsanschauung eine Qualität angenommen hat, die bereits als gewerblich anzusehen ist, so sind die Einkünfte nach § 15 EStG zu versteuern. **62**

Die wichtigsten Konstellationen, in denen an sich Tatbestände der §§ 20–23 EStG erfüllt sind, typischerweise aber eine Gewerblichkeit besonders genau zu prüfen sein wird, werden nachfolgend dargestellt.

13 *Birk/Desens/Tappe* Steuerrecht, Rn. 700.
14 *Birk/Desens/Tappe* Steuerrecht, Rn. 700.
15 *BFH* GrS 4/82, BStBl II 1984, 751 (762).
16 *Birk/Desens/Tappe* Steuerrecht, Rn. 703.

>> Sehr
klausurrelevant! <<

63 **(a) Grundstückshandel** Bei dem sehr klausur- und praxisrelevanten Fall des Kaufs und Verkaufs von Grundstücken wird Vermögen zunächst – beim Kauf – lediglich umgeschichtet und dann – beim Verkauf – der Gewinn als „Frucht" gezogen. Der Ertrag aus solchen Geschäften kann als sonstige Einkünfte nach §§ 22 Nr. 2, 23 Abs. 1 S. 1 Nr. 1 EStG zu versteuern sein. Wenn jedoch der Rahmen der privaten Vermögensverwaltung verlassen und die Stufe der Gewerblichkeit erklommen wird, unterfallen Einkünfte aus dem Grundstückshandel ebenfalls der Steuerbarkeit nach § 15 EStG. Finanzverwaltung und Rechtsprechung behelfen sich in diesem Zusammenhang seit jeher mit der sog. 3-Objekt-Regel. Demnach ist ein gewerblicher Grundstückshandel anzunehmen, wenn der Steuerpflichtige mehrere Grundstücke erwirbt und innerhalb von etwa fünf Jahren nach Erwerb mehr als drei Objekte wieder veräußert.[17] Diese Regel stellt jedoch lediglich eine Vermutung dar, die der Steuerpflichtige im Einzelfall widerlegen kann.

Beispiel A erwirbt im Jahr 2000 zwei Einfamilienhäuser. Im Jahr 2010 erwirbt er drei Eigentumswohnungen. Im Jahr 2013 veräußert A alle drei Wohnungen sowie die beiden Häuser gewinnbringend. Bezüglich der drei Wohnungen liegt nach der 3-Objekt-Regel noch kein gewerblicher Grundstückshandel vor, da eben nicht mehr als drei Objekte innerhalb von fünf Jahren nach Anschaffung veräußert wurden. Bezieht man die beiden Einfamilienhäuser mit ein, so sind zwar mehr als drei Objekte veräußert worden. Jedoch sind die beiden Häuser nicht innerhalb von fünf Jahren nach Erwerb veräußert worden, so dass sie nicht mitgezählt werden dürfen. Es liegt demnach kein gewerblicher Grundstückshandel vor. Zumindest der Gewinn aus der Veräußerung der Wohnungen unterfällt jedoch §§ 22 Nr. 2, 23 Abs. 1 S. 1 Nr. 1 EStG, da insoweit die Spekulationsfrist von 10 Jahren noch nicht abgelaufen ist. Der Gewinn aus der Veräußerung der Häuser ist hingegen nicht steuerbar. ■

Die 3-Objekt-Regel kann zu einer rückwirkenden Umqualifizierung von Einkünften führen.

Beispiel A erwirbt im Jahr 2015 ein Haus, welches er vermietet und 2017 gewinnbringend weiterveräußert. 2018 erwirbt er drei weitere Häuser, welche er 2020 gewinnbringend weiterveräußert. Der Gewinn aus dem Jahre 2017 war zunächst als sonstige Einkünfte nach §§ 22 Nr. 2, 23 Abs. 1 S. 1 Nr. 1 EStG zu versteuern. Die Mieteinkünfte waren daneben Einkünfte aus Vermietung und Verpachtung nach § 21 EStG. Die Veräußerung der drei weiteren Häuser im Jahr 2020 führt nach der 3-Objekt-Regel nun aber dazu, dass in Bezug auf alle fünf Häuser ein gewerblicher Grundstückshandel anzunehmen ist. Demnach wird der im Jahr 2017 erzielte Gewinn im Nachhinein zu Einkünften aus Gewerbebetrieb umqualifiziert. Diese Umqualifizierung erfasst auch die Mieteinnahmen, welche nun ebenfalls nach § 15 Abs. 1 EStG zu versteuern sind. Verfahrensrechtlich wird dies durch eine spätere Änderung des Steuerbescheids umgesetzt (§ 175 Abs. 1 Nr. 2 AO oder § 164 Abs. 2 bzw. § 165 Abs. 2 AO). ■

64 **(b) Wertpapierhandel** Beim Wertpapierhandel ist die Rechtsprechung mit der Annahme einer Gewerblichkeit zurückhaltend. So soll selbst bei umfangreicher Anschaffung und Veräußerung von Wertpapieren ein gewerblicher Wertpapierhandel nur bei besonderen Umständen vorliegen. Als solche kommen in Frage: extra angemietete Büroräume, Beschäftigung von Mitarbeitern oder erhebliche Fremdfinanzierung.[18] Die restriktive Annahme eines

---

17 H 15.7 Abs. 1 EStH; BMF vom 26.3.2004, BStBl I 2004, 434.
18 Vgl. *BFH* X R 14/07, *BFH*/NV 2008, 2012.

gewerblichen Wertpapierhandels lässt sich damit erklären, dass der Kauf und Verkauf von Wertpapieren jeweils einen klassischen Fall der bloßen Umschichtung von Vermögen darstellt. Steigt ein erworbenes Wertpapier im Wert, so stellt der sich bei der Veräußerung erzielte Gewinn zudem gerade als „Frucht" des Wertpapiers dar. Demnach liegen in diesem Zusammenhang gerade die typischen Merkmale einer Vermögensverwaltung vor: Fruchtziehung und Nutzung. Daraus sich ergebende Einkünfte werden im Regelfall von § 20 EStG erfasst. Dass § 15 EStG eingreift, soll daher der Ausnahmefall sein. Entsprechend verhält es sich mit dem An- und Verkauf von virtueller Währung („Kryptowährung"), vgl. BMF vom 10.5.2022, IV C 1 – S 2256/19/10003 :001, S. 15.

(c) Betriebsaufspaltung Schließlich kann ein Fall der sog. Betriebsaufspaltung vorliegen, in dem Einkünfte aus Vermietung und Verpachtung i.S.v. § 21 EStG zu Einkünften aus Gewerbebetrieb umqualifiziert werden. Die Betriebsaufspaltung ist ein von der Rechtsprechung entwickeltes Institut, welches der Gesetzgeber zwischenzeitlich in § 50i Abs. 1 S. 4 EStG anerkannt hat.

65 » Wiederum sehr klausurrelevant! Die Betriebsaufspaltung wird in der Klausur allzu oft übersehen. «

> Bei der **Betriebsaufspaltung** tritt ein wirtschaftlich gesehen einheitliches Unternehmen rechtlich gespalten in ein Betriebs- und ein Besitzunternehmen auf, wobei das Betriebsunternehmen aktiv das operative Geschäft führt, während das Besitzunternehmen dem Betriebsunternehmen die wesentlichen Betriebsgrundlagen verpachtet.

Hinzukommen muss eine sog. personelle Verflechtung, die einen einheitlichen Betätigungswillen in beiden Unternehmen voraussetzt. Ein solcher ist im Falle der Beteiligungsidentität (identische Beteiligungsverhältnisse) sowie der Beherrschungsidentität (identische Mehrheitsverhältnisse) gegeben. Wesentliche Betriebsgrundlagen sind solche Wirtschaftsgüter, die das Betriebsunternehmen nach Art und Zweck für seine Betriebsführung benötigt. Im Falle der Verpachtung solcher Wirtschaftsgüter durch das Besitz- an das Betriebsunternehmen spricht man von einer sachlichen Verflechtung.[19] Unerheblich ist, ob ein Unternehmen erst nach seiner Gründung aufgespalten wird („echte Betriebsaufspaltung") oder ob es als von Anfang an gespalten auftritt („unechte Betriebsaufspaltung").

Der zivilrechtliche Vorteil einer solchen Aufspaltung besteht darin, dass man das Betriebsunternehmen als Kapitalgesellschaft mit entsprechender Haftungsbeschränkung organisieren kann. Im Falle der Insolvenz des Betriebsunternehmens fällt das Vermögen des Besitzunternehmens nicht in die Insolvenzmasse und bleibt somit dem Gläubigerzugriff entzogen. Der steuerliche Vorteil einer Betriebsaufspaltung liegt in der Möglichkeit der Bildung gewinnmindernder Pensionsrückstellungen für den Geschäftsführer des als Kapitalgesellschaft organisierten Betriebsunternehmens und der Abziehbarkeit seines Gehalts als Betriebsausgaben.

Steuerlich sind Betriebs- und Besitzgesellschaft selbstständige Steuerrechtssubjekte und daher getrennt zu behandeln. Die Einkünfte des Betriebsunternehmens sind regelmäßig unproblematisch solche aus Gewerbebetrieb (§ 15 Abs. 1 S. 1 Nr. 1 EStG). Die Einkünfte des Besitzunternehmens sind an sich Einkünfte aus Vermietung und Verpachtung nach § 21 EStG, also aus einer vermögensverwaltenden Tätigkeit. Die Betriebsaufspaltung führt jedoch dazu, dass die Subsidiaritätsklausel des § 21 Abs. 3 EStG zum Tragen kommt und insoweit ebenfalls Einkünfte aus Gewerbebetrieb nach § 15 Abs. 1 S. 1 Nr. 1 EStG anzunehmen sind. Dies kann

66

---

19 *Birk/Desens/Tappe* Steuerrecht, Rn. 706 f.

mit der personellen Verflechtung begründet werden, die zu einer Zurechnung der Merkmale des Gewerbebetriebs an das Besitzunternehmen führt.

Beispiel[20] A, B und C sind zu je einem Drittel an der X-GmbH beteiligt. A ist Eigentümer eines Grundstücks, welches er der GmbH als Betriebsgrundstück verpachtet. Mit dem Tod des A erbt B das Grundstück sowie die GmbH-Anteile des A. Der B verpachtet weiterhin das Grundstück an die X-GmbH. Zu Lebzeiten des A lag trotz der sachlichen Verflechtung keine Betriebsaufspaltung vor, so dass die Verpachtungseinnahmen bis zum Tod des A noch unter § 21 Abs. 1 EStG fielen. Für eine Betriebsaufspaltung fehlte es an der personellen Verflechtung des „Verpachtungsunternehmens" des A mit der GmbH. A beherrschte zwar sein ihm allein gehörendes „Verpachtungsunternehmen", nicht jedoch die GmbH. Mit dem Tod des A ist aber der Tatbestand der Betriebsaufspaltung gegeben. Denn nun beherrscht B als verpachtender Grundstückseigentümer das „Verpachtungsunternehmen" und aufgrund seines 2/3-Anteils auch die X-GmbH. Die Verpachtungseinkünfte fallen demnach unter § 15 Abs. 1 S. 1 Nr. 1 EStG. ◼

(6) keine Land- und Forstwirtschaft oder andere selbstständige Tätigkeit

67 Nach § 15 Abs. 2 S. 1 EStG handelt es sich nur dann um Einkünfte aus Gewerbebetrieb, wenn nicht die spezielleren Tatbestände der §§ 13–14a EStG oder des § 18 EStG erfüllt sind.

bb) Einkünfte aus Mitunternehmerschaft, § 15 Abs. 1 S. 1 Nr. 2 EStG

68 Zu den Einkünften aus Gewerbebetrieb zählen nach § 15 Abs. 1 S. 1 Nr. 2 EStG Gewinnanteile und Sondervergütungen des Mitunternehmers. Voraussetzung dafür ist, dass der Steuerpflichtige Mitunternehmer einer Gesellschaft ist, die gewerbliche Einkünfte erzielt. Welche Erträge unter den Begriff der Gewinnanteile und welche als Sondervergütungen anzusehen sind, wird unten bei Rn. 178 ff., 183 ff. im Rahmen der Gewinnermittlung erörtert.

(1) Mitunternehmer

69 Um Einkünfte aus Gewerbebetrieb handelt es sich auch bei Gewinnanteilen der Gesellschafter einer OHG, KG oder anderen Gesellschaft, bei welcher der Gesellschafter als Mitunternehmer anzusehen ist.

> **Hinweis**
>
> Zu beachten ist hierbei zunächst, dass es in diesem Zusammenhang nicht um die Besteuerung der Gesellschaft als solcher geht. Diese ist niemals Steuersubjekt der Einkommensteuer. Sie ist gewissermaßen einkommensteuerlich „transparent", so dass für die Einkommensbesteuerung auf die Gesellschafter zuzugreifen ist (Transparenzprinzip). Es geht bei der Mitunternehmerschaft daher einzig und allein um die Besteuerung der Gesellschafter. Um diese durchzuführen, muss jedoch zunächst die Gesellschaft als „Gewinnermittlungssubjekt" betrachtet werden.

70 Der in § 15 Abs. 1 S. 1 Nr. 2 EStG genannte Begriff der „Gesellschaft" stimmt nicht mit dem zivilrechtlichen Begriffsverständnis überein. Zwar ist jede zivilrechtlich anerkannte Personen-

---

20 Nach *Birk/Desens/Tappe* Steuerrecht, Rn. 705, 711.

gesellschaft (z.B. GbR, Partnerschaftsgesellschaft, EWIV, stille Gesellschaft, GmbH & Co. KG) auch eine Gesellschaft im Sinne des § 15 Abs. 1 S. 1 Nr. 2 EStG. Jedoch kann z.B. auch eine Erbengemeinschaft, Bruchteilsgemeinschaft oder Gütergemeinschaft eine Gesellschaft im einkommensteuerrechtlichen Sinne sein. Nicht unter § 15 Abs. 1 S. 1 Nr. 2 EStG fällt insbesondere die Kapitalgesellschaft, da diese als juristische Person selbst Besteuerungssubjekt der Körperschaftssteuer ist und es daher bei ihr nicht auf das Rechtsinstitut der Mitunternehmerschaft ankommt.

> **Hinweis**
>
> Eine Mehrzahl von Personen ist dann eine einkommensteuerliche Gesellschaft („Mitunternehmerschaft"), wenn sie mit der OHG oder KG wirtschaftlich vergleichbar ist. Dies ist dann der Fall, wenn zumindest einer der an ihr Beteiligten als Mitunternehmer anzusehen ist.

> **Mitunternehmer** ist, wer Unternehmerrisiko trägt und Unternehmerinitiative entfaltet.
>
> Ein Steuerpflichtiger trägt **Unternehmerrisiko**, wenn er am Erfolg oder Misserfolg des Unternehmens beteiligt ist, wenn er also an Gewinn, Verlust und den stillen Reserven partizipiert.

Der Begriff des Mitunternehmers ist ein Typusbegriff, so dass im Einzelfall ein Mehr an Unternehmerrisiko ein Weniger an Mitunternehmerinitiative ausgleichen kann, was freilich auch umgekehrt gilt.[21]

Beispiel Bei der GbR, der OHG und der KG ist nach den (dispositiven) gesetzlichen Regelungen jeder Gesellschafter Mitunternehmer. Bei der stillen Gesellschaft nach §§ 230 ff. HGB ist zu unterscheiden: Nach der gesetzlichen Ausgangslage erhält der stille Gesellschafter bei Auseinandersetzung der Gesellschaft lediglich seine Einlage zurück, ohne am Gewinn oder Verlust der Gesellschaft teilzuhaben. Er ist damit weniger ein Unternehmer als vielmehr einem Darlehensgeber vergleichbar. Es fehlt das Unternehmerrisiko, so dass der „Stille" kein Mitunternehmer ist. Ist jedoch vertraglich vereinbart, dass der stille Gesellschafter auch am Gewinn und Verlust sowie den stillen Reserven beteiligt ist, handelt es sich um eine atypisch-stille Gesellschaft, bei welcher der „Stille" als Mitunternehmer anzusehen ist. ▪

> Ein Steuerpflichtiger entfaltet **Unternehmerinitiative**, wenn er an unternehmerischen Entscheidungen teilhat. Nötig hierfür sind insbesondere Geschäftsführungs- und Vertretungsbefugnisse sowie Stimmrechte. Es genügt ein Mindestmaß an Kontroll- und Beteiligungsrechten.[22]

71 ✓

Beispiel A ist Kommanditist der X-KG. Im Gesellschaftsvertrag ist bestimmt, dass den Kommanditisten der Gesellschaft das in § 166 HGB eingeräumte Kontrollrecht nicht zusteht. Nach § 164 HGB sind die Kommanditisten von der Geschäftsführung ausgeschlossen. Trotz der somit sehr eingeschränkt vorhandenen Mitunternehmerinitiative ist ein Kommanditist wegen der ausdrücklichen Erwähnung der KG in § 15 Abs. 1 S. 1 Nr. 2 EStG grundsätzlich als Mitunternehmer anzusehen. Ist jedoch kraft Vertrages auch noch das

---

21 *Birk/Desens/Tappe* Steuerrecht, Rn. 1132.
22 *Birk/Desens/Tappe* Steuerrecht, Rn. 1141.

Kontrollrecht nach § 166 HGB ausgeschlossen, ohne dass dies durch eine Erweiterung der Befugnisse an anderer Stelle ausgeglichen wird, kann beim Kommanditisten von Unternehmerinitiative nicht mehr die Rede sein. In diesem Fall ist er kein Mitunternehmer. ■

(2) gewerbliche Einkünfte

72 Eine Personengesellschaft kann grundsätzlich Einkünfte aus allen der in § 2 Abs. 1 S. 1 EStG genannten Einkunftsarten erzielen. Für Einkünfte i.S.v. § 15 Abs. 1 S. 1 Nr. 2 EStG muss die Gesellschaft gewerbliche Einkünfte erzielen. Zwar fordert dies der Wortlaut des § 15 Abs. 1 S. 1 Nr. 2 EStG nicht ausdrücklich, dies ergibt sich jedoch im Umkehrschluss zu § 15 Abs. 3 Nr. 1 EStG.

73 **(a) originär gewerbliche Tätigkeit** Die Gesellschaft kann eine originär gewerbliche Tätigkeit i.S.v. § 15 Abs. 1 S. 1 Nr. 1 EStG ausüben. Dazu müssen alle Voraussetzungen des § 15 Abs. 2 EStG erfüllt sein, vgl. oben.

»Gewerblichkeit färbt ab! «

74 **(b) teilweise gewerbliche Tätigkeit** Nach § 15 Abs. 3 Nr. 1 Alt. 1 EStG gilt die Tätigkeit einer Personengesellschaft vollumfänglich als gewerblich, wenn diese Gesellschaft zumindest teilweise eine originär gewerbliche Tätigkeit ausübt. Diese sog. „Abfärberegel" bewirkt, dass die Tätigkeit einer Gesellschaft nicht in eine gewerbliche und eine nicht-gewerbliche aufgeteilt werden kann, da die Gewerblichkeit auf den nicht gewerblichen Teil „abfärbt" und daher die Gesellschaft insgesamt einheitlich Einkünfte aus Gewerbebetrieb erzielt.

> **Hinweis**
>
> Die Rechtsprechung macht hiervon aus Gründen der Verhältnismäßigkeit nur dann eine Ausnahme, wenn der gewerbliche Teil der Einkünfte „äußerst geringfügig" ist. Dies soll dann der Fall sein, wenn die gewerblichen Netto-Umsatzerlöse 3 % der Gesamtnettoumsatzerlöse der Gesellschaft und einen Betrag von 24 500 € im Veranlagungsjahr nicht übersteigen.

Beispiel Die A, B und C führen eine gemeinschaftliche Zahnarztpraxis. Nebenbei verkaufen Sie ihren Kunden jedoch auch elektrische Zahnbürsten. Der Nettoumsatzerlös hieraus beläuft sich auf 30 000 € im Jahr. Die ABC-GbR erzielt mit ihrer Zahnarztpraxis an sich Einkünfte aus freiberuflicher Tätigkeit nach § 18 Abs. 1 Nr. 1 EStG. Jedoch stellt der Handel mit Zahnbürsten eine originär gewerbliche Betätigung dar. Die Netto-Umsatzerlöse hieraus sind auch nicht mehr nur „äußerst geringfügig". Demnach führt die Abfärberegel des § 15 Abs. 3 Nr. 1 EStG dazu, dass die ABC-GbR insgesamt Einkünfte aus Gewerbebetrieb erzielt. ■

75 Nach § 15 Abs. 3 Nr. 1 Alt. 2 EStG findet eine „Abfärbung" auch in dem Fall statt, in dem die Gesellschaft gewerbliche Einkünfte im Sinne des § 15 Abs. 1 S. 1 Nr. 2 EStG bezieht, d.h. wenn sie selbst Mitunternehmerin einer gewerblichen Personengesellschaft ist.

Beispiel Die X-OHG ist im Baustoffhandel und damit originär gewerblich tätig. Ihre Gesellschafter sind die natürlichen Personen A und B sowie die ausschließlich vermögensverwaltend tätige C-KG. Wegen § 15 Abs. 3 Nr. 1 Alt. 2 EStG erzielt auch die C-KG Einkünfte aus Gewerbebetrieb, da sie Gewinnanteile der gewerblich tätigen X-OHG bezieht und somit wiederum die „Abfärberegel" eingreift. ■

(c) gewerbliche Prägung Nach § 15 Abs. 3 Nr. 2 S. 1 EStG erfährt eine Personengesell- **76** schaft, die keine gewerbliche Tätigkeit ausübt, eine gewerbliche Prägung dadurch, dass aus- schließlich Kapitalgesellschaften persönlich haftende Gesellschafter sind und nur diese oder Nichtgesellschafter zur Geschäftsführung befugt sind.

Beispiel Bei der ABC-GmbH & Co. KG ist die ABC-GmbH Komplementärin, während A, B und C als Kommanditisten beteiligt sind. Das Unternehmen übt lediglich eine vermö- gensverwaltende Tätigkeit aus. Im Gesellschaftsvertrag ist vereinbart, dass A neben der ABC-GmbH zur Geschäftsführung (bei der KG) befugt ist. An sich ist die GmbH & Co. KG der klassische Anwendungsfall des § 15 Abs. 3 Nr. 2 EStG. Die GmbH ist eine Kapitalgesell- schaft, als Komplementärin der KG der einzige persönlich haftende Gesellschafter und wegen § 164 HGB allein zur Führung der Geschäfte der KG befugt. Eine GmbH & Co. KG erzielt deswegen grundsätzlich schon kraft Prägung nach § 15 Abs. 3 Nr. 2 EStG Einkünfte aus Gewerbebetrieb. In dem hier dargestellten Fall liegt jedoch eine „Entprägung" vor. Denn mit A ist ein Gesellschafter zur Geschäftsführung befugt, der keine Kapitalgesell- schaft ist, so dass die Voraussetzung des § 15 Abs. 3 Nr. 2 Hs. 2 EStG nicht erfüllt ist. ■

Nach § 15 Abs. 3 Nr. 2 S. 2 EStG tritt dieselbe Rechtsfolge („Prägung") auch dann ein, wenn eine „mehrstöckige Gesellschaft" gegeben ist, d.h. eine gewerblich geprägte Personengesell- schaft kann selbst zur gewerblichen Prägung einer anderen Gesellschaft führen.

cc) Einkünfte aus KGaA-Beteiligungen, § 15 Abs. 1 S. 1 Nr. 3 EStG

Dem Sondertatbestand des § 15 Abs. 1 S. 1 Nr. 3 EStG kommt so wenig Klausurrelevanz zu, **77** dass er hier nicht weiter erörtert wird.

c) Gewinne aus der Veräußerung und Verpachtung des Betriebs

Wenn der Steuerpflichtige sukzessive Wirtschaftsgüter seines Gewerbebetriebs veräußert **78** (sog. Betriebsauflösung), gehören die so erzielten Gewinne zu den laufenden Einkünften aus Gewerbebetrieb. Wenn jedoch der Steuerpflichtige seinen Betrieb bzw. einen Teilbetrieb „auf einen Schlag" komplett veräußert, so fällt ein dadurch erzielter Gewinn an sich nicht mehr unter die gewerblichen Einkünfte, da die Betriebsveräußerung oder -aufgabe weder nachhal- tig noch unter Beteiligung am allgemeinen wirtschaftlichen Verkehr erfolgt. § 16 EStG fingiert jedoch auch Gewinne aus einer Betriebsveräußerung bzw. -aufgabe als Einkünfte aus Gewer- bebetrieb.

» Und hier der letzte Tatbestand der Einkünfte aus Gewerbebetrieb! **«**

Wenn der Steuerpflichtige seinen Betrieb nicht selbst fortführt, sondern diesen verpachtet, so **79** gibt er an sich den Betrieb zumindest für die Dauer der Verpachtung auf. Nach § 16 Abs. 3b EStG kann in Verpachtungsfällen eine Betriebsaufgabe i.S.v. § 16 Abs. 3 EStG aber nicht ange- nommen werden, solange der Steuerpflichtige dem Finanzamt gegenüber nicht ausdrücklich die Aufgabe des Betriebs erklärt oder dem Finanzamt aus anderen Umständen bekannt wird, dass tatsächlich eine Betriebsaufgabe erfolgt ist.

Wenn im Falle einer Verpachtung des Betriebs dieser auch aufgegeben wurde, so ist der Auf- **80** gabegewinn nach § 16 EStG zu versteuern. Zusätzlich sind die Pachteinnahmen nach § 21 Abs. 1 Nr. 1, Nr. 2 EStG steuerpflichtig. Wenn im Falle der Verpachtung des Betriebs aber keine Betriebsaufgabe angenommen werden kann, so fällt keine Steuer nach § 16 EStG an. Die Pachteinnahmen sind dann aber nach § 15 Abs. 1 S. 1 Nr. 1 EStG gewerbliche Einkünfte, da das Betriebsvermögen des Gewerbebetriebs zur Einkünfteerzielung genutzt wird. Die an sich

unter § 21 Abs. 1 Nr. 1, Nr. 2 EStG fallenden Einkünfte werden über die Subsidiaritätsklausel des § 21 Abs. 3 EStG in gewerbliche Einkünfte umqualifiziert.[23]

2. Einkünfte aus Land- und Forstwirtschaft

81 Die nach § 2 Abs. 1 S. 1 Nr. 1 EStG steuerbaren Einkünfte aus Land- und Forstwirtschaft i.S.v. § 13 Abs. 1, Abs. 2 EStG liegen vor, wenn die Voraussetzungen eines Gewerbebetriebs nach § 15 Abs. 2 EStG erfüllt sind und wenn dabei zusätzlich die natürlichen Kräfte des Bodens planmäßig genutzt („Urproduktion") und die dadurch selbst gewonnenen Erzeugnisse verwertet werden.

82 Oftmals ist zweifelhaft, ob Einkünfte aus Gewerbebetrieb oder aus Land- und Forstwirtschaft vorliegen, soweit etwa ein Bauernhof selbst erzeugte Produkte (z.B. Eier oder Milch) auf dem Hof an beliebige Besucher verkauft. Nach h.M. soll der Verkauf von durch Land- oder Forstwirtschaft selbst erzeugten Produkten („Hofladen") immer zu Einkünften i.S.v. § 13 EStG führen. Werden jedoch zugleich auch zugekaufte Produkte gehandelt (z.B. teils selbst produzierte, teils zugekaufte Eier), ist von einem neben dem land- und forstwirtschaftlichen Betrieb zusätzlich bestehenden Gewerbebetrieb auszugehen, wenn im jeweiligen Wirtschaftsjahr der Nettoumsatzanteil bzgl. des Handels mit den zugekauften Produkten 51 500 € nachhaltig übersteigt.[24]

83 Nach §§ 13 Abs. 7, 15 Abs. 1 S. 1 Nr. 2 EStG kann auch eine land- und forstwirtschaftliche Mitunternehmerschaft anzunehmen sein.

3. Einkünfte aus selbstständiger Arbeit

84 Die nach § 2 Abs. 1 S. 1 Nr. 2 EStG steuerbaren Einkünfte aus selbstständiger Tätigkeit sind gegeben, wenn alle Voraussetzungen eines Gewerbebetriebs nach § 15 Abs. 2 EStG erfüllt sind und zusätzlich einer der in § 18 Abs. 1 EStG genannten Fälle vorliegt. Dabei ist nach § 18 Abs. 2 EStG unerheblich, ob es sich um eine dauerhafte oder eine vorübergehende Tätigkeit handelt.

85 Der mit Abstand wichtigste Fall der selbstständigen Arbeit ist die freiberufliche Tätigkeit nach § 18 Abs. 1 Nr. 1 EStG. Diese teilt das Gesetz in zwei Varianten auf:

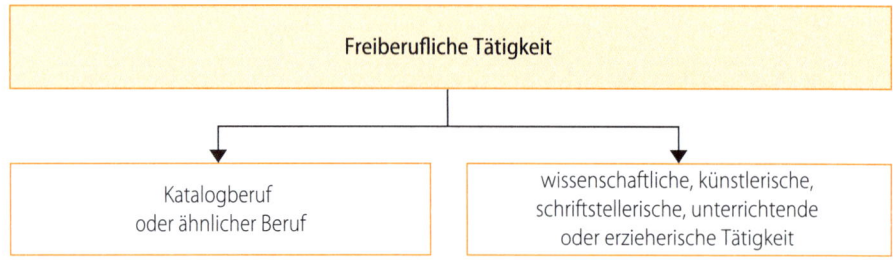

---

23 *Birk/Desens/Tappe* Steuerrecht, Rn. 728 ff.
24 *Birk/Desens/Tappe* Steuerrecht, Rn. 750.

JURIQ-Klausurtipp

In der Klausur ist unbedingt zu beachten, dass sämtliche Berufe nur dann unter § 18 Abs. 1 Nr. 1 EStG fallen können, wenn auch das Merkmal der Selbstständigkeit (vgl. oben Rn. 56) erfüllt ist. Wird also etwa ein Katalogberuf im Angestelltenverhältnis ausgeübt, können insoweit keine Einkünfte aus selbstständiger Arbeit nach § 18 EStG vorliegen.

In Klausuren ein häufiger und sehr schwerwiegender Fehler:

Beispiel Der Chef-Arzt eines Krankenhauses behandelt nebenbei in seiner eigenen Praxis Privatpatienten. Als Chef-Arzt ist er Angestellter und erzielt Einkünfte aus nichtselbstständiger Tätigkeit im Sinne von § 19 EStG. Seine Einkünfte aus der eigenen Praxis unterfallen jedoch § 18 Abs. 1 Nr. 1 S. 2 EStG, da der Katalogberuf „Arzt" selbstständig ausgeübt wird. ■

Eine freiberufliche Tätigkeit aufgrund einer einem Katalogberuf ähnlichen Tätigkeit i.S.v. § 18 **86**   Abs. 1 Nr. 1 S. 2 a.E. EStG setzt zunächst voraus, dass das typische Merkmal der freiberuflichen Tätigkeit gegeben ist: Im Vordergrund steht nicht wie beim Gewerbebetrieb der Einsatz von Kapital, sondern die eigene geistige Arbeit und die persönliche Arbeitsleistung des Steuerpflichtigen. Eine Ähnlichkeit setzt weiter voraus, dass hinsichtlich aller typischen Merkmale des jeweiligen Katalogberufs Ähnlichkeit gegeben ist.[25] Die Ähnlichkeit muss sich nicht auf alle, sondern nur auf einen der in § 18 Abs. 1 S. 2 EStG aufgezählten Katalogberufe beziehen.

Dabei ist als typisches Merkmal eines Katalogberufs auch immer zu prüfen, ob dieser eine spezifische Ausbildung voraussetzt. Ist dies der Fall, so kann eine Tätigkeit diesem Katalogberuf nur dann ähnlich sein, wenn die Ausbildung für diese Tätigkeit vergleichbare theoretische Kenntnisse vermittelt. Es genügt jedoch, wenn sich der Steuerpflichtige autodidaktisch die erforderliche Fachkompetenz selbst angeeignet hat und ein Sachverständiger bestätigt, dass mit dem so erworbenen Wissen und Können eine entsprechende Fachprüfung bestanden werden würde.

Beispiel A hat eine Lehre zum Bürokaufmann erfolgreich absolviert. Er macht sich sodann als Unternehmensberater selbstständig. Der Beruf des Unternehmensberaters ist in § 18 Abs. 1 Nr. 1 S. 2 EStG nicht als Katalogberuf erfasst. Es könnte sich aber um einen dem beratenden Volks- und Betriebswirt ähnlichen Beruf handeln. Ein Volks- bzw. Betriebswirt hat jedoch stets ein akademisches Studium absolviert. In der von A absolvierten Lehre wurden keine vergleichbaren Kenntnisse vermittelt. Demnach besteht hier zwischen dem Beruf des A und dem an sich vergleichbaren Katalogberuf in einem wesentlichen Merkmal keine Ähnlichkeit. A erzielt daher keine Einkünfte aus selbstständiger Arbeit nach § 18 Abs. 1 Nr. 1 EStG, sondern aus Gewerbebetrieb nach § 15 Abs. 1 S. 1 Nr. 1 EStG. ■

Auch wenn wesentlich für den freien Beruf die persönliche Arbeitsleistung ist, darf sich der **87**   Freiberufler nach § 18 Abs. 1 Nr. 1 S. 3, S. 4 EStG auch der Mithilfe fachlich vorgebildeter Arbeitskräfte bedienen, wenn er auf Grund eigener Fachkenntnisse leitend und eigenverantwortlich tätig wird. Dies bedeutet, dass die Arbeit der Hilfspersonen gelenkt und überprüft

---

25 *BFH*/NV 2001, 593, 594.

wird, so dass der Freiberufler der geleisteten Arbeit insgesamt sein Gepräge gibt.[26] Dazu muss der Freiberufler nicht jeden Routinefall einzeln anleiten und prüfen. Denn solche Fälle erfordern von vornherein nicht die eigene geistige Arbeit des Freiberuflers, da sie gleichartig auftreten und dementsprechend gleichförmig zu bearbeiten sind.

Beispiel In der Kanzlei des R beschäftigt dieser 30 angestellte Rechtsanwälte. Diese fertigen eigenständig Schriftsätze in monatlich insgesamt regelmäßig mehr als 500 überwiegend komplexen Verfahren. An sich sind die Voraussetzungen für Einkünfte aus selbstständiger Arbeit aufgrund einer freiberuflichen Tätigkeit nach § 18 Abs. 1 Nr. 1 EStG erfüllt, da R selbstständig den Katalogberuf des Rechtsanwalts ausübt. Grundsätzlich ist auch unschädlich, dass R sich zur Ausübung seiner Tätigkeit Hilfspersonen bedient. Da er deren Arbeit jedoch im Wesentlichen anleiten und prüfen muss, ergibt sich, dass R hier keinen freien Beruf ausübt, da er nicht alleine dazu in der Lage ist, bei 500 überwiegend komplexen Verfahren den laufenden Schriftsatzverkehr anzuleiten und zu prüfen. Die Arbeit erhält daher nicht sein Gepräge, sondern wird allein durch die jeweiligen Sachbearbeiter geprägt. R erzielt demnach Einkünfte aus Gewerbebetrieb nach § 15 Abs. 1 S. 1 Nr. 1 EStG. ■

88 Wenn sich mehrere Träger eines freien Berufs zur gemeinsamen Berufsausübung zusammenschließen, erzielen sie nach §§ 18 Abs. 4 S. 2, 15 Abs. 1 S. 1 Nr. 2 EStG Einkünfte aus selbstständiger Tätigkeit.

Beispiel A, B und C führen gemeinsam eine Steuerberatungskanzlei in Form einer GbR. X ist der Sohn des A und soll demnächst als Partner in die GbR einsteigen. Dazu absolviert er zunächst ein BWL-Studium und versucht sich nach Ableistung der erforderlichen praktischen Tätigkeit am Steuerberaterexamen. Nachdem er diese auch im Letztversuch nicht bestanden hat, spiegelt er aus Angst vor familiären Konflikten seinem Vater A vor, das Steuerberaterexamen erfolgreich bestanden zu haben. A, B und C nehmen ihn daher zum 1.1.2022 nach entsprechender Änderung des Gesellschaftsvertrages in die Kanzlei auf. X übernimmt eigene Mandate und tritt als gleichberechtigter Partner neben A, B und C auf. Durch einen Zufallsfund erhält das Finanzamt schließlich Kenntnis davon, dass X weder eine Zulassung als Steuerberater erhalten, noch das hierfür erforderliche Examen absolviert hat. Wie ist der Fall steuerlich zu würdigen?

Hier liegt seit Aufnahme des X zum 1.1.2022 keine freiberufliche Mitunternehmerschaft i.S.v. §§ 18 Abs. 4 S. 2, 15 Abs. 1 S. 1 Nr. 2 EStG mehr vor. Denn dazu muss die von der Gesellschaft ausgeübte Tätigkeit eine freiberufliche sein. Eine freiberufliche Tätigkeit kann nur von entsprechenden Berufsträgern ausgeübt werden. Wenn mehrere Personen sich zur gemeinsamen Steuerberatung zusammenschließen, so muss für die Annahme der Freiberuflichkeit jede dieser Personen Steuerberater sein. Wenn ein Beteiligter kein Steuerberater ist, genügt es nicht, dass er immerhin faktisch steuerberatend tätig ist. Denn das Gesetz stellt in § 18 Abs. 1 S. 2 EStG ausdrücklich auf den Beruf im formalen Sinne ab, nicht auf die berufliche Tätigkeit. Demnach hat die Aufnahme des X in die GbR dazu geführt, dass die Gesellschaft ab dem 1.1.2022 keine freiberufliche Tätigkeit mehr ausgeübt hat. Sie war daher gewerblich tätig. Es handelt sich folglich um eine gewerbliche Mitunternehmerschaft gemäß § 15 Abs. 1 S. 1 Nr. 2 EStG. Dies führt u.a. dazu, dass rückwirkend von Gewerbesteuerpflichtigkeit auszugehen ist. ■

---

26 *Birk/Desens/Tappe* Steuerrecht, Rn. 741.

> **Hinweis**
>
> Außer der freiberuflichen Tätigkeit enthält § 18 EStG kaum klausurrelevante Fälle. In § 18 Abs. 1 Nr. 3 EStG nennt der Gesetzgeber noch die sonstige selbstständige Arbeit und zählt hierfür Beispiele auf. Hierunter fallen nur solche Tätigkeiten, die gelegentlich und unabhängig von der Ausübung eines freien Berufs ausgeübt werden.

Nach § 18 Abs. 3 EStG fällt auch der Gewinn aus der Veräußerung des zur Erzielung von Einkünften aus selbstständiger Arbeit genutzten Vermögens unter die Einkünfte aus selbstständiger Arbeit. Einen „Betrieb" im einkommensteuerrechtlichen Sinne gibt es bei den Einkünften aus selbstständiger Arbeit nicht, weswegen das Gesetz in diesem Zusammenhang von „Vermögen" spricht. **89**

4.　Einkünfte aus nichtselbstständiger Arbeit

Gemäß § 2 Abs. 1 S. 1 Nr. 4 EStG sind auch Einkünfte aus nichtselbstständiger Arbeit steuerbar. Einkünfte aus nichtselbstständiger Arbeit sind in § 19 EStG geregelt. Darunter fallen nach § 19 Abs. 1 S. 1 Nr. 1 EStG Gehälter, Löhne, Gratifikationen, Tantiemen und andere Bezüge und Vorteile für eine Beschäftigung im öffentlichen oder privaten Dienst. Hier ist jedes Entgelt gemeint, das sich aus der abhängigen Beschäftigung ergibt. Auch von Dritten geleistete Zahlungen zählen zum Arbeitslohn, wenn diese Zahlung im Interesse des Arbeitgebers ist und sachlich mit dem Arbeitsverhältnis zusammenhängen. **90**

Beispiel　A ist im Autohaus X angestellt. Er erhält für die gute Verkaufsleistung vom Autohersteller V eine Prämie, vom Kunden K ein Trinkgeld und vom konkurrierenden Autohaus Y ein Schmiergeld.

Als Arbeitslohn i.S.v. § 19 Abs. 1 S. 1 Nr. 1 EStG zu versteuern ist die Prämie von V sowie das Trinkgeld des K. Bei dem Schmiergeld kann es sich nur um Einkünfte aus sonstigen Leistungen nach § 22 Nr. 3 EStG handeln, da dieses nicht im Arbeitgeberinteresse liegt.

Erbringt der Arbeitgeber an den Arbeitnehmer eine Leistung, die im ganz überwiegend eigenbetrieblichen Interesse des Arbeitgebers liegt, so handelt es sich nicht um Arbeitslohn i.S.v. § 19 Abs. 1 S. 1 Nr. 1 EStG, da hierdurch der Arbeitnehmer nicht bereichert ist. Insbesondere wenn dem Arbeitnehmer ein Vorteil faktisch aufgezwungen wird oder er der gesamten Belegschaft ohne individuelle Bereicherung zukommt, handelt es sich regelmäßig nicht um Arbeitslohn. **91**

Beispiel　A ist beim Softwareunternehmen X angestellt. Nachdem es bei einer wichtigen Anwendersoftware des Unternehmens zu einem großen Update gekommen ist, wird A von X zu einer mehrtägigen Fortbildung mit kostenloser Verpflegung geschickt.

Bei der Fortbildung handelt es sich nicht um Arbeitslohn, da diese im überwiegend eigenbetrieblichen Interesse des X erfolgt. Dass dabei A auch kostenlos verpflegt wird, hängt untrennbar mit der Fortbildung zusammen und stellt daher für sich genommen ebenfalls keinen Arbeitslohn dar.

Maßgeblich ist, ob der Steuerpflichtige Arbeitnehmer im einkommensteuerrechtlichen Sinne ist. Eine Definition dieses Begriffs findet sich in § 1 LStDV. Maßgeblich ist die weisungsabhängige (unselbstständige) Beschäftigung im Rahmen eines Arbeitsverhältnisses i.S.v. § 611a BGB. Was als Arbeitslohn anzusehen ist, regelt § 2 LStDV. **92**

Zum Arbeitslohn zählen auch die Lohnsteuer, der Beitrag des Arbeitnehmers zur Sozialversicherung sowie der Beitrag des Arbeitgebers zu Sozialversicherung.

93 Nach § 19 Abs. 1 S. 1 Nr. 1a EStG fallen auch Zuwendungen des Arbeitgebers an den Arbeitnehmer sowie dessen Begleitpersonen anlässlich von Betriebsveranstaltungen unter die Einkünfte aus nichtselbstständiger Arbeit, soweit sie bei höchstens zwei Veranstaltungen pro Jahr 110 € je Veranstaltung und teilnehmenden Arbeitnehmer übersteigen.

5.   Einkünfte aus Kapitalvermögen

» Hier die grundlegende Systematik des § 20 EStG beachten! «

94 Die Einkünfte aus Kapitalvermögen werden in § 2 Abs. 1 S. 1 Nr. 5 EStG der Besteuerung unterworfen und in § 20 EStG umschrieben. Dabei enthält § 20 Abs. 1 Nr. 1–11 EStG verschiedene Tatbestände, durch die im Wesentlichen jedes Entgelt für die Überlassung von Kapital erfasst werden soll. In § 20 Abs. 2 Nr. 1–8 EStG werden demgegenüber Gewinne erfasst, die aus der Veräußerung des Kapitalstamms rühren. In allen Fällen wirkt sich die Anschaffung des Kapitalstamms oder etwaige Wertschwankungen während der Haltedauer nicht auf die Steuer aus.

In Klausuren relevant werden gelegentlich die Tatbestände des § 20 Abs. 1 Nr. 1 (Aktien, GmbH-Anteile, etc.), Nr. 4 (typisch stille Beteiligung), Nr. 6 (Lebensversicherung), Abs. 2 Nr. 1 (Veräußerung von Aktien etc.), Nr. 3 (Veräußerung einer Option). Insbesondere ist zu beachten, dass nach § 20 Abs. 1 Nr. 1 S. 2 EStG auch verdeckte Gewinnausschüttungen als Einkünfte aus Kapitalvermögen beim Gesellschafter zu versteuern sind, wenn dieser die Beteiligung in seinem Privatvermögen hält (dazu mehr unten bei der Körperschaftsteuer Rn. 246 ff.).

» Achtung! «

Am häufigsten ist in Klausuren § 20 Abs. 1 Nr. 7 EStG einschlägig. Denn hier wird als Auffangtatbestand jedes Entgelt für die Überlassung von Kapital erfasst, das nicht unter die anderen Tatbestände fällt.

> Unter **Kapitalforderungen** im Sinne dieser Vorschrift sind alle auf Geld gerichteten Ansprüche zu verstehen.

Hierunter zu subsumieren sind insbesondere auch die Zinsen auf ein Girokonto- oder Sparbuchguthaben, aus Bundesschatzbriefen und festverzinslichen Wertpapieren. Aber auch die Zinsen aus privat gewährten Darlehen fallen unter § 20 Abs. 1 Nr. 7 EStG. Ferner sind sogar die nach § 233a AO erhaltenen Steuerzinsen nach dieser Vorschrift steuerbar. Denn bei diesen überlässt der Steuerpflichtige – wenn auch unfreiwillig – dem Fiskus zu verzinsendes Kapital, nämlich zu hoch geleistete Vorauszahlungen.[27]

95 Die Regelung in § 20 Abs. 3 EStG erweitert die Steuerbarkeit, indem er sie auf alle Entgelte und Vorteile erstreckt, die neben die oder anstelle der in § 20 Abs. 1, Abs. 2 EStG genannten Einnahmen treten. Damit erfasst wird insbesondere das bei einer Darlehensgewährung vereinbarte Disagio bzw. Damnum. Dies ist der Unterschiedsbetrag zwischen dem Nennwert des voll zurückzuzahlenden Darlehens und der tatsächlich valutierten Summe.

Beispiel   A gewährt als Privatmann dem B für dessen Gewerbebetrieb ein verzinsliches Darlehen in Höhe von 100 000 €. Es wird vereinbart, dass als zusätzliches Entgelt für die Kapitalüberlassung der A dem B lediglich 97 000 € auszahlt, der B aber den vollen Darlehensbetrag in Höhe von 100 000 € zurückzahlen muss.

---

27 *Eisgruber/Schallmoser* Einkommensteuerrecht, Rn. 296.

Die von B an A gezahlten Zinsen, sind sämtlich nach § 20 Abs. 1 Nr. 7 EStG zu versteuern. Mit Auszahlung der 97 000 € ist dem A zusätzlich ein Disagio zugeflossen, welches er nach §§ 20 Abs. 3, Abs. 1 Nr. 7 EStG ebenfalls versteuern muss. Dass B die Darlehensvaluta für seinen Gewerbebetrieb verwendet, ist unerheblich.

In § 20 Abs. 8 EStG wird die Subsidiarität der Einkünfte aus Kapitalvermögen gegenüber den Einkünften aus Land- und Forstwirtschaft, Gewerbebetrieb, selbstständiger Arbeit und Vermietung und Verpachtung angeordnet.

96

Beispiel Wird das im vorangegangenen *Beispiel* genannte Darlehen dem B nicht durch A als Privatperson, sondern durch eine Bank gewährt, so erzielt die Bank hierdurch wegen § 20 Abs. 8 EStG keine Einkünfte aus Kapitalvermögen, sondern Einkünfte aus Gewerbebetrieb gemäß § 15 Abs. 1 S. 1 Nr. 1 EStG, da die Kapitalüberlassung zu ihrem laufenden Gewerbebetrieb gehört.

6. Einkünfte aus Vermietung und Verpachtung

Gemäß §§ 2 Abs. 1 S. 1 Nr. 6, 21 Abs. 1 EStG sind auch Einkünfte auf Vermietung und Verpachtung einkommensteuerbar.

97

Besonders zu beachten ist dabei, dass die Vermietung oder Verpachtung beweglicher Sachen nicht unter § 21 EStG subsumiert werden kann. Gemäß § 21 Abs. 1 S. 1 Nr. 1 EStG ist nur die Vermietung und Verpachtung unbeweglicher Sachen steuerbar. Die Regelung des § 21 Abs. 1 S. 1 Nr. 2 EStG erfasst zwar bewegliche Sachen, allerdings nur insoweit, als es sich um Betriebsvermögen handelt und damit als Sachinbegriff anzusehen ist.

» Vorsicht Falle! «

Unter § 21 Abs. 1 S. 1 EStG fallen auch die vom Mieter gezahlten Mietnebenkosten. Dem steht nicht entgegen, dass der Vermieter diese Einnahmen nur infolge der Umlage eigener Kosten erzielt hat.[28]

Gemäß § 21 Abs. 3 EStG sind Einkünfte aus Vermietung und Verpachtung gegenüber allen anderen Einkunftsarten subsidiär.

7. Sonstige Einkünfte

Schließlich ordnet § 2 Abs. 1 S. 1 Nr. 7 EStG an, dass auch sonstige Einkünfte der Einkommensteuer unterliegen. Dabei sind sonstige Einkünfte jedoch nicht schlichtweg alles, was nicht unter § 2 Abs. 1 S. 1 Nr. 1–6 EStG fällt. Vielmehr regelt § 22 EStG abschließend, was unter den Begriff der sonstigen Einkünfte fällt.

98

> **Hinweis**
>
> § 22 EStG fungiert demnach nicht als Auffangtatbestand, sondern erfasst bestimmte näher definierte Einkunftsarten, die sich systematisch nicht unter die anderen Einkunftsarten fassen lassen.

28　*Birk/Desens/Tappe* Steuerrecht, Rn. 794.

a) Einkünfte aus wiederkehrenden Bezügen, § 22 Nr. 1, Nr. 1a EStG

99 Als sonstige Einkünfte erfasst werden nach § 22 Nr. 1a EStG Unterhaltszahlungen und Versorgungsleistungen des dauernd getrenntlebenden oder geschiedenen Ehegatten i.S.v. § 10 Abs. 1a EStG.

Nach § 22 Nr. 1 EStG werden aber auch andere wiederkehrende Bezüge erfasst.

> **Wiederkehrende Bezüge** sind Einnahmen in Geld oder Geldeswert, die einer Person aufgrund eines bestimmten Verpflichtungsgrundes oder Entschlusses für eine gewisse Zeit periodisch zufließen.

Nicht darunter fallen aber insbesondere Kaufpreisraten.[29] Insbesondere erfasst das Gesetz in § 22 Nr. 1 S. 3 EStG Renten aus der gesetzlichen Rentenversicherung sowie aus privaten Altersvorsorgeverträgen.

b) Einkünfte aus privaten Veräußerungsgeschäften, § 22 Nr. 2 EStG

100 Gemäß § 22 Nr. 2 EStG sind auch Einkünfte aus privaten Veräußerungsgeschäften einkommensteuerbar. Was private Veräußerungsgeschäfte sind, regelt das Gesetz abschließend in § 23 Abs. 1 S. 1 Nr. 1–3 EStG. Es sind Grundstücke und sonstige Wirtschaftsgüter zu unterscheiden. Maßgeblich ist, ob die Veräußerung innerhalb von 10 Jahren (bei Grundstücken) bzw. innerhalb von 1 Jahr (bei sonstigen Wirtschaftsgütern) erfolgt („Spekulationsfrist"). Nur wenn dies der Fall ist, kommt eine Besteuerung des Veräußerungsgewinns als sonstige Einkünfte in Frage. Sehr wichtig sind auch die beiden Ausnahmetatbestände:

So werden nach § 23 Abs. 1 S. 1 Nr. 1 S. 3 EStG solche Grundstücke nicht einbezogen, die im Zeitraum zwischen Anschaffung und Veräußerung ausschließlich zu eigenen Wohnzwecken genutzt wurden.

101 Nach § 23 Abs. 1 S. 1 Nr. 2 S. 2 EStG werden außerdem Gegenstände des täglichen Gebrauchs nicht einbezogen. Dabei kommt es nicht darauf an, ob der Steuerpflichtige diese Gegenstände tatsächlich täglich gebraucht hat. Vor dem Hintergrund des Zwecks des § 23 EStG, die Veräußerung von Gegenständen, denen typischerweise Wertsteigerungspotential innerhalb der Spekulationsfrist zukommt, zu erfassen, ist eine typisierende Betrachtung vorzunehmen, da sonst unüberwindbare Beweisschwierigkeiten auftreten. Wenn es sich bei dem konkreten Gegenstand um einen solchen handelt, der nach der Verkehrsanschauung typischerweise für den täglichen Gebrauch genutzt wird, so ist die Besteuerung eines entsprechenden Veräußerungsgewinns nach § 23 Abs. 1 S. 1 Nr. 2 S. 2 EStG ausgeschlossen.

Beispiel A erwirbt auf einem Flohmarkt eine Müslischale für 1 €. Diese gebraucht er auch täglich beim Frühstück. Es stellt sich heraus, dass die Schale ein antikes Sammlerstück ist. A veräußert die Schale innerhalb der Veräußerungsfrist für 1 000 000 €. Eine antike Müslischale mit einem Millionenwert ist nach der Verkehrsanschauung nicht für den täglichen Gebrauch bestimmt, sondern kommt nur als Ausstellungsstück oder Spekulationsobjekt in Betracht. Der Veräußerungsgewinn ist daher nach §§ 22 Nr. 2, 23 Abs. 1 S. 1 Nr. 2 EStG steuerbar. ■

---

29 *Birk/Desens/Tappe* Steuerrecht, Rn. 828.

Nach § 23 Abs. 1 S. 1 Nr. 2 S. 4 EStG verlängert sich die Veräußerungsfrist auf 10 Jahre, wenn **102** das betreffende Wirtschaftsgut zumindest in einem Kalenderjahr zur Erzielung von Einkünften genutzt wurde. Dies soll nach der Finanzverwaltung nicht für virtuelle Währungen gelten, d.h. auch dann nicht, wenn diese zum Lending (vorübergehende Überlassung von virtueller Währung gegen Entgelt) verwendet werden (vgl. BMF vom 10.5.2022, IV C 1 – S 2256/ 19/10003 :001). Diese Auffassung erscheint mit dem Gesetzeswortlaut indes kaum vereinbar. Im Übrigen ist die Freigrenze des § 23 Abs. 3 S. 5 EStG sowie die sich aus § 23 Abs. 2 EStG ergebende umfassende Subsidiarität zu beachten.

Beispiel　A veräußert aus seinem Depot Aktien, die er vor 6 Monaten angeschafft hat. Er erzielt so einen Gewinn in Höhe von 1000 €. Der Tatbestand des §§ 22 Nr. 2, 23 Abs. 1 S. 1 Nr. 2 EStG ist erfüllt, aber wegen § 23 Abs. 2 EStG unterfällt der Gewinn den Einkünften aus Kapitalvermögen nach § 20 Abs. 2 Nr. 1 EStG. ◼

c)　Einkünfte aus sonstigen Leistungen, § 22 Nr. 3 EStG

Gemäß § 22 Nr. 3 EStG sind auch Einkünfte aus Leistungen steuerbar, soweit sie weder zu **103** anderen Einkunftsarten noch zu anderen Tatbeständen der sonstigen Einkünfte nach § 22 EStG gehören.

> **Leistungen** in diesem Sinne ist jedes Tun, Dulden oder Unterlassen, das Gegenstand eines entgeltlichen Vertrages sein kann und eine Gegenleistung auslöst.[30]

Nicht erforderlich ist ein Synallagma zwischen Leistung und Gegenleistung.

Der Gesetzgeber nennt selbst die gelegentliche Vermittlung sowie die Vermietung von beweglichen Gegenständen als Beispiele. Weitere Beispiele für Einnahmen im Sinne von § 22 Nr. 3 sind etwa das Preisgeld für die Teilnahme an einer Fernsehshow, das Entgelt für die Duldung der Unterschreitung des gesetzlichen Mindestabstands durch das nachbarliche Bauvorhaben, Bestechungsgelder, das Honorar für Probanden im Rahmen medizinischer Tests.

Nicht erfasst von § 22 Nr. 1 EStG sind veräußerungsähnliche Vorgänge, z.B. die Aufgabe eines beschränkt-dinglichen Rechts an einem Grundstück (Grunddienstbarkeit, etc.)

8.　Entschädigungen und nachträgliche Einkünfte, § 24 EStG

Keine achte Einkunftsart enthält § 24 EStG. Diese Vorschrift weist vielmehr die in ihr genannten Einnahmen der Einkunftsart zu, zu der die entgangenen oder künftig entgehenden Einnahmen gehört hätten, wenn sie erzielt worden wären. Der Steuerpflichtige muss einen Schaden durch den Wegfall von Einnahmen erlitten haben und die Zahlung muss unmittelbar dazu bestimmt sein, diesen Schaden auszugleichen (Entschädigung). **104**　**»** Häufiges Missverständnis! **«**

Beispiel　Arbeitnehmer A erhält von U eine Zahlung in Höhe von 6000 € dafür, dass er sich bereit erklärt, sein Arbeitsverhältnis sofort einvernehmlich aufzuheben. Eine solche Abfindung ist kein Arbeitsentgelt nach § 19 Abs. 1 S. 1 Nr. 1 EStG, da sie nicht als Gegenleistung für die von A geleistete Arbeit gezahlt wird. Es handelt sich aber um eine durch § 24 Nr. 1

---

30 *Birk/Desens/Tappe* Steuerrecht, Rn. 834.

a) EStG den Einkünften aus nichtselbstständiger Arbeit zugewiesene Abfindung, da A die Zahlung als Ersatz für künftig entgehendes Arbeitsentgelt erhält. Die Abfindung ist also nach §§ 19 Abs. 1 S. 1 Nr. 1, 24 Nr. 1 a) EStG steuerbar. ■

II. Einkünfteermittlungsart („Wie" der Besteuerung)

105 Nachdem feststeht, dass Einkünfte i.S.v. § 2 Abs. 1 S. 1 EStG vorliegen, ist zu prüfen, auf welche Weise die Einkünfte der Höhe nach ermittelt werden. Hierfür ist zu unterscheiden zwischen den Gewinneinkünften und den Überschusseinkünften.

1. Gewinneinkünfte

106 Gewinneinkünfte sind Einkünfte aus Land- und Forstwirtschaft, aus Gewerbebetrieb und aus selbstständiger Arbeit (§ 2 Abs. 1 S. 1 Nr. 1–3 EStG). Gemäß § 2 Abs. 2 S. 1 Nr. 1 EStG sind Einkünfte in diesen Fällen der Gewinn gemäß §§ 4–7k und 13a EStG. Der Gewinn kann auf fünf verschiedene Arten ermittelt werden:

> **Gewinn**
>
> - einfacher Betriebsvermögensvergleich, § 4 Abs. 1 EStG
> - qualifizierter Betriebsvermögensvergleich, §§ 4 Abs. 1, 5 Abs. 1 EStG
> - Einnahme-Überschussrechnung, § 4 Abs. 3 EStG
> - Tonnage, § 5a EStG
> - Durchschnittssätze, § 13a EStG

Da der Gewinnermittlung nach § 5a EStG bei Handelsschiffen und § 13a EStG bei Land- und Forstwirtschaft keine Klausurrelevanz zukommt, werden diese im Folgenden nicht weiter berücksichtigt.

» Buchführung oder nicht? Eine entscheidende Weichenstellung! «

107 Welche Gewinnermittlungsart für den jeweiligen Steuerpflichtigen einschlägig ist, ergibt sich vorrangig aus der Frage der Buchführungspflicht. Eine Buchführungspflicht folgt zunächst aus § 140 AO i.V.m. § 238 HGB („derivative Buchführungspflicht"). Demnach ist jeder Kaufmann buchführungspflichtig. Ausnahmen ergeben sich aber aus § 241a HGB.

Weiter folgt eine Buchführungspflicht auch aus § 141 AO („originäre Buchführungspflicht"). Demnach sind gewerbliche Unternehmer sowie Land- und Forstwirte bei Überschreiten bestimmter Umsatz- oder Gewinnschwellen bzw. Bewirtungsflächen ebenfalls buchführungspflichtig. Bei Einkünften aus selbstständiger Arbeit besteht dagegen keine gesetzliche Buchführungspflicht.

Folglich muss wegen der gesetzlichen Buchführungspflicht jeder Gewerbetreibende mit Kaufmannseigenschaft seinen steuerlichen Gewinn durch qualifizierten Betriebsvermögensvergleich nach §§ 4 Abs. 1, 5 EStG ermitteln.

Ein Gewerbetreibender ohne Kaufmannseigenschaft, der die Schwellenwerte nach § 141 AO nicht überschreitet, ist nicht buchführungspflichtig, so dass hier stets ein Wahlrecht besteht zwischen der Gewinnermittlung durch Einnahme-Überschussrechnung nach § 4 Abs. 3 EStG und der freiwilligen Buchführung und Gewinnermittlung durch einfachen Bestandsvergleich nach § 4 Abs. 1 EStG.

Bei Einkünften aus selbstständiger Arbeit besteht nie Buchführungspflicht, so dass hier ebenfalls ein Wahlrecht besteht zwischen der Gewinnermittlung durch Einnahmeüberschussrechnung nach § 4 Abs. 3 EStG und der freiwilligen Buchführung und Gewinnermittlung durch einfachen Bestandsvergleich nach § 4 Abs. 1 EStG.

2. Überschusseinkünfte

Überschusseinkünfte sind Einkünfte aus nichtselbstständiger Arbeit, aus Kapitalvermögen, aus Vermietung und Verpachtung und sonstige Einkünfte (§ 2 Abs. 1 S. 1 Nr. 4–7 EStG). Gemäß § 2 Abs. 2 S. 1 Nr. 2 EStG sind Einkünfte in diesen Fällen der Überschuss der Einnahmen über die Werbungskosten gemäß §§ 8 bis 9a EStG, wobei im Falle der Kapitaleinkünfte nach § 2 Abs. 2 S. 2 EStG vorbehaltlich § 32d Abs. 2 EStG keine Werbungskosten, sondern lediglich der Sparerpauschbetrag nach § 20 Abs. 9 EStG zu berücksichtigen ist.

108

III. Einkunftshöhe

Nachdem nun auch feststeht, auf welche Weise die Einkünfte ermittelt werden müssen, ist die konkrete Höhe der jeweiligen Einkünfte zu bestimmen.

109

1. Betriebsvermögensvergleich

a) Grundlagen

Beim einfachen Betriebsvermögensvergleich erfolgt die Gewinnermittlung nach § 4 Abs. 1 S. 1 EStG.

110

> Demnach ist **Gewinn** der Unterschiedsbetrag zwischen dem Betriebsvermögen am Schluss des Wirtschaftsjahres und dem Betriebsvermögen am Schluss des vorangegangenen Wirtschaftsjahres, vermehrt um den Wert der Entnahmen und vermindert um den Wert der Einlagen („Bestandsvergleich").

Im Falle des qualifizierten Betriebsvermögensvergleichs nach § 5 Abs. 1 S. 1 EStG sind für die Frage, was als Betriebsvermögen anzusetzen ist und wie dieses bewertet wird, die handelsrechtlichen Grundsätze ordnungsgemäßer Buchführung („GoB") maßgeblich (sog. Maßgeblichkeitsgrundsatz).

Hinweis

Da der einfache Betriebsvermögensvergleich deutlich weniger klausur- und praxisrelevant ist, wird im Folgenden nur noch der qualifizierte Betriebsvermögensvergleich betrachtet.

111   Aus § 4 Abs. 1 S. 1 EStG ergibt sich für den Bestandsvergleich folgende Formel:

Gewinn =
           Betriebsvermögen zum Schluss des aktuellen Wirtschaftsjahrs
./.   Betriebsvermögen zum Schluss des vorangegangenen Wirtschaftsjahres
+   Entnahmen im aktuellen Wirtschaftsjahr
./.   Einlagen im aktuellen Wirtschaftsjahr

» Achtung: einfaches Bilanzlesen! «

112   Das Betriebsvermögen ist deckungsgleich mit dem Bilanzposten „Eigenkapital" und lässt sich daher unmittelbar aus der Bilanz ablesen. Gemäß § 4 Abs. 2 S. 1 EStG handelt es sich bei der Bilanz um eine Vermögensübersicht. Diese hat folgende Struktur:

Aktiva		Passiva	
I.	Anlagevermögen	I.	Verbindlichkeiten
II.	Umlaufvermögen	II.	Rückstellungen
III.	aktive Rechnungsabgrenzungsposten	III.	passive Rechnungsabgrenzungsposten
		IV.	Eigenkapital
Bilanzsumme		Bilanzsumme	

113   Das Eigenkapital ist nach folgender Formel zu berechnen:

Eigenkapital =
           Anlagevermögen
+   Umlaufvermögen
+   aktive Rechnungsabgrenzungsposten
./.   Verbindlichkeiten
./.   Rückstellungen
./.   passive Rechnungsabgrenzungsposten

» Grundwissen Bilanzierung «

114   Die Bilanzsumme muss auf der Aktiv- und Passivseite stets identisch sein. Für die Besteuerung kommt ihr allerdings keine eigenständige Bedeutung zu. Die Aktivseite der Bilanz drückt aus, woraus der Betrieb besteht, die Passivseite zeigt dagegen, wem der Betrieb kapitalmäßig gehört (dem Inhaber, den Banken, anderen Unternehmen, etc.)

Beispiel   Die Jahresbilanz des A sah im Jahr 2020 wie folgt aus:

Aktiva			Passiva		
I.	Anlagevermögen:	300 000 €	I.	Verbindlichkeiten:	150 000 €
II.	Umlaufvermögen:	100 000 €	II.	Eigenkapital:	250 000 €
Bilanzsumme:		400 000 €	Bilanzsumme:		400 000 €

Im Jahr 2020 hat sein Anlagevermögen einen Wert von 250 000 €, sein Umlaufvermögen einen Wert von 60 000 € und seine Verbindlichkeiten belaufen sich auf 100 000 €.

Sein Eigenkapital beträgt demnach im Jahr 2021 noch 210 000 €. Sein Gewinn beträgt nach § 4 Abs. 1 S. 1 EStG folglich 40 000 € (= 210 000 € ./. 250 000 €). ∎

» Nicht jeder Vorgang wirkt sich auf das Eigenkapital aus! «

115   Das Eigenkapital ändert sich immer nur dann, wenn es seit dem letzten Bilanzstichtag zu Aufwendungen oder Erträgen gekommen ist. Dies sind erfolgswirksame Geschäftsvorfälle, also solche, die sich nicht in einem bloßen Aktivtausch, Passivtausch oder einer Aktiv-Passiv-Mehrung bzw. Aktiv-Passiv-Minderung erschöpfen.

Beispiel Wenn in obigem *Beispiel* A Maschinen im Wert von 50 000 € erwirbt und diese von seinem betrieblichen Bankkonto bezahlt, so ändert sich das Eigenkapital nicht. Denn auf der linken Seite der Bilanz erhöht sich zwar das Anlagevermögen um 50 000 €, das Umlaufvermögen reduziert sich aber entsprechend (bloßer Aktivtausch). Wenn A einen Kredit in Höhe von 100 000 € aufnimmt, und er damit einen anderen Kredit ablöst, liegt ein bloßer Passivtausch vor, da auf der Passivseite der Bilanz eine bloße Umschichtung stattfindet. Wenn A nun eine Maschine für 10 000 € anschafft und diese über einen Kredit finanziert, so liegt eine Aktiv-Passiv-Mehrung vor, da sich das Anlagevermögen um 10 000 € erhöht, zugleich aber auch die Verbindlichkeiten um denselben Betrag ansteigen. ■

b) Der Maßgeblichkeitsgrundsatz

Der in § 5 Abs. 1 S. 1 EStG enthaltene Grundsatz der materiellen Maßgeblichkeit besagt, dass zunächst eine Handelsbilanz gebildet werden muss. Diese wird aber nicht unmittelbar der Besteuerung zugrunde gelegt. Vielmehr ist hierfür eine gesonderte Steuerbilanz (vgl. § 60 Abs. 2 EStDV) erforderlich. Für diese ist allerdings die Handelsbilanz maßgeblich. d.h. ihre Werte sind grundsätzlich in die Steuerbilanz zu übernehmen und damit der Besteuerung zugrunde zu legen.

116 » Der Maßgeblichkeitsgrundsatz einfach zusammengefasst «

Der Maßgeblichkeitsgrundsatz schreibt jedoch Ausnahmen vor:

117

- Nach § 5 Abs. 1 S. 1 Hs. 2 EStG gilt die Maßgeblichkeit nicht, wenn das Steuerrecht für die Bilanzierung ein Wahlrecht einräumt. Dann kann steuerrechtlich anders bilanziert werden als handelsrechtlich.
- Gemäß § 5 Abs. 6 EStG wird der Maßgeblichkeitsgrundsatz zudem sehr weitgehend eingeschränkt in Bezug auf die Bewertung der einzelnen Bilanzposten. Demnach kommt es dafür, welche Werte den einzelnen Wirtschaftsgütern steuerlich zukommen, primär auf die Vorschriften des EStG an.
- Außerdem werden rein handelsrechtliche Wahlrechte im Rahmen der Steuerbilanz eingeschränkt. Wenn das Handelsrecht ein Aktivierungswahlrecht einräumt, so besteht steuerrechtlich eine Aktivierungspflicht. Gewährt das Handelsrecht dagegen ein Passivierungswahlrecht, so besteht steuerrechtlich ein Passivierungsverbot. Dies ergibt sich insbesondere aus dem Sinn und Zweck der steuerrechtlichen Gewinnermittlung, die im öffentlichen Interesse den vollen Gewinn erfassen soll, während das Handelsrecht überwiegend von privaten Interessen geprägt ist und dem Kaufmann daher erlaubt, sich in bestimmten Fällen „arm oder reich zu rechnen".

Gemäß § 5 Abs. 1 S. 2 EStG muss die vom Handelsrecht abweichende Ausübung steuerlicher Wahlrechte in einem besonderen Verzeichnis laufend dokumentiert werden.

c) Das Anlage- und Umlaufvermögen

Was als Anlage- und was als Umlaufvermögen zu betrachten ist, ist im EStG nicht geregelt.

118

> Nach § 247 Abs. 2 HGB sind **Anlagevermögen** alle Gegenstände, die bestimmt sind, dauernd dem Geschäftsbetrieb zu dienen.

Beispiele Grundstücke, Gebäude, Maschinen, Fuhrpark. ■

119 **Umlaufvermögen** ist demgegenüber jeder Gegenstand, der zur Be- oder Verarbeitung oder zum Umsatz bestimmt ist.

Beispiele Vorräte, Bauteile, Forderungen, Wertpapiere, Bargeld, Bankkonto, bei einem gewerblichen Grundstückshandel die Grundstücke, mit denen gehandelt wird. ▪

> ### Hinweis
>
> Zu beachten ist, dass das Handelsrecht vom Vermögensgegenstand spricht (vgl. etwa § 246 Abs. 1 S. 1 HGB), während das EStG nur „Wirtschaftsgüter" kennt. Nach h.M. sind beide Begriffe jedoch bedeutungsgleich.[31]

120 Anlage- oder Umlaufvermögen kann nur dann vorliegen, wenn es nicht um Privatvermögen geht. Es muss sich daher um notwendiges oder gewillkürtes Betriebsvermögen handeln.

Notwendiges Betriebsvermögen ist jedes Wirtschaftsgut, das objektiv erkennbar zum unmittelbaren Einsatz im Betrieb bestimmt ist und zu mehr als 50 % betrieblich genutzt wird.

Beispiel Der Bagger eines Bauunternehmens stellt notwendiges Betriebsvermögen dar. ▪

121 Ist eine eindeutige objektive Zuordnung nicht möglich oder handelt es sich um ein Wirtschaftsgut, das zu mindestens 10 % und höchstens 50 % betrieblich genutzt wird, so kann der Steuerpflichtige es dem Betriebsvermögen zuordnen („Willkürung"). Dazu muss das Wirtschaftsgut jedoch auch in einem gewissen objektiven Zusammenhang zum Betrieb stehen und ihn zu fördern bestimmt und geeignet sein. Die Zuordnung wird durch einen entsprechenden Ausweis in der Bilanz ausgeführt.

Beispiel Der Bauunternehmer B nutzt seinen Ferrari zu 40 % als „Geschäftswagen", im Übrigen privat. Will er ihn seinem Betriebsvermögen zuordnen, muss er ihn in seine Bilanz aufnehmen (Kundgabe der Zuordnung) und gegenüber dem Finanzamt darlegen, in welchem objektiven Zusammenhang der Ferrari zum Betrieb stehen und inwiefern er dafür bestimmt und geeignet sein soll. Auf die wirtschaftliche Angemessenheit kommt es hier grundsätzlich nicht an. ▪

Wird ein Gegenstand zu weniger als 10 % betrieblich genutzt, so ist eine Zuordnung zum Betriebsvermögen ausgeschlossen, weil es sich um notwendiges Privatvermögen handelt.

》Wichtige Abweichung vom Zivilrecht! 《

122 Die Zuordnung kann grundsätzlich nur einheitlich zum Betriebs- oder zum Privatvermögen erfolgen. Bei Immobilien ist jedoch zu beachten, dass abweichend vom Zivilrecht der Grund und Boden immer ein vom darauf erbauten Gebäude unabhängiges Wirtschaftsgut ist. Soweit Gebäudeteile räumlich abgrenzbar sind, können auch sie jeweils eigenständige Wirtschaftsgüter bilden, die entweder Betriebs- oder Privatvermögen darstellen.

Beispiel Der Steuerpflichtige A ist Eigentümer eines Grundstücks mit 1000 qm, auf dem ein Haus steht, dessen Dachgeschoss (Fläche: 50 qm) er zu eigenen Wohnzwecken nutzt,

---

31 *BFH* GrS BStBl II 2000, 631.

während er den ersten Stock (Fläche: 100 qm) zu fremden Wohnzwecken vermietet und das Erdgeschoss (Fläche: 100 qm) für seinen Blumenhandel nutzt. Das Haus weist eine Gesamtfläche von 250 qm auf. 50/250 qm (= 20 %) davon stellen notwendiges Privatvermögen dar, weil diese Fläche zu eigenen Wohnzwecken genutzt wird. Von den 1000 qm Grundstücksfläche entfallen damit ebenfalls 20 % (200 qm) auf das notwendige Privatvermögen, da jedem Gebäudeteil ein flächenmäßig entsprechender Grundstücksteil zuzuordnen ist. Der erste Stock macht weitere 100/250 qm (= 40 %) aus und stellt ebenfalls notwendiges Privatvermögen dar, da A diesen Gebäudeteil zu fremden Wohnzwecken vermietet. Die Vermietung hat mit seinem Gewerbebetrieb nichts zu tun, so dass es sich bei den entsprechenden Räumlichkeiten ebenfalls um notwendiges Privatvermögen handeln muss. Demnach müssen weitere 40 % des Grundstücks (400 qm) notwendiges Privatvermögen sein. Lediglich das Erdgeschoss mit einem Anteil von ebenfalls 100/250 qm (= 40 %) stellt notwendiges Betriebsvermögen dar. Hinzu kommt der entsprechende Grundstücksanteil mit weiteren 40 % (= 400 qm), der damit ebenfalls notwendiges Betriebsvermögen darstellt. ■

d) Verbindlichkeiten und Rückstellungen

Verbindlichkeiten und Rückstellungen bilden zusammen das Fremdkapital.

123

> **Verbindlichkeiten** sind passive Wirtschaftsgüter, die Leistungspflichten gegenüber Dritten ausweisen, die am Bilanzstichtag dem Grunde und der Höhe nach gewiss entstanden sind.

Dabei muss die Entstehung der Leistungspflicht jedoch durch den Betrieb veranlasst sein.[32]

> **Rückstellungen** sind passive Wirtschaftsgüter, die dem Grunde und/oder der Höhe nach ungewisse, jedoch bereits wirtschaftlich verursachte Verbindlichkeiten ausweisen.[33]

Die Pflicht zur Bildung von Rückstellungen folgt in Ermangelung einer entsprechenden Vorschrift im EStG aus § 249 Abs. 1 HGB i.V.m. § 5 Abs. 1 S. 1 EStG.

Beispiel Bauunternehmer U beschädigt im Dezember 2021 bei Ausführung von Arbeiten eine Stromleitung, so dass seinem Auftraggeber ein Schaden in Höhe von mindestens 10 000 € entsteht. Eine Verbindlichkeit liegt erst dann vor, wenn sicher feststeht, dass U den Schaden ersetzen muss und auch wie hoch die Ersatzleistungspflicht ist. In der Schlussbilanz für 2021 ist jedoch bereits eine Rückstellung in Höhe von 10 000 € zu bilden, da die Verbindlichkeit bereits 2021 wirtschaftlich verursacht wurde und eine spätere Inanspruchnahme nach den Gesamtumständen (keine entgegenstehenden Anhaltspunkte) überwiegend wahrscheinlich ist. ■

Da die Bildung von Rückstellungen sich stets gewinnmindernd und damit für den Steuerpflichtigen steuerlich günstig auswirken, mag dieser bestrebt sein, in großem Umfang Rückstellungen zu bilden. Dem tritt der Gesetzgeber mit einigen Einschränkungen (Passivierungsverboten) in § 5 Abs. 2a bis 4b EStG entgegen.

》 Beliebte Steuersparmöglichkeit 《

---

32 *Birk/Desens/Tappe* Steuerrecht, Rn. 890.
33 *Birk/Desens/Tappe* Steuerrecht, Rn. 892.

Wird im späteren Wirtschaftsjahr der Steuerpflichtige tatsächlich in Höhe der gebildeten Rückstellung in Anspruch genommen, so wird der dadurch entstehende Aufwand durch die Auflösung der Rückstellung neutralisiert. War die Rückstellung zu niedrig, so vermindert sich im Jahr ihrer Auflösung das Betriebsvermögen entsprechend. War sie zu hoch, erhöht sich das Betriebsvermögen im Jahr der Auflösung der Rückstellung entsprechend.

e)   Rechnungsabgrenzungsposten

›› Wichtige Abgrenzung! ‹‹

124 Im Gegensatz zu Rückstellungen sind Rechnungsabgrenzungsposten keine Wirtschaftsgüter, sondern bloße Korrekturgrößen in der Bilanz. Sie sind vor dem Hintergrund des sog. Verursachungsprinzips des § 252 Abs. 1 Nr. 5 HGB zu sehen. Demnach müssen Aufwendungen und Erträge in dem Jahr bilanziert werden, in dem sie wirtschaftlich verursacht wurden. Unerheblich ist, wann die entsprechende Zahlung fließt.

Beispiel   Bauunternehmer U bestellt im Jahr 2021 einen Bagger für 100 000 €. Dieser wird erst 2022 geliefert und vom betrieblichen Bankkonto bezahlt. Bereits in der Jahresbilanz 2021 muss die Kaufpreisverbindlichkeit in Höhe von 10 000 € passiviert werden. Ebenfalls in 2021 zu bilanzieren ist ein Anspruch des U auf Lieferung eines Baggers. ■

125 Rechnungsabgrenzungsposten dienen als Korrektiv zum Verursachungsprinzip. Ein Rechnungsabgrenzungsposten ist immer dann geboten, wenn eine erfolgswirksame Zahlung im aktuellen Wirtschaftsjahr fließt, ohne dass sie zu diesem gehört. Ein aktiver Rechnungsabgrenzungsposten ist nach § 5 Abs. 5 S. 1 Nr. 1 EStG immer dann zu bilden, wenn der Steuerpflichtige im aktuellen Wirtschaftsjahr Ausgaben tätigt, die Aufwand für eine bestimmte Zeit nach dem Bilanzstichtag darstellen.

Beispiel   Bauunternehmer U zahlt im Dezember 2021 bereits die Miete für sein Betriebsgebäude für das 1. Quartal 2022 in Höhe von 12 000 €. In der Bilanz für 2021 ist ein aktiver Rechnungsabgrenzungsposten in Höhe von 12 000 € zu bilden, da U in 2021 eine Zahlung vorgenommen hat, die im Jahr 2022 Aufwand (erfolgswirksam) ist. Im vorangegangenen *Beispiel* darf dagegen kein Rechnungsabgrenzungsposten gebildet werden. Denn nicht die Zahlung des Kaufpreises erfolgte im Voraus, sondern die Lieferung. In derartigen Fällen darf nie ein Rechnungsabgrenzungsposten gebildet werden. Außerdem handelt es sich bei dem Geschäft mit dem Bagger nicht um einen erfolgswirksamen Vorgang, sondern um einen bloßen Aktivtausch ohne Auswirkungen auf das Eigenkapital. ■

126 Ein passiver Rechnungsabgrenzungsposten ist nach § 5 Abs. 5 S. 1 Nr. 2 EStG zu bilden für Einnahmen, soweit sie Ertrag für eine bestimmte Zeit nach dem Bilanzstichtag darstellen.

Beispiel   U gewährt dem Kunden K im Jahr 2020 im Rahmen seines Geschäftsbetriebs einen entgeltlichen Zahlungsaufschub bis 2021. K zahlt an U hierfür im Jahr 2020 im Voraus Zinsen in Höhe von 1200 €. Hier muss U in der Bilanz für 2020 einen passiven Rechnungsabgrenzungsposten in Höhe von 1200 € bilden, da die empfangenen Zinsen wirtschaftlich zum Jahr 2021 gehören, aber bereits im Jahr 2020 gezahlt wurden. Außerdem sind sie als Ertrag (erfolgswirksam) anzusehen. ■

f) Bewertung

Wenn feststeht, dass ein Wirtschaftsgut zu bilanzieren ist („Ob" der Bilanzierung), so ist weiter zu prüfen, mit welchem Wert der Bilanzansatz erfolgen muss („Wie" der Bilanzierung). Dies regelt § 6 EStG. Die §§ 252–256 HGB gelten wegen § 5 Abs. 6 EStG nur subsidiär.[34]

127

aa) abnutzbares Anlagevermögen

Nach § 6 Abs. 1 Nr. 1 S. 1 EStG sind Wirtschaftsgüter des Anlagevermögens, die der Abnutzung unterliegen, mit den Anschaffungs- oder Herstellungskosten, vermindert um die Absetzungen für Abnutzung („AfA") und sonstige Abzüge, zu bewerten. Nach § 6 Abs. 1 S. 2 kann jedoch der Teilwert angesetzt werden, wenn dieser aufgrund einer dauernden Wertminderung niedriger ist.

128

(1) Anschaffungs- und Herstellungskosten

Das Steuerrecht enthält keine Definition für die Begriffe der Anschaffungs- und Herstellungskosten, so dass auf das Handelsrecht zurückgegriffen werden muss.

129

> **Anschaffungskosten** sind gemäß § 255 Abs. 1 HGB die Aufwendungen, die geleistet werden, um einen Vermögensgegenstand zu erwerben und ihn in einen betriebsbereiten Zustand zu versetzen.
>
> **Herstellungskosten** sind gemäß § 255 Abs. 2 HGB die Aufwendungen, die durch den Verbrauch von Gütern und die Inanspruchnahme von Diensten für die Herstellung eines Vermögensgegenstands.

Hierzu gehören die Materialkosten, die Fertigungskosten, die Sonderkosten der Fertigung, die Materialgemeinkosten, die Fertigungsgemeinkosten und der Wertverzehr des Anlagevermögens. Ansonsten ist hier auch die Neuregelung des § 6 Abs. 1 Nr. 1b EStG zu berücksichtigen.

Dabei zählt nach § 9b Abs. 1 EStG die Umsatzsteuer nicht dazu, wenn der Steuerpflichtige sie gemäß § 15 Abs. 1 UStG als Vorsteuer geltend machen kann.

(2) Absetzung für Abnutzung

Die Absetzung für Abnutzung (AfA) ist in § 7 EStG geregelt. Sie setzt voraus, dass die Verwendung oder Nutzung des jeweiligen Wirtschaftsguts sich über einen Zeitraum von mehr als einem Jahr erstreckt.

130

Die AfA stellt einen erfolgswirksamen Vorgang dar, da das betroffene Wirtschaftsgut in seinem bilanziellen Wert sinkt. Dagegen war seine Anschaffung lediglich ein erfolgsneutraler Aktivtausch oder eine erfolgsneutrale Aktiv-Passiv-Mehrung.

Die AfA nach § 7 Abs. 1 S. 1 EStG hängt in ihrer Höhe von der betriebsgewöhnlichen Nutzungsdauer des jeweiligen Wirtschaftsguts ab und ist jährlich identisch (lineare AfA). Die betriebsgewöhnliche Nutzungsdauer ist grundsätzlich zu schätzen. Hierfür sind auch die vom BMF herausgegebenen AfA-Tabellen heranzuziehen.

131

---

34 *Birk/Desens/Tappe* Steuerrecht, Rn. 905.

Beispiel Gewerbetreibender A schafft für den Betrieb einen Laptop für 1500 € an und bezahlt diesen bar. Der Laptop hat eine geschätzte Nutzungsdauer von 3 Jahren. Der Anschaffungsvorgang stellt einen bloßen Aktivtausch dar, weil die Barmittel des Betriebs sinken, während das Anlagevermögen sich entsprechend erhöht. Der jährliche AfA-Betrag beläuft sich auf 500 € (= 1500 : 3). Nach Ablauf der betriebsgewöhnlichen Nutzungsdauer hat der Laptop einen Bilanzwert in Höhe von 0 €. ■

>> Extrem häufiger und wichtiger „Nebenkriegsschauplatz" in Klausuren! <<

132 Gemäß § 7 Abs. 1 S. 4 EStG ist die AfA im Jahr der Anschaffung bzw. Herstellung des Wirtschaftsguts monatsgenau vorzunehmen (pro rata temporis-Regel).

Beispiel In dem oben genannten *Beispiel* erfolgt die Anschaffung am 31.3.2021.

Nach wie vor beläuft sich der AfA-Betrag auf 500 €. Für das Veranlagungsjahr 2021 muss dieser Betrag jedoch gemäß § 7 Abs. 1 S. 4 EStG um 2/12 gekürzt werden, da dem Monat der Anschaffung zwei volle Monate vorausgehen. Im Jahr 2021 beträgt die AfA demnach 416,67 €, im Jahr 2022 beträgt sie 500 €, im Jahr 2023 beträgt sie 500 € und im Jahr 2024 beträgt sie noch 83,33 €. ■

Die in § 7 Abs. 2 EStG genannte degressive AfA konnte nach alter Fassung nur für Wirtschaftsgüter angewendet werden, die zwischen dem 1.1.2008 und dem 31.12.2010 angeschafft oder hergestellt wurden. Seit 2020 gibt es eine neue degressive AfA für Wirtschaftsgüter, die nach dem 31.12.2019 und vor dem 1.1.2022 angeschafft bzw. hergestellt wurden.

> ### Hinweis
>
> In Klausuren kommt der degressiven AfA nach § 7 Abs. 2 EStG regelmäßig geringere Bedeutung zu.

133 Für zum Anlagevermögen gehörende Gebäude (nicht für das Grundstück!) enthält insbesondere § 7 Abs. 4 S. 1 Nr. 1 EStG eine Sonderregel. Demnach ist das Gebäude mit jährlich 3 % der Anschaffungs- bzw. Herstellungskosten abzuschreiben. Eine Ausnahme gilt nach § 7 Abs. 4 S. 2 EStG bei Gebäuden mit besonders kurzer Nutzungsdauer. Hier kommt fakultativ die lineare AfA nach § 7 Abs. 1 EStG zur Anwendung. In § 7 Abs. 5 EStG finden sich wiederum Sonderregeln, die aber bei Gebäuden mit Anschaffung bzw. Fertigstellung ab dem 1.1.2006 nicht anwendbar sind. Gemäß § 7 Abs. 5a EStG kommt die Gebäude-AfA auch bei Wohnungen, Teileigentum und selbstständigen unbeweglichen Gebäudeteilen zur Anwendung.

Beispiel A schafft für seinen Betrieb ein Fabrikgebäude für 1 500 000 € an. Der Anteil von Grund und Boden am Kaufpreis beträgt 500 000 €. Nach § 7 Abs. 4 S. 1 Nr. 1 EStG beläuft sich die jährliche AfA gleichbleibend auf 3 % von 1 000 000 €, also auf 30 000 €. Der Grund und Boden ist nicht abnutzbar, so dass insoweit keine Abschreibung für Abnutzung erfolgen kann. ■

134 Gemäß § 7 Abs. 1 S. 6 EStG kann die AfA auch anhand der Leistung des Wirtschaftsguts anstelle von dessen Nutzungsdauer bemessen werden. Dies kommt insbesondere bei Maschinen in Frage, bei denen eine messbare Leistungsabgabe stattfindet und deren Gesamtumfang von vornherein feststeht.

Nach § 7 Abs. 1 S. 7 EStG kann zusätzlich zur AfA nach § 7 Abs. 1 S. 1 EStG auch eine **135** Abschreibung für außergewöhnliche technische oder wirtschaftliche Abnutzung vorgenommen werden.

Beispiel A schafft in 2021 eine Produktionsmaschine an, die er mit 1000 € linear abschreibt. In 2022 erleidet die Maschine einen Wasserschaden, die zu einer Wertminderung in Höhe von 10 000 € führt. Die Abschreibung in 2022 beträgt daher nach § 7 Abs. 1 S. 1 und S. 7 EStG insgesamt 11 000 €. ◾

(3)   Sofortabschreibung und Poolabschreibung

Bei selbstständig nutzbaren beweglichen Wirtschaftsgütern des Anlagevermögens, deren **136** Anschaffungs- oder Herstellungskosten ohne Umsatzsteuer den Betrag von 800 € nicht übersteigt, besteht gemäß § 6 Abs. 2 S. 1 EStG die Möglichkeit einer Sofortabschreibung. Demnach können solche Wirtschaftsgüter bereits im Jahr der Anschaffung bzw. Herstellung sofort auf 0 € abgeschrieben werden.

Gemäß § 6 Abs. 2a EStG kann bei selbstständig nutzbaren beweglichen Wirtschaftsgütern des **137** Anlagevermögens, deren Anschaffungs- bzw. Herstellungskosten mehr als 250 € und höchstens 1000 € betragen, eine sog. Poolabschreibung erfolgen. Es wird ein Sammelposten gebildet, in den sämtliche Wirtschaftsgüter dieser Art eingestellt werden. Dann erfolgt gemäß § 6 Abs. 2a EStG eine Abschreibung auf den Sammelposten (Sammelabschreibung) in Höhe von 20 %. Nach § 6 Abs. 2a S. 5 EStG muss sich der Steuerpflichtige innerhalb eines Wirtschaftsjahres jedoch einheitlich für die Poolabschreibung betreffend alle in diesem Wirtschaftsjahr angeschafften, hergestellten oder eingelegten Wirtschaftsgüter, welche die entsprechenden Voraussetzungen erfüllen, entscheiden.

Beispiel A schafft im Jahr 2021 folgende Wirtschaftsgüter für seinen Betrieb an: Mobiltelefon für 900 € zzgl. 19 % USt, Werkzeug für 260 € zzgl. 19 % USt, Computer für 1100 € zzgl. USt, Drucker für 300 € zzgl. USt.

A kann nun die Kosten für Werkzeug und Drucker jeweils sofort nach § 6 Abs. 2 EStG abschreiben. In diesem Fall muss er die Kosten für das Mobiltelefon nach § 7 Abs. 1 linear abschreiben. Die Möglichkeit einer Poolabschreibung betreffend das Mobiltelefon besteht nach § 6 Abs. 2a S. 5 EStG nur, wenn er auch das Werkzeug und den Drucker in den Pool einstellt und deren Kosten nicht sofort komplett abschreibt. Wird eine Poolabschreibung gewählt, so beträgt die Abschreibung hierauf im Jahr 2021 gemäß § 6 Abs. 2a S. 2 EStG 292 €.

(4)   sonstige Abzüge

In §§ 7a, 7g–7i EStG finden sich weitere Abzugsmöglichkeiten. Insbesondere ist der Investiti- **138** onsabzugsbetrag nach § 7g Abs. 1 EStG bedeutsam. Demnach kann vor Anschaffung bzw. Herstellung eines Anlageguts ein Betrag in Höhe von 40 % der voraussichtlichen Anschaffungs- bzw. Herstellungskosten gewinnmindernd abgesetzt werden. Gemäß § 7g Abs. 5 und Abs. 6 EStG sind in diesem Zusammenhang auch Sonderabschreibungen möglich. Die Regelung dient dem Anreiz zu Investitionen bei kleinen und mittleren Betrieben.

(5) Teilwert

139 Nach § 6 Abs. 1 Nr. 1 S. 2 EStG kann jedoch auch eine sog. Teilwertabschreibung erfolgen, so dass das Wirtschaftsgut mit dem Teilwert anzusetzen ist.

> **Teilwert** ist gemäß § 6 Abs. 1 Nr. 1 S. 3 EStG der Betrag, den ein Erwerber des ganzen Betriebs im Rahmen des Gesamtkaufpreises für das einzelne Wirtschaftsgut ansetzen würde, wobei davon auszugehen ist, dass der Erwerber den Betrieb fortsetzen würde.

》 Grundlegend wichtige Abgrenzung! 《

Der Teilwert ist abzugrenzen vom sog. gemeinen Wert i.S.v. § 9 Abs. 2 S. 1 BewG. Der gemeine Wert entspricht dem Verkehrswert und beläuft sich regelmäßig auf den Einzelveräußerungspreis im gewöhnlichen Geschäftsverkehr. Der Teilwert beruht dagegen gerade auf dem besonderen Umstand, dass das betroffene Wirtschaftsgut zum Betriebsvermögen eines laufenden Betriebs gehört.

Der Teilwert kann regelmäßig nicht exakt bestimmt, sondern lediglich geschätzt werden. Dabei ist als Untergrenze der gemeine Wert, als Obergrenze die Wiederbeschaffungskosten anzunehmen. Bei jederzeit ersetzbaren und entbehrlichen Wirtschaftsgütern macht die Betriebszugehörigkeit in der Regel keinen Mehrwert aus, so dass deren Teilwert ihrem gemeinen Wert entspricht.[35]

Nach der Rechtsprechung wird widerleglich vermutet, dass sich der Teilwert eines neu angeschafften bzw. hergestellten Wirtschaftsguts im Zeitpunkt der Anschaffung bzw. Fertigstellung mit den Anschaffungs- bzw. Herstellungskosten deckt.

Eine Teilwertabschreibung setzt nach § 6 Abs. 1 Nr. 1 S. 2 EStG eine voraussichtlich dauernde Wertminderung voraus. Diese liegt vor, wenn der Wertverlust mindestens während der halben Restnutzungsdauer anhält.[36]

(6) Wertsteigerungen

140 Die Anschaffungs- bzw. Herstellungskosten bilden die Obergrenze für den Bilanzansatz. Wertsteigerungen wirken sich in der Bilanz daher nicht aus. Dies ergibt sich aus dem handelsrechtlichen Vorsichts- und Realisationsprinzips des § 252 Abs. 1 Nr. 4 Hs. 2 HGB, welches über den Maßgeblichkeitsgrundsatz auch im Einkommensteuerrecht Anwendung findet.

> **Beispiel**   A schafft ein Betriebsgrundstück für 1 000 000 € an. Dieses wird mit den Anschaffungskosten in der Bilanz aktiviert. Nach 10 Jahren ist das Grundstück bereits 1 200 000 € wert. Diese Wertsteigerung findet sich in der Bilanz an keiner Stelle. ■

> Wenn der bilanzielle Wert eines Wirtschaftsguts unterhalb des gemeinen Werts (Verkehrswert) liegt, so spricht man von **stillen Reserven**.

Hinweis

Stille Reserven führen zu einem steuerlich beachtlichen Gewinn erst im Falle der Veräußerung oder Entnahme des betreffenden Wirtschaftsguts.

---

35 *Birk/Desens/Tappe* Steuerrecht, Rn. 914.
36 *BFH* I R 74/08, BStBl II 2009, 899.

Wenn jedoch nach einer Teilwertabschreibung eine Wertsteigerung eintritt, so muss diese auch bilanziell durch eine entsprechende Wertaufholung berücksichtigt werden. Dies ergibt sich aus § 6 Abs. 1 Nr. 1 S. 4 EStG. Maximal angesetzt werden dürfen jedoch wiederum die Anschaffungs- bzw. Herstellungskosten.

bb) nichtabnutzbares Anlagevermögen

Zum nichtabnutzbaren Anlagevermögen gehören insbesondere Grundstücke, aber auch immaterielle Wirtschaftsgüter, Forderungen und Beteiligungen. Sie sind nach § 6 Abs. 1 Nr. 2 EStG mit den Anschaffungs- bzw. Herstellungskosten anzusetzen, wobei auch eine Teilwertabschreibung in Betracht kommt. Eine AfA kommt mangels Abnutzbarkeit nicht in Frage.

141

Bei börsennotierten Aktien im Anlagevermögen liegt bereits dann eine voraussichtlich dauernde Wertminderung i.S.v. § 6 Abs. 1 Nr. 2 S. 2 EStG vor, wenn der Börsenkurs am Bilanzstichtag unter den Börsenkurs des Anschaffungszeitpunktes gefallen ist und diese Unterschreitung mehr als 5 % beträgt. Dies gilt auch dann, wenn der Börsenkurs nach dem Bilanzstichtag wieder angestiegen ist.

cc) Umlaufvermögen

Umlaufvermögen ist ebenfalls nach § 6 Abs. 1 Nr. 2 EStG zu bewerten.

142

dd) Verbindlichkeiten

Bei der Bewertung von Verbindlichkeiten gilt gemäß § 6 Abs. 1 Nr. 3 S. 1 EStG die Regelung des § 6 Abs. 1 Nr. 2 EStG sinngemäß. Demnach sind Verbindlichkeiten grundsätzlich mit ihrem Erfüllungsbetrag anzusetzen (sinngemäß die Anschaffungskosten der Verbindlichkeit). Im Falle einer voraussichtlich dauernden Erhöhung der Verbindlichkeit kann auch eine Teilwertzuschreibung erfolgen.

143

Beispiel A bestellt aus den USA eine Maschine für 10 000 $, was im Zeitpunkt des Vertragsschlusses einem Preis von 9000 € entsprach. Infolge einer Wechselkursänderung am Bilanzstichtag erhöht sich die Verbindlichkeit aus der Bestellung auf 9500 €. Hier muss demnach eine Teilwertzuschreibung in Höhe von 500 € erfolgen.

Unverzinsliche Verbindlichkeiten mit einer Mindestlaufzeit von zwölf Monaten, die nicht auf einer Anzahlung oder Vorausleistung beruhen, sind jährlich gewinnerhöhend mit 5,5 % abzuzinsen (§ 6 Abs. 1 Nr. 3 S. 1 Hs. 2 EStG).[37]

> **Hinweis**
>
> Aufgrund der relativ komplexen Rechenoperation, die eine Abzinsung erfordert, sowie der Tatsache, dass in der Klausur regelmäßig kein Taschenrechner genutzt werden darf, dürfte der Abzinsung kaum Klausurrelevanz zukommen.

---

37 *Birk/Desens/Tappe* Steuerrecht, Rn. 948.

ee) Rückstellungen

144 Rückstellungen sind im Prinzip wie Verbindlichkeiten zu bewerten, allerdings müssen die in § 6 Abs. 1 Nr. 3a EStG genannten Umstände berücksichtigt werden, also insbesondere etwa die Wahrscheinlichkeit einer bloß teilweisen Inanspruchnahme des Steuerpflichtigen (§ 6 Abs. 1 Nr. 3a a) EStG).

g) Entnahmen und Einlagen

145 Privat veranlasste Änderungen des Betriebsvermögens müssen für Zwecke der Besteuerung korrigiert werden. Dies sind Entnahmen und Einlagen.

> **JURIQ-Klausurtipp**
>
> Unbedingt zu beachten ist, dass im Prüfungsaufbau die Korrektur von Einlagen und Entnahmen erst nach der Berechnung des Saldos aus dem aktuellen und dem letztjährigen Eigenkapital erfolgen darf.

aa) Entnahmen

146 **Entnahmen** sind nach § 4 Abs. 1 S. 2 EStG alle Wirtschaftsgüter, die der Steuerpflichtige dem Betrieb für sich, für seinen Haushalt oder für andere betriebsfremde Zwecke im Laufe des Wirtschaftsjahres entnommen hat. Darunter fällt die Sachentnahme, die Nutzungsentnahme und die Leistungsentnahme.

Beispiel A betreibt ein Restaurant und nimmt einmalig für sich und seine Frau eine Flasche Wein mit nach Hause. Sodann nutzt er den Geschäftswagen für die Fahrt nach Hause. Schließlich kocht er zu Hause für seine Ehefrau und bedient sich dabei seiner im Restaurantbetrieb angestellten Küchengehilfin. Hier liegt eine Sachentnahme darin, dass A zu privaten Zwecken eine Flasche Wein (Umlaufvermögen) mit nach Hause nimmt. Die Nutzung des betrieblichen Kfz zu dem privaten Zweck, nach Hause zu fahren, stellt eine Nutzungsentnahme dar. Schließlich ist aber das Kochen durch A keine Leistungsentnahme, da die Arbeitskraft des Unternehmers kein betrieblicher Aufwand und daher nicht entnahmefähig ist. Etwas anderes gilt aber für die Tätigkeit der Küchengehilfin. Die Nutzung ihrer Leistung zu privaten Zwecken stellt eine Leistungsentnahme dar. ◼

147 Die Entnahme eines Wirtschaftsguts hat dazu geführt, dass sich das in der Bilanz ausgewiesene Vermögen des Betriebs verringert hat. Wenn bei der Gewinnermittlung die Entnahme daher gemäß § 4 Abs. 1 letzter Halbsatz EStG wieder hinzugerechnet wird, wird dieser Abgang außerbilanziell korrigiert, d.h. die Entnahme als solche taucht in der Bilanz nicht auf. Für die Hinzurechnung muss die Entnahme aber bewertet werden.

Die Entnahme ist nach § 6 Abs. 1 Nr. 4 S. 1 EStG grundsätzlich mit dem Teilwert anzusetzen. Würde man nur den Buchwert i.S.v. § 6 Abs. 1 Nr. 1 S. 1 EStG ansetzen, so wäre zwar der Abgang des Wirtschaftsguts aus dem Betriebsvermögen bilanziell ausgeglichen. Jedoch „schlummern" in zahlreichen Wirtschaftsgütern stille Reserven, die so keine Berücksichtigung fänden und dem Betrieb daher ohne Ausgleich verloren gingen. Deshalb ist der Ansatz des Teilwerts geboten, der keine AfA enthält und auch über den Anschaffungs- bzw. Herstellungskosten liegen kann.

Der in der Praxis häufigste Fall der Nutzungsentnahme wird in § 6 Abs. 1 Nr. 4 S. 2 EStG geregelt, nämlich die Nutzung eines betrieblichen Kfz für Privatfahrten. Hiernach sind 1 % des inländischen Listenpreises zuzüglich Kosten der Sonderausstattung und zuzüglich Umsatzsteuer für jeden Monat der Nutzung anzusetzen.

148 ⟩⟩ Klausurdauerbrenner! ⟨⟨

Beispiel A nutzt sein betriebliches Kfz auch zu privaten Fahrten. Im Zeitpunkt der Anschaffung lautete der Listenpreis des Kfz auf 50 000 € brutto inklusive Navigationsgerät (anteilige Kosten hierfür: 1000 €). Aufgrund langjähriger Geschäftsbeziehungen zum Verkäufer hat A das Fahrzeug für 45 000 € erhalten.

Der Rabatt ist unerheblich. Die Nutzungsentnahme ist nach § 6 Abs. 1 Nr. 4 S. 2 EStG mit 500 € pro Monat, d.h. im Wirtschaftsjahr mit 12 000 € zu bewerten. ▪

bb) Einlagen

> Unter den zur Entnahme komplementären Begriff der **Einlage** fällt nach § 4 Abs. 1 S. 8 EStG jedes Wirtschaftsgut, welches der Steuerpflichtige dem Betrieb im Laufe des Wirtschaftsjahres zugeführt hat.

149

Beispiel Der Unternehmer zahlt eine betriebliche Verbindlichkeit mit seiner privaten Kreditkarte. Der bezahlte Betrag stellt eine Einlage dar. ▪

Die Einlage ist nach § 6 Abs. 1 Nr. 5 S. 1 EStG mit dem Teilwert anzusetzen. Der Einlagewert ist jedoch nach § 7 Abs. 1 S. 5 EStG um die AfA zu mindern, wenn das eingelegte Wirtschaftsgut vor der Einlage für die Erzielung von Überschusseinkünften verwendet wurde. So wird sichergestellt, dass der Steuerpflichtige nicht ein und dasselbe Wirtschaftsgut zwei Mal steuermindernd abschreiben kann.

h) Abzugsverbote

In § 4 Abs. 5, Abs. 5b, Abs. 6, Abs. 9 EStG verbietet das Gesetz den gewinnmindernden Abzug bestimmter Aufwendungen. Diese Aufwendungen werden bei Erstellung der Steuerbilanz zunächst berücksichtigt. Sodann werden sie dem Gewinn jedoch außerbilanziell wieder hinzugerechnet und erhöhen so die Einkünfte.

150 ⟩⟩ Unbedingt wenigstens einmal alle Abzugsverbote im Gesetz durchlesen! ⟨⟨

Beispiel Die Steuerbilanz 2020 weist ein Eigenkapital in Höhe von 150 000 € aus. Beim Ansatz des Bankkontoguthabens (Umlaufvermögen) wurde mindernd berücksichtigt, dass das Guthaben zur Begleichung von Gewerbesteuerschulden in Höhe von 5000 € verwendet wurde. Die Steuerbilanz 2021 weist ein Eigenkapital in Höhe von 170 000 € aus. Beim Ansatz des Kassenbestandes (Umlaufvermögen) wurde mindernd berücksichtigt, dass aus geschäftlichem Anlass Bewirtungskosten in Höhe von insgesamt 1000 € bar gezahlt wurden. Wie hoch ist der steuerliche Gewinn in 2021?

Zunächst ist nach § 4 Abs. 1 S. 1 EStG die Differenz zwischen dem Betriebsvermögen am Schluss des Wirtschaftsjahres 2021 und dem Betriebsvermögen am Schluss des vorangegangenen Wirtschaftsjahres zu bilden, d.h. es kommt auf den bilanziellen Eigenkapitalausweis der beiden Wirtschaftsjahre an. Demnach beläuft sich der Gewinn auf einen Betrag von 20 000 €. Im Jahr 2020 wurde jedoch entgegen § 4 Abs. 5b EStG Gewerbesteuer in Höhe von 5000 € abgezogen. Dieser Betrag ist wegen des Abzugsverbots dem Gewinn wieder hinzuzurechnen. Gleiches gilt nach § 4 Abs. 5 S. 1 Nr. 2 EStG für die Bewirtungsaufwendungen. Diese sind nur in Höhe von 70 % gewinnmindernd zu berücksichtigen, wurden aber voll abgezogen. Folglich müssen 30 % dem Gewinn hinzugerechnet werden, also 300 €. Der steuerliche Gewinn für 2021 beläuft sich daher auf insgesamt 20 000 € + 5000 € + 300 € = 25 300 €. ■

i)   Steuerfreie Einnahmen

151   Entsprechend verhält es sich mit den gemäß § 3 EStG steuerfreien Einnahmen. Diese wurden bei der Erstellung der Steuerbilanz berücksichtigt und müssen zur Verwirklichung der gesetzlich gebotenen Steuerfreiheit vom Gewinn außerbilanziell wieder abgezogen werden.

> **Hinweis**
>
> Häufig klausurrelevant ist § 3 Nr. 26, Nr. 26a sowie Nr. 40 EStG.

Beispiel: A ist selbstständiger Rechtsanwalt. Daneben leitet er auf werkvertraglicher Basis ein Tutorium für einen rechtswissenschaftlichen Lehrstuhl der Universität und erhält dafür pro Semester ein Honorar in Höhe von 2000 €. Nach § 3 Nr. 26 EStG sind die als Tutoriumsleiter erzielten Einnahmen vollständig steuerfrei, da es sich um eine nebenberufliche Tätigkeit im Sinne der Vorschrift handelt. ■

Soweit mit steuerfreien Einnahmen Ausgaben zusammenhängen, so dürfen diese den Gewinn nach § 3c EStG nicht mindern. Entsprechende Aufwendungen sind daher ebenfalls außerbilanziell dem Gewinn wieder hinzuzurechnen.

>> Für den Steuerpflichtigen eine Erleichterung, für den Klausurbearbeiter aber oft mindestens ebenso schwierig wie die Bilanzierung <<

2.   Einnahmenüberschussrechnung

152   In § 4 Abs. 3 EStG erlaubt das Gesetz die Gewinnermittlung durch Einnahmenüberschussrechnung. Dies stellt eine erhebliche Erleichterung für den Steuerpflichtigen dar. Anstelle einer Buchführung bedarf es lediglich einer Belegsammlung. Es gibt zwar ein Betriebsvermögen, aber keine Bilanz.

a)   Das Zu- und Abflussprinzip

153   Bei der Gewinnermittlung nach § 4 Abs. 3 EStG gilt – ganz anders als bei Bilanzierung – grundsätzlich das Zu- und Abflussprinzip des § 11 EStG. Demnach sind Betriebseinnahmen und -ausgaben in dem Jahr anzusetzen, in dem sie erfolgt sind, d.h. zu dem Zeitpunkt, zu dem das Geld „geflossen" ist. Anders als bei der Gewinnermittlung durch Bestandsvergleich kommt es nicht auf das Entstehen entsprechender Forderungen oder Verbindlichkeiten (periodengerechte Gewinnermittlung) an. Maßgeblich ist allein der Geldverkehr („Cashflow-Rechnung").

154   **Zufluss** i.S.v. § 11 Abs. 1 EStG ist die Erlangung der wirtschaftlichen Verfügungsmacht.

Beispiele   Bei Barzahlung erfolgt der Zufluss mit Erhalt des Bargeldes, bei Überweisung mit Kontogutschrift, bei Zahlung mittels Scheck mit Entgegennahme des Schecks, bei Aufrechnung mit Zugang der Aufrechnungserklärung ■

155   **Abfluss** i.S.v. § 11 Abs. 2 EStG ist der endgültige Verlust der wirtschaftlichen Verfügungsmacht.

Eine wesentliche Einschränkung des Zu- und Abflussprinzips ergibt sich aus § 4 Abs. 3 S. 3 EStG. Demnach gelten für abnutzbare Wirtschaftsgüter des Anlagevermögens die gleichen Regeln wie beim Bestandsvergleich, d.h. insbesondere sind die Vorschriften über die AfA ebenso anzuwenden. Mangels entsprechender gesetzlicher Verweisung auf § 6 Abs. 1 Nr. 1, Nr. 2 EStG ist aber keine Teilwertabschreibung möglich.

156 ›› Vorsicht in der Klausur! ‹‹

Eine weitere Einschränkung enthält § 4 Abs. 3 S. 4 EStG. Demnach können die Anschaffungs- oder Herstellungskosten für die dort genannten Wirtschaftsgüter ebenfalls nicht sofort als Betriebsausgaben abgezogen werden. Dies ist vielmehr erst dann möglich, sobald sie veräußert werden und der Veräußerungserlös zufließt bzw. im Zeitpunkt der Entnahme.

157

Beispiel A kauft ein Betriebsgrundstück für 100 000 € im Jahr 2018. Im Jahr 2021 veräußert er dieses für 130 000 €, wobei ihm der Erlös erst 2022 zufließt. Hier ist entgegen den Abflussprinzips wegen § 4 Abs. 3 S. 4 EStG im Jahr 2018 keine Betriebsausgabe in Höhe von 100 000 € zu erfassen. Erst bei Zufluss des Veräußerungserlöses im Jahr 2022 wird eine Betriebsausgabe in Höhe von 100 000 € sowie eine Betriebseinnahme in Höhe von 130 000 € erfasst. So kommt es faktisch lediglich zur Versteuerung des Veräußerungsgewinns in Höhe von 30 000 €. ◼

Folglich gilt das Zu- und Abflussprinzip bei Betriebsausgaben praktisch nur noch für Umlaufvermögen, wenn es sich dabei nicht um Kapitalanteile, Grund und Boden, oder um Gebäude handelt.[38]

Eine weitere Einschränkung enthält § 11 EStG für regelmäßig wiederkehrende Betriebseinnahmen und -ausgaben. Für solche Einnahmen bzw. Ausgaben schreibt § 11 Abs. 1 S. 2 EStG bzw. § 11 Abs. 2 S. 2 EStG eine periodengerechte Berücksichtigung vor, wenn sie kurze Zeit vor oder nach dem Jahreswechsel zu- bzw. abfließen. Unter einer kurzen Zeit versteht die ganz h.M. einen Zeitraum von ca. 10 Tagen.[39] Über den Wortlaut hinaus muss auch die Fälligkeit der Zahlung in diesem Zeitraum liegen.

158

> **Regelmäßig wiederkehrend** sind Einnahmen bzw. Ausgaben, wenn sie ihrer Natur nach, also aufgrund des zugrunde liegenden Rechtsgeschäfts oder sonstigen Verpflichtungsgrundes in regelmäßigen Zeitabständen geleistet oder empfangen werden.[40]

Die Höhe der Zahlungen muss demgegenüber nicht gleichmäßig sein.

b) Betriebseinnahmen

Der Begriff der Betriebseinnahmen ist im Gesetz nicht definiert. Er ist unter Rückgriff auf den Einnahmenbegriff des § 8 Abs. 1 EStG und der Definition der Betriebsausgaben in § 4 Abs. 4 EStG zu bestimmen.

159

> Demnach sind **Betriebseinnahmen** alle Zugänge in Geld oder Geldeswert, die durch den Betrieb veranlasst sind.

---

38 *Birk/Desens/Tappe* Steuerrecht, Rn. 970.
39 *BFH* VIII R 34/12, BStBl II 2015, 285.
40 *Birk/Desens/Tappe* Steuerrecht, Rn. 972.

Eine betriebliche Veranlassung liegt vor, wenn aus Sicht eines Unternehmers ein tatsächlicher oder wirtschaftlicher Zusammenhang mit dem Betrieb besteht.[41]

Beispiel   Der selbstständige Rechtsanwalt erhält von einem Mandanten zusätzlich zum abgerechneten Honorar in Höhe von 5000 € aus Dankbarkeit für den gewonnenen Prozess eine Einladung zum Abendessen. Nicht nur das empfangene Honorar ist eine Betriebseinnahme, auch die Einladung zum Abendessen ist ein betrieblich veranlasster Vermögenszuwachs. Die Bewertung eines solchen Sachbezugs erfolgt analog § 8 Abs. 2 EStG. ■

160   Komplizierter wird es dann, wenn Sachwertzuwächse in das Betriebsvermögen übergehen.

Beispiel[42]   Der selbstständige Zahnarzt A erhält von seinem Patienten Zahngold im Wert von 500 €, welches bei der Zahnbehandlung entfernt wird.

An sich müsste man schlicht den betrieblich veranlassten Vermögenszuwachs in Höhe von 500 € als Betriebseinnahme erfassen und den späteren Verkauf des Goldes ebenfalls als Betriebseinnahme ansehen. Im Ergebnis führt der Vermögenszuwachs durch die Überlassung des Goldes dann aber zu einer zweifachen steuerlichen Berücksichtigung als Betriebseinnahmen, ohne dass jemals Betriebsausgaben in diesem Zusammenhang erfasst worden wären. Hätte A das Gold nicht von seinem Patienten „kostenlos" erhalten, sondern bei einem Händler gekauft, so wären hier entsprechende Betriebsausgaben entstanden. Nach nicht unumstrittener[43] Auffassung des BFH muss in solchen Fällen deshalb fingiert werden, dass der Steuerpflichtige den Sachwert entgeltlich erworben hat, so dass zeitgleich mit der Vereinnahmung auch Betriebsausgaben in Höhe der Betriebseinnahmen anzusetzen sind, so dass der Vorgang im Ergebnis zunächst neutralisiert wird. Hier müssen deshalb Betriebseinnahmen und -ausgaben in Höhe von 500 € angesetzt werden. Wenn A das Gold später verkauft, so stellt der Verkaufserlös in voller Höhe eine Betriebseinnahme dar. Auf diese Weise erzielt man das gleiche Ergebnis wie wenn A das Gold von einem Händler erworben hätte. ■

161   Keine Betriebseinnahmen sind durchlaufende Posten i.S.v. § 4 Abs. 3 S. 2 EStG, also Zahlungen, die im Namen und für Rechnung eines anderen vereinnahmt bzw. verausgabt werden.

Beispiel   Rechtsanwalt R vertritt den Kläger in einem Zivilprozess. Nachdem dieser gewonnen wurde, zahlt die Gegenseite an R den eingeklagten und titulierten Betrag in Höhe von 1000 €. R überweist diesen Betrag an seine Mandantschaft weiter. Hier liegen keine Betriebseinnahmen und -ausgaben vor, sondern lediglich durchlaufende Posten i.S.v. § 4 Abs. 3 S. 2 EStG. ■

Nicht zu den durchlaufenden Posten gehört die Umsatzsteuer auf Fremdleistungen. Denn sie wird nicht im Namen und für Rechnung des Finanzamts vom Steuerpflichtigen erhoben. Der Unternehmer stellt sie vielmehr im eigenen Namen in Rechnung und ist erst mit Anmeldung der Umsatzsteuer beim Finanzamt bei entsprechender Zahllast zur „Weiterleitung" an die Finanzkasse verpflichtet.

---

41 *Birk/Desens/Tappe* Steuerrecht, Rn. 973.
42 Nach *BFH* IV R 29/91, BStBl 1993, 36.
43 Vgl. *Birk/Desens/Tappe* Steuerrecht, Rn. 975.

Nicht zu den Betriebseinnahmen ist außerdem ein empfangenes betriebliches Darlehen zu zählen. Denn wegen der Rückzahlungsverpflichtung fehlt es am endgültigen Geldzufluss und damit auch an einer steuerpflichtigen Bereicherung.[44]

162

Schließlich handelt es sich auch nicht um Betriebseinnahmen, wenn der Steuerpflichtige Aufwendungen erspart, indem er sich selbst gegenüber leistet. Ersparte Aufwendungen sind aber dann Betriebseinnahmen, wenn sie auf einer Leistung des Steuerpflichtigen gegenüber einem Dritten beruhen.

163

Beispiel Der selbstständige Arzt A muss Maler M keinen Werklohn für das Streichen der Praxiswände leisten, da A den M medizinisch behandelt hat. A muss die ersparten Aufwendungen als Betriebseinnahme ansetzen. ■

c) Betriebsausgaben

> **Betriebsausgaben** sind nach § 4 Abs. 4 EStG Aufwendungen, die durch den Betrieb veranlasst sind.

164

Durchlaufende Posten scheiden wiederum aus. Auch die Rückzahlung eines Darlehens stellt korrespondierend zur Behandlung der Darlehensauszahlung keine Betriebsausgabe dar. Lediglich bei den Zinsen handelt es sich um Betriebsausgaben.

aa) Grundlagen

> Eine **betriebliche Veranlassung** liegt vor, wenn objektiv ein Zusammenhang zum Betrieb besteht und subjektiv die Aufwendungen zur Förderung des Betriebs getätigt werden.[45]

165

Im Einzelfall darf die subjektive Komponente jedoch fehlen.

166

Beispiel Rechtsanwalt R versäumt bei der Klageerhebung für seinen Mandanten die Klagefrist. Dem Mandanten entsteht dadurch nachweislich ein Schaden in Höhe von 100 000 €, welcher von R an den Mandanten gezahlt wird. Hier besteht ein objektiver Zusammenhang mit dem Betrieb. Ob hier die subjektive Komponente fehlt, hängt davon ab, ob man auf das Versäumen der Klagefrist (Ursprung der Zahlung) oder auf die Zahlung und ihren unmittelbaren Zweck abstellt. Stellt man auf die Versäumung der Frist ab, so fehlt die subjektive Komponente. Stellt man auf den Zweck der Zahlung ab, so wird deutlich, dass diese erfolgt, um weitere Nachteile für den Betrieb (Zwangsvollstreckung, berufsrechtliche Nachteile, Rufschädigung etc.) zu vermeiden, so dass die subjektive Komponente gegeben ist. Nach h.M. kommt es darauf aber nicht an, da auch bei Zahlungen mit „unfreiwilligem Hintergrund" die subjektive Komponente fehlen darf. ■

bb) vor- und nachgelagerte Betriebsausgaben

Auch Betriebsausgaben, die vor Aufnahme des Betriebs getätigt werden, sind als sog. vorweggenommene Betriebsausgaben abziehbar. Voraussetzung ist, dass anhand objektiver Umstände festgestellt werden kann, dass der Entschluss zur Erzielung bestimmter Einkünfte endgültig gefasst worden ist.

167

---

44 *Birk/Desens/Tappe* Steuerrecht, Rn. 979.
45 *Birk/Desens/Tappe* Steuerrecht, Rn. 980.

Wenn es aus irgendwie gearteten Gründen dann doch nicht zur Eröffnung des Betriebs kommt, handelt es sich um vergebliche Betriebsausgaben. Diese sind ebenfalls zu berücksichtigen, wenn eine klare Beziehung zur geplanten Einkunftserzielung besteht.

168 Auch nachträgliche Betriebsausgaben, also solche, die nach Beendigung der betrieblichen Einkunftserzielung getätigt werden, können abgezogen werden. Dies setzt lediglich eine fortbestehende betriebliche Veranlassung voraus.

> **Beispiel**   A hat für seinen Betrieb ein Darlehen aufgenommen. Nach einigen Jahren schließt er den Betrieb. Das Darlehen ist jedoch noch nicht zurückgezahlt. Die für das Darlehen zu zahlenden Zinsen werden auch weiterhin als Betriebsausgaben anerkannt. ◾

cc) Aufwendungen der privaten Lebensführung

169 Die betriebliche Veranlassung fehlt, wenn Aufwendungen zur privaten Lebensführung getätigt werden. Solche Aufwendungen sind nach § 12 Nr. 1 S. 2 EStG nicht abziehbar.

170 Bei betrieblich und privat, mithin gemischt veranlassten Aufwendungen hat eine Aufteilung der Aufwendungen in einen betrieblichen und einen privaten Teil anhand objektiver Kriterien zu erfolgen.[46] Das objektive Nettoprinzip gebietet einen Abzug der beruflich veranlassten Aufwendungen auch dann, wenn hierbei eine private Mitveranlassung gegeben ist. Notfalls muss der berufliche Anteil geschätzt werden. Hierbei gibt es folgende Fallgruppen[47]:
- Aufwendungen der privaten Lebensführung mit betrieblichem Bezug: es handelt sich um nichtabziehbare Privataufwendungen.
- Aufwendungen mit betrieblicher und privater Veranlassung, wobei sich auch im Schätzungswege keine sachgerechte Aufteilung vornehmen lässt: es handelt sich insgesamt um nichtabziehbare Privataufwendungen, es sei denn der private Anteil ist nachweislich völlig unbedeutend, dann volle Abziehbarkeit.
- Aufwendungen mit betrieblicher und privater Veranlassung, wobei sich zumindest im Schätzungswege eine sachgerechte Aufteilung vornehmen lässt und entweder der betriebliche oder der private Anteil ist völlig unbedeutend: es handelt sich um voll abziehbare betriebliche Aufwendungen, wenn der private Anteil völlig unbedeutend ist oder um überhaupt nicht abziehbare private Aufwendungen, wenn der betriebliche Anteil völlig unbedeutend ist.
- Aufwendungen mit betrieblicher und privater Veranlassung, wobei sich zumindest im Schätzungswege eine sachgerechte Aufteilung vornehmen lässt und weder der betriebliche, noch der private Anteil ist völlig unbedeutend: es erfolgt eine Aufteilung in einen beruflichen und einen privaten Anteil und der betriebliche Anteil wird als Betriebsausgabe abgezogen.

dd) Sachverlust

171 Erleidet der Steuerpflichtige einen Verlust von Wirtschaftsgütern des Betriebsvermögens, so kommt es für die Abziehbarkeit als Betriebsausgaben auf die Art des Gegenstands und auf die Veranlassung des Verlusts an:
- Bei abnutzbarem Anlagevermögen: Der Verlust ist eine Betriebsausgabe, wenn er beruflich veranlasst ist.

---

46 *BFH* GrS 1/06, BStBl II 2010, 672.
47 Vgl. *Birk/Desens/Tappe* Steuerrecht, Rn. 985 ff. mit lesenswerten Beispielen.

- Bei nicht abnutzbaren Wirtschaftsgütern des Anlagevermögens und Umlaufvermögen i.S.v. § 4 Abs. 3 S. 4 EStG: Der Verlust ist eine Betriebsausgabe, wenn er beruflich veranlasst ist.
- Bei sonstigem Umlaufvermögen: Auch der betrieblich veranlasste Verlust führt nicht zu Betriebsausgaben. Denn bereits die Anschaffung solchen Umlaufvermögens hat zu Betriebsausgaben geführt. Es kann nicht sein, dass der Verlust dieses Vermögens nochmal zu Betriebsausgaben führt. Im Gegenteil führt der privat veranlasste Verlust sogar zu Betriebseinnahmen. Denn die private Veranlassung des Verlusts beseitigt quasi rückwirkend die betriebliche Veranlassung der Anschaffung, so dass diese zu korrigieren ist.[48]

ee) Entnahmen und Einlagen

Die Behandlung von Entnahmen und Einlagen bei der Einnahmeüberschussrechnung ist gesetzlich nicht geregelt. Sie dürfen sich jedoch nicht auf den Gewinn auswirken.   **172**

Eine Entnahme von Betriebsvermögen führt dazu, dass ein früher vorgenommener Betriebsausgabenabzug rückgängig gemacht werden muss. Denn die zuvor angenommene betriebliche Veranlassung der Aufwendungen stellt sich mit der Entnahme quasi als falsch heraus. Demnach führt die Entnahme zu Betriebseinnahmen.

Bei Einlagen verhält es sich ähnlich. Sie führen bei Veräußerung des entsprechenden Wirtschaftsguts zum Ansatz von entsprechenden Betriebsausgaben. Denn wegen des Grundsatzes der Gesamtgewinngleichheit dürfen sich Einlagen auch bei der Einnahmeüberschussrechnung nicht auf den Gewinn auswirken. Dies stellt ein entsprechender Betriebsausgabenabzug sicher.   **173**

---

48 *Birk/Desens/Tappe* Steuerrecht, Rn. 1005.

Übungsfall Nr. 1

174   Die Einkommensteuer des Rechtsanwalts

Der österreichische Staatsangehörige R hat seinen Wohnsitz in Augsburg und ist als selbstständiger Rechtsanwalt mit eigener Kanzlei in München tätig. R führt nicht freiwillig Bücher. Im Jahr 2021 tragen sich folgende Ereignisse zu.

1. R erhält vom Mandanten A einen Gerichtskostenvorschuss in Höhe von 1000 €, den R sofort an die Gerichtskasse weiter überweisen lässt.

2. Dem Mandanten B stellt R eine Rechnung für ein Klageverfahren in Höhe von 5000 € zuzüglich Auslagenpauschale für Telefon, Kopien. Post etc. in Höhe von 20 €. Der Mandant zahlt nicht und ist unauffindbar. Dessen Ehefrau hat jedoch immerhin die Auslagenpauschale in Höhe von 20 € überwiesen.

3. Am 28.12.2020 hatte R für die Kanzlei einen neuen PC (geschätzte Nutzungsdauer: 3 Jahre) für 1500 € zzgl. 285 € USt bestellt. Die Lieferung erfolgt am 10.1.2021. R bezahlt die Rechnung am 14.1.2021 per Überweisung.

4. Die Mandantin C hat R erfolgreich in einem Scheidungsverfahren vertreten. Nachdem die beiden sich privat näher gekommen sind, erlässt R ihr am 8.9.2021 die Honorarforderung in Höhe von 3000 €.

5. Am 10.10.2021 schenkt R der C den bisher betrieblich genutzten Mercedes. Dieser hatte nach einigen Jahren Abschreibung noch einen Restwert in Höhe von 10 000 €. Der Marktwert belief sich am Tag der Schenkung auf 12 000 €.

Welche einkommensteuerlichen Auswirkungen haben diese Vorfälle im Jahr 2021?

175   **Lösung**

Die einkommensteuerlichen Auswirkungen richten sich nach der subjektiven und objektiven Steuerpflicht des R.

A.   Subjektive Einkommensteuerpflicht

R ist gemäß § 1 Abs. 1 EStG aufgrund seines Wohnsitzes in Deutschland nach § 8 AO unbeschränkt einkommensteuerpflichtig. Auf seine Staatsangehörigkeit kommt es für die subjektive Einkommensteuerpflicht nicht an.

B.   Objektive Steuerpflicht

R erzielt Einkünfte als selbstständiger Rechtsanwalt gemäß § 18 Abs. 1 Nr. 1 S. 2 EStG. Da er als solcher nicht buchführungspflichtig ist und auch nicht freiwillig Bücher führt, ist sein Gewinn gemäß §§ 2 Abs. 2 S. 1 Nr. 1, 4 Abs. 3 EStG durch Einnahmenüberschussrechnung zu ermitteln.

I.   Der Gerichtskostenvorschuss

Es handelt sich um einen laufenden Posten i.S.v. § 4 Abs. 3 S. 2 EStG, da das Geld im Namen und für Rechnung eines anderen vereinnahmt und verausgabt wird. Insoweit erfolgt also keine steuerliche Berücksichtigung.

II.   Das Honorar

Bei dem in Rechnung gestellten Honorar könnte es sich um Betriebseinnahmen handeln. Dies setzt aber voraus, dass ein Zufluss i.S.v. § 11 Abs. 1 S. 1 EStG tatsächlich erfolgt ist. Der Mandant hat jedoch noch nicht gezahlt. Demnach fand kein Zufluss statt. Wegen des Charakters der Einnahmenüberschussrechnung als reine Geldverkehrsrechnung kommt der bloßen Forderung als solchen unabhängig von ihrer tatsächlichen Durchsetzbarkeit keine Bedeutung zu. Es ist daher auch unerheblich, dass der Mandant nicht mehr auffindbar ist. Insoweit liegen also keine Einnahmen vor. Im Hinblick auf die Auslagenpauschale könnte ein Ansatz als Betriebseinnahme schon von vornherein wegen § 4 Abs. 3 S. 2 EStG ausscheiden, weil es sich um durchlaufende Posten handeln könnte. Dies ist indes nicht der Fall, da eine Auslagenpauschale nicht für fremde, sondern für eigene Rechnung vereinnahmt wird. Unerheblich ist, dass nicht der Mandant selbst, sondern dessen Ehefrau den Betrag überwiesen hat. Es genügt, dass er zugeflossen ist, egal von wem. Es liegen somit Betriebseinnahmen in Höhe von 20 € vor.

III. Der PC

Die Aufwendungen für den PC sind Betriebsausgaben nach § 4 Abs. 4 EStG, da R diesen betrieblich nutzt. Nach § 11 Abs. 2 S. 1 EStG wären diese an sich bereits im Jahr 2021 voll abzugsfähig, da R den PC betrieblich nutzt und er den Preis im Jahr 2021 voll gezahlt hat. Gemäß § 4 Abs. 3 S. 3 EStG sind jedoch die Vorschriften über die AfA zu befolgen. D.h. für 2021 kann nur der Betrag der linearen AfA nach § 7 Abs. 1 S. 1 EStG berücksichtigt werden. Maßgeblich für den Beginn der AfA ist nicht der Vertragsschluss, sondern nach § 9a EStDV die Lieferung. Diese erfolgte im Januar, so dass keine pro-rata-temporis-Kürzung nach § 7 Abs. 1 S. 4 EStG vorzunehmen ist. Auch bleibt die Umsatzsteuer bei der Bemessungsgrundlage außen vor, da R als Unternehmer i.S.v. § 9b EStG vorsteuerabzugsberechtigt ist. Demnach beträgt die in 2021 als Betriebsausgabe zu berücksichtigende AfA 500 €. Zusätzlich hat R aber auch die Umsatzsteuer in Höhe von 285 € tatsächlich gezahlt, so dass er diese in voller Höhe als Betriebsausgabe nach § 4 Abs. 4 EStG abziehen kann. Unerheblich dafür ist, dass R womöglich im Jahr 2022 eine entsprechende Erstattung erhalten wird.

IV. Der Forderungserlass

Die Forderung als solche führt im Rahmen von § 4 Abs. 3 EStG nicht zu einer Betriebseinnahme. Auch führt der Erlass nicht zu einer Betriebsausgabe, da kein Geld abfließt. Es findet weder ein Zufluss, noch ein Abfluss statt. Dennoch muss der Vorgang wegen des Grundsatzes der Gesamtgewinngleichheit berücksichtigt werden, weil er auch im Rahmen der Gewinnermittlung durch Bestandsvergleich Berücksichtigung finden würde. Im Rahmen der Gewinnermittlung nach §§ 4, 5 EStG hätte bereits das Entstehen der Forderung den Gewinn erhöht. Die Entnahme hätte ihn nicht mindern können, weil private Entnahmen den Gewinn nie erhöhen dürfen. Zum gleichen Ergebnis muss man auch bei der Einnahmeüberschussrechnung kommen. Die Entnahme durch Erlass hat dazu geführt, dass nie eine entsprechende Gewinnerhöhung durch Betriebseinnahme stattfinden wird. Demnach ist die Entnahme als solche hier gewinnerhöhend zu berücksichtigen und analog § 6 Abs. 1 Nr. 4 S. 1 EStG mit dem Teilwert zu bewerten. Dieser beläuft sich mangels gegenteiliger Anhaltspunkte auf den Nennwert in Höhe von 3000 €.

V. Der Mercedes

Die Sachentnahme führt wegen des Grundsatzes der Gesamtgewinngleichheit zu fiktiven Betriebseinnahmen, so dass analog § 6 Abs. 1 Nr. 4 EStG eine Betriebseinnahme in Höhe von 12 000 € anzunehmen ist. Gleichzeitig ist analog § 4 Abs. 3 S. 4 EStG der Abgang des Mercedes als Betriebsausgabe anzusetzen und insoweit mit dem Restwert zu berücksichtigen. Folglich liegen Betriebseinnahmen in Höhe von 12 000 € und Betriebsausgaben in Höhe von 10 000 € vor.

VI. Gewinn

Es liegt ein steuerpflichtiger Gewinn in Höhe von 4235 € vor.

3. Gewinnermittlung bei Mitunternehmerschaft

176 Nach § 15 Abs. 1 S. 1 Nr. 2 EStG bestehen die Einkünfte bei Mitunternehmerschaft aus zwei Elementen:

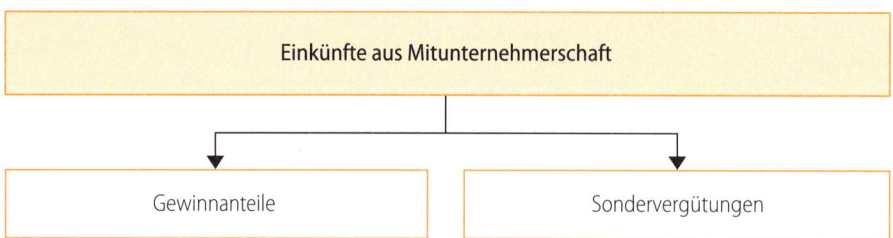

177 Demnach erfolgt die Gewinnermittlung bei Mitunternehmerschaft in zwei Schritten. Es müssen die Gewinnanteile der Gesellschafter bestimmt und hierzu ihre jeweiligen Sondervergütungen addiert werden.

a) Bestimmung der Gewinnanteile

178 Zunächst muss die Steuerbilanz bzw. die Einnahmeüberschussrechnung der Gesellschaft aufgestellt werden. Diese muss dann gegebenenfalls durch Ergänzungsbilanzen korrigiert werden. Schließlich werden den Gesellschaftern ihre jeweiligen Gewinne zugerechnet.

aa) Steuerbilanz bzw. Einnahmeüberschussrechnung

179 Die Bilanz wird zunächst nach den oben (Rn. 111 ff.) dargestellten Regeln durch Bestandsvergleich bei gewerblicher Mitunternehmerschaft (§ 15 Abs. 1 S. 1 Nr. 2 EStG) bzw. durch Einnahmenüberschussrechnung bei freiberuflicher Mitunternehmerschaft (§ 18 Abs. 4 S. 2, 15 Abs. 1 S. 1 Nr. 2 EStG) aufgestellt.

> **Hinweis**
>
> Auch wenn die Gesellschaft nicht selbst Steuersubjekt ist, so ist sie doch zumindest „Gewinnermittlungssubjekt" und hat daher ihre „eigene" Bilanz.

bb) Ergänzungsbilanzen

180 Sodann kann es zu Korrekturen durch sog. Ergänzungsbilanzen kommen. Ergänzungsbilanzen sind Bilanzen, die keine Wirtschaftsgüter sondern lediglich Korrekturposten enthalten. Sie sind immer dann nötig, wenn ein Gesellschafter aufgrund bestimmter Vorgänge ein Mehr- oder Weniger-Aufwand entsteht, der sich nicht in seinem in der Gesamthandsbilanz ausgewiesenen Kapitalanteil niederschlägt. Dies kann bei personenbezogenen Steuervergünstigungen der Fall sein sowie bei Regelungen, bei denen nur einzelne Mitunternehmer die hierfür erforderlichen Voraussetzungen erfüllen.

> **Hinweis**
>
> Dies sind insbesondere solche Regelungen, bei denen das Gesetz im Tatbestand ausdrücklich den „Steuerpflichtigen" nennt.

In Betracht kommen dabei vorwiegend folgende Regelungen:

- § 6b EStG
- § 7 Abs. 5 EStG
- § 7 Abs. 4 S. 1 Nr. 1 EStG
- § 7 Abs. 2 EStG

Beispiel A, B und C sind Gesellschafter der ABC-OHG. Im Gesamthandsvermögen der Gesellschaft befindet sich zum 31.12.2020 eine im Jahr 1997 fertig gestellte Produktionshalle (Bauantrag 1993, Abschreibung nach § 7 Abs. 5 S. 1 Nr. 1 EStG im Wirtschaftsjahr 2020 mit 2,5 % von der Bemessungsgrundlage 1 000 000 €). Der Restbuchwert beläuft sich zum 31.12.2020 auf 400 000 €. Zum 1.1.2021 erwirbt der neue Gesellschafter D entgeltlich den Gesellschaftsanteil des C (Anteil: 37,5 %). D bezahlt für den Anteil an der Produktionshalle einen Betrag in Höhe von 150 000 €.

D hat für den Anteil an der Produktionshalle 150 000 € und damit 50 000 € über dem anteiligen Buchwert von 10 000 (= ¼ von 400 000 €) gezahlt. Dieser Mehrbetrag ist als Mehrwert in einer positiven Ergänzungsbilanz für D zum 1.1.2021 auszuweisen.

D kann seine Anschaffungskosten an der Produktionshalle von 150 000 € nicht nach § 7 Abs. 5 S. 1 Nr. 1 EStG abschreiben, da die personenbezogenen Voraussetzungen dieser Vorschrift in der Person des D nicht erfüllt sind. Für die Anwendung der degressiven Gebäudeabschreibung nach § 7 Abs. 5 EStG wird der einzelne Gesellschafter und nicht die Gesellschaft als Bauherr angesehen (Bauantragsteller muss der Steuerpflichtige sein!).

D muss damit die von ihm aufgewendeten Anschaffungskosten für den Erwerb des ideellen Anteils an der Produktionshalle nach § 7 Abs. 4 S. 1 Nr. 1 EStG zwingend mit 3 % abschreiben. Der steuerlich anzusetzende AfA-Betrag des D lautet daher 4500 € (= 3 % von Anschaffungskosten in Höhe von 150 000 €). Das Ergebnis aus der anteiligen AfA des D aus der Gesamthandsbilanz sowie der Ergänzungsbilanz beträgt daher insgesamt 4500 €.

Der anteilige AfA-Betrag des D aus der Gesamthandsbilanz beträgt vorliegend 6250 € (= ¼ von 25 000 €). In der Ergänzungsbilanz ist daher ein Ertrag in Höhe von 6250 € auszuweisen (Zuschreibung), damit für A das steuerlich zutreffende Ergebnis erzielt wird. ■

181

 » Sehr schwierig, aber nicht entmutigen lassen! Ein Verständnis für solche komplexen steuerrechtlichen Fragen entwickelt sich nicht von heute auf morgen. **«**

cc) Gewinnzurechnung

Die Gewinnzurechnung erfolgt nach den Anteilen laut Gesellschaftsvertrag. Dabei ist unerheblich, ob die Gewinne tatsächlich ausgeschüttet wurden oder nicht. Da es auch zu einer Zurechnung von Verlusten kommen kann, können in diesem Zusammenhang die Verlustzurechnungs- und Verlustausgleichsbeschränkungen nach §§ 15a, 15b EStG relevant werden.

182

Beispiel An der ABC-OHG sind A, B und C jeweils zu einem Drittel beteiligt. Der von der Gesellschaft erzielte Gewinn beträgt 90 000 €. Entsprechend der Kapitalanteile wird jedem Gesellschafter ein Gewinn in Höhe von 30 000 € zugerechnet. ■

b) Bestimmung der Sondervergütungen

Nach § 15 Abs. 1 S. 1 Nr. 2 S. 1 Hs. 2 EStG gehören auch Vergütungen, die der Gesellschafter von der Gesellschaft für die Leistung von Diensten oder die Überlassung von Wirtschaftsgütern usw. erhält, zum Gewinn des Gesellschafters.

183

Beispiel   A ist Gesellschafter der AB-OHG. Er vermietet an die Gesellschaft ein Betriebs-grundstück für 10 000 € im Jahr. Die Mieteinnahmen des A sind keine Einkünfte aus Ver-mietung und Verpachtung nach § 21 EStG, sondern gewerbliche Einkünfte in Form von Sonderbetriebseinnahmen gemäß § 15 Abs. 1 S. 1 Nr. 2 EStG (Umqualifizierung). Anders ist es, wenn nicht der Gesellschafter A, sondern der gesellschaftsfremde C der AB-OHG das Grundstück vermietet. ◼

184   Auch wenn § 15 Abs. 1 S. 1 Nr. 2 EStG dies nicht ausdrücklich bestimmt, sind neben den Son-derbetriebseinnahmen die Sonderbetriebsausgaben zu berücksichtigen.

Beispiel   Wenn im vorgenannten *Beispiel* A Schuldzinsen für die Finanzierung des vermie-teten Grundstücks leisten muss, so handelt es sich insoweit für ihn um Sonderbetriebs-ausgaben. ◼

185   Zu den Sonderbetriebsausgaben gehören auch Aufwendungen, die wirtschaftlich durch den Mitunternehmeranteil veranlasst sind.

Beispiel   A erwirbt Anteile an der AB-OHG im Wert von 100 000 €. Hierfür muss er ein Bankdarlehen aufnehmen. Die hierfür zu zahlenden Zinsen stellen für ihn Sonderbetriebs-ausgaben dar. ◼

186   Im Gesetz ebenfalls nicht erwähnt, aber notwendig ist auch die Erfassung von Wertänderun-gen des Sonderbetriebsvermögens.

> **Sonderbetriebsvermögen** liegt vor, wenn das Wirtschaftsgut dem Mitunternehmer nach § 39 AO steuerlich zuzurechnen ist und es dem Betrieb der Gesellschaft (sog. Sonderbetriebs-vermögen I) oder der Beteiligung des Mitunternehmers (sog. Sonderbetriebsvermögen II) dient.

Beispiel[49]   A ist an der AB-OHG zu 50 % beteiligt. Er vermietet ihr ein Fabrikgrundstück für monatlich 5000 €. Ihm entstehen durch das Grundstück Aufwendungen für AfA, Zinsen und Nebenkosten in Höhe von 2000 € monatlich. Zusätzlich zahlt er jährlich 6000 € Zin-sen für ein Darlehen, mit dem er seine Beteiligung finanziert hat. Die Handelsbilanz der OHG weist einen Gewinn in Höhe von 100 000 € aus.

Auf A entfallen zunächst 50 000 € Gewinn. Zusätzlich führt die Vergütung für die Überlas-sung des Grundstücks bei ihm zu Sonderbetriebseinnahmen i.H.v. 60 000 € jährlich. Dem stehen Sonderbetriebsausgaben in Höhe von insgesamt 30 000 € jährlich gegenüber. Der Sondergewinn des A beläuft sich somit auf 30 000 €. Diese sind dem Gewinn der Gesell-schaft hinzuzurechnen, so dass deren Gewinn insgesamt 130 000 € beträgt. Hiervon ent-fallen auf A 80 000 € und auf B 50 000 €. ◼

---

49 *Birk/Desens/Tappe* Steuerrecht, Rn. 1172.

Übungsfall Nr. 2[50]

Die Einkommensteuer bei der KG

187

An der Superhaar-KG sind folgende Gesellschafter beteiligt:

1. A ist mit 10 % als Komplementär beteiligt. Im Gesellschaftsvertrag ist vereinbart, dass A zwar die Geschäfte führt, aber den Weisungen der anderen Gesellschafter zu folgen hat. A steht zwar ein Anteil am Gewinn zu, er ist aber nicht am Verlust beteiligt. Sollte er auf eigenen Wunsch ausscheiden, erhält er nur den Buchwert seiner Beteiligung. Sollte A als Komplementär von Dritten in Anspruch genommen werden, erklären sich die übrigen Gesellschafter bereit, ihn im Innenverhältnis freizustellen.

2. B ist als Kommanditist im Handelsregister eingetragen. Er hat eine Einlage von 1 000 000 € geleistet. Entsprechend seiner Einlage ist er mit 25 % am Gewinn und Verlust und an den stillen Reserven beteiligt, nicht jedoch an den Entscheidungen der Geschäftsführung. Er ist lediglich zur Einsicht der Bücher in den Geschäftsräumen der Gesellschaft berechtigt.

3. C ist Kommanditist und hat keine Einlage geleistet. Am Gewinn und Verlust ist er mit 30 % beteiligt. Er ist außerdem bei der KG angestellt und verdient dadurch im Jahr 2017 ein Gehalt in Höhe von 40 000 € zzgl. 8000 € Arbeitgeberbeiträge zur Sozialversicherung.

4. Die D-KG ist zu 5 % als Kommanditistin an der Superhaar-KG beteiligt. Ihr einziger Geschäftszweck besteht in der Vermietung einer Lagerhalle an die Superhaar-KG. Die Miete beläuft sich auf jährlich 240 000 €. Die der D-KG monatlich entstehenden Kosten für diese Halle betragen 5000 €.

5. Komplementär der D-KG ist Y. Dieser vermietet an die Superhaar-KG ein Produktionsgrundstück für 3000 € monatlich. Ihm fallen dabei keine Aufwendungen an.

6. Z ist Fremdgeschäftsführer bei der Superhaar-KG. Er hat Prokura und erhält neben seinem Gehalt eine Tantieme in Höhe von 5 % des Gewinns vor Steuern. Z hat der KG ein Darlehen in Höhe von 2 000 000 € gewährt. Dieses ist durch Bürgschaftserklärungen der Gesellschafter abgesichert und wird mit marktüblichen Zinsen in Höhe von 6,25 % verzinst.

7. E ist Kommanditist mit einer Beteiligung von 30 %. Er hat seine Ehefrau hälftig atypisch still an seinem Gesellschaftsanteil unterbeteiligt.

Der Gewinn der Superhaar-KG belief sich im Wirtschaftsjahr 2021 auf 1 000 000 €.

Welche einkommensteuerlichen Folgen ergeben sich hieraus jeweils?

Lösung

188

Hier könnten alle Beteiligten Einkünfte aus Gewerbebetrieb als Mitunternehmer gemäß § 15 Abs. 1 S. 1 Nr. 2 EStG erzielt haben.

Mitunternehmer ist, wer Mitunternehmerrisiko trägt und Mitunternehmerinitiative entfaltet. Entscheidend ist das Gesamtbild der Verhältnisse im Einzelfall. Es ist vorwiegend zu prüfen, ob die Beteiligten der Superhaar-KG auf eigene Rechnung und Gefahr beteiligt waren und inwieweit sie an unternehmerischen Entscheidungen mitwirken konnten.

A. Gesellschaft i.S.v. § 15 Abs. 1 S. 1 Nr. 2 EStG

Eine Gesellschaft i.S.v. § 15 Abs. 1 S. 1 Nr. 2 EStG ist im Falle einer KG immer gegeben.

B. Voraussetzungen der Mitunternehmerschaft im Einzelnen

zu. 1.: A kann keine Mitunternehmerinitiative entfalten, da seine Entscheidungskompetenz stark beschränkt ist. Er ist den anderen Gesellschaftern gegenüber weisungsunterworfen. Auch sein Mitunternehmerrisiko ist schwach ausgeprägt, da er nicht am Verlust beteiligt ist und bei seinem Ausscheiden keinen Anteil an

---

50 Nach *Grobshäuser/Knies/Schmidt* Einkommensteuer, S. 117, 383.

den stillen Reserven erhält. Andererseits haftet A unbeschränkt mit seinem gesamten Privatvermögen für die Verbindlichkeiten der KG. Dieses Risiko ist derart hoch, dass es typischerweise nur von einem Mitunternehmer übernommen wird. Auch unter größtem wirtschaftlichen Druck würde sich ein typischer Arbeitnehmer auf ein solches Risiko nicht einlassen. Dies spricht in gewichtiger Weise für eine mitunternehmerische Stellung. Die Freistellungsklausel steht dem nicht entgegen, da sie dem A einen Regress tatsächlich nur ermöglicht, wenn die anderen Gesellschafter solvent sind. In der Gesamtabwägung überwiegt damit das enorme Mitunternehmerrisiko die fast völlig fehlende Mitunternehmerinitiative. Folglich ist A Mitunternehmer.

zu 2.: Bei B ist das Mitunternehmerrisiko über die Beteiligung am Gewinn und Verlust sowie an den stillen Reserven in typischer Weise ausgeprägt. Er hat zwar auf die Geschäftsführung keinen Einfluss. Bei einem Kommanditisten ist dies aber der gesetzliche Normalfall. Es genügt die Minimalbefugnis zur Kontrolle und Einsicht nach § 166 HGB. Auf eine tatsächliche Ausübung dieser Befugnis kommt es nicht an. Die bloße Möglichkeit genügt. B ist Mitunternehmer.

zu 3.: Der Annahme einer Mitunternehmerschaft bei C steht nicht entgegen, dass C bei der KG angestellt ist. Zwischen Gesellschaft und Gesellschafter können ohne weiteres zivilrechtliche Verträge wie unter fremden Dritten geschlossen werden. Die hier aus dem Arbeitsvertrag rührenden Einnahmen führen aber nicht zu Arbeitslohn i.S.v. § 19 EStG, sondern werden nach § 15 Abs. 1 S. 1 Nr. 2 EStG in Einkünfte aus Gewerbebetrieb umqualifiziert. Mitunternehmerrisiko ist aufgrund der Beteiligung in Höhe von 30 % am Gewinn und Verlust in ausreichendem Maße gegeben. Seinen Gesellschafterbeitrag zum Zweck der Gesellschaft muss der Gesellschafter nicht durch Zahlung einer Einlage erbringen. Es genügt, dass der Gesellschafter zur Verwirklichung des Gesellschaftszwecks (Betreiben eines Handelsgewerbes) seine Arbeitskraft in geregelter Weise zur Verfügung stellt. C ist folglich Mitunternehmer. Er erzielt durch sein „Gehalt" Sonderbetriebseinnahmen in Höhe von 48 000 €. Die Steuer-

freiheit der Sozialversicherungsbeiträge nach § 3 Nr. 62 EStG kommt dem C nicht zugute, da diese nur für Arbeitnehmer und nicht für Unternehmer gilt.

zu 4.: Gesellschafter einer Personengesellschaft kann auch eine andere Personengesellschaft sein (sog. doppelstöckige Personengesellschaft), sofern diese Verträge schließen kann. Dies ist bei der D-KG der Fall. Die D-KG würde aufgrund ihrer Vermietungstätigkeit an sich Einkünfte aus Vermietung und Verpachtung nach § 21 EStG erzielen. Gemäß § 15 Abs. 3 Nr. 1 EStG erzielt eine Gesellschaft aber insgesamt nur gewerbliche Einkünfte, wenn sie zumindest auch tatsächlich gewerbliche Einkünfte hat (Abfärbung). Da die D-KG mit 5 % am Gewinn der Superhaar-KG beteiligt ist, erzielt sie insoweit jedenfalls Gewinnanteile i.S.v. § 15 Abs. 1 S. 1 Nr. 2 EStG, also gewerbliche Einkünfte. Diese färben nun auf die Vermietungstätigkeit ab, so dass die D-KG insgesamt nur gewerbliche Einkünfte. Ihre Einnahmen aus der Vermietung stellen somit Sonderbetriebseinnahmen dar, ihre damit zusammenhängenden Ausgaben sind Sonderbetriebsausgaben.

zu 5.: Der Y ist zwar nicht unmittelbar Gesellschafter der Superhaar-KG. Nach § 15 Abs. 1 S. 1 Nr. 2 S. 2 EStG ist jemand im Falle einer mittelbaren Beteiligung sowohl Mitunternehmer der Gesellschaft, an der er unmittelbar beteiligt ist, als auch an der er nur mittelbar beteiligt ist. Y ist hier also Gesellschafter der D-KG und er ist auch als Gesellschafter der Superhaar-KG anzusehen, da er über die D-KG mittelbar auch an der Superhaar-KG beteiligt ist. Denn die D-KG ist mit 5 % an der Superhaar-KG beteiligt. Das an letztere vermietete Grundstück ist daher Sonderbetriebsvermögen der Superhaar-KG.

zu 6.: Als Geschäftsführer hat Z erhebliche Einflussmöglichkeiten auf die unternehmerischen Entscheidungen der Superhaar-KG. Seine Mitunternehmerinitiative ist somit stark ausgeprägt. Wegen der Tantieme ist er auch am Gewinn der KG beteiligt, so dass er auch Mitunternehmerrisiko trägt. Jedoch ist er kein Gesellschafter, was aber § 15 Abs. 1 S. 1 Nr. 2 EStG grundsätzlich voraussetzt. Ausnahmsweise kann jedoch eine sog.

verdeckte Mitunternehmerschaft angenommen werden. Eine solche setzt voraus, dass der Geschäftsführer neben eine so unüblich hohe Gewinnbeteiligung zusteht, dass dadurch stets der überwiegende Teil des Gewinns der Gesellschaft „abgesaugt" wird. Hiervon kann vorliegend nicht die Rede sein. Demnach ist Z kein Mitunternehmer. Er erzielt lediglich Einkünfte aus nichtselbstständiger Arbeit nach § 19 EStG.

zu 7.: Ein Mitunternehmer kann an seinem Mitunternehmeranteil andere Personen unterbeteiligen. Diese Unterbeteiligung kann typisch still (dann § 20 Abs. 1 Nr. 4 EStG) oder atypisch still sein. Letzteres liegt dann vor, wenn der Unterbeteiligte bezüglich des Gesellschaftsanteils, an dem er beteiligt ist, Mitunternehmerinitiative entfalten kann und ein Mitunternehmerrisiko trägt. Der atypisch still Unterbeteiligte wird letztlich wie ein mittelbar beteiligter Gesellschafter behandelt (§ 15 Abs. 1 S. 1 Nr. 2 S. 2 EStG). Der Gewinnanteil des E ist damit zur Hälfte auf ihn und zur Hälfte auf seine Ehefrau aufzuteilen. Beide erzielen Einkünfte aus Gewerbebetrieb nach § 15 Abs. 1 S. 1 Nr. 2 EStG.

C. Bestimmung des Gewinns

Der Gewinn der Gesellschaft beläuft sich auf 1 000 000 €. Hiervon steht jedem Gesellschafter ein Anteil in Höhe seiner Beteiligungsquote zu. Hierzu müssen noch die Sonderbetriebseinnahmen addiert und die Sonderbetriebsausgaben abgezogen werden.

4. Gewinnermittlung bei §§ 16, 17 EStG

189 Bei den Spezialtatbeständen der Beteiligungsveräußerung nach § 17 EStG und der Betriebsveräußerung nach § 16 EStG finden sich jeweils Sonderregeln zur Gewinnermittlung.

So ist der Gewinn aus der Veräußerung von Anteilen nach § 17 Abs. 2 EStG zu bestimmen. Hierbei ist nach § 17 Abs. 3 EStG ein Freibetrag zu berücksichtigen.

Bei der Betriebsveräußerung erfolgt die Gewinnermittlung gemäß § 16 Abs. 2 EStG. Hierbei ist nach § 16 Abs. 4 EStG ebenfalls ein Freibetrag zu berücksichtigen.

5. Überschussermittlung bei nichtselbstständiger Arbeit

190 Bei den Einkünften aus nichtselbstständiger Arbeit nach § 19 EStG ist immer der Überschuss der Einnahmen über die Werbungskosten zu bestimmen.

> **Hinweis**
>
> Hierbei gibt es kein Betriebsvermögen. Sämtliche Gegenstände, die der Steuerpflichtige zur Einnahmenerzielung nutzt sind daher Privatvermögen.

a) Das Zu- und Abflussprinzip

§ 38a Abs. 1 S. 2 EStG darf in Klausuren nicht übersehen werden! «

191 Bei der Überschussermittlung ist grundsätzlich das Zu- und Abflussprinzip des § 11 EStG zu beachten. Eine Ausnahme ergibt sich aus §§ 11 Abs. 1 S. 4, 38a Abs. 1 S. 2 EStG. Demnach gilt laufender Arbeitslohn in dem Kalenderjahr als bezogen, in dem der Lohnzahlungszeitraum endet. Auf § 11 Abs. 1 S. 2 EStG kommt es dabei nicht an.

Beispiel A ist bei der Firma X angestellt. Sein Lohn für Dezember 2021 sowie das Weihnachtsgeld wird ihm wegen einer vorübergehenden Zahlungsunfähigkeit der X erst im April 2022 ausgezahlt. Wegen §§ 11 Abs. 1 S. 4, 38a Abs. 1 S. 2 EStG gilt der Dezemberlohn als im Jahr 2021 bezogen. Etwas anderes gilt für das Weihnachtsgeld. Dieses stellt keinen laufenden Arbeitslohn dar, sondern eine Sondervergütung. Dieses ist erst im Veranlagungsjahr 2022 zu versteuern, da es erst im April 2022 i.S.v. § 11 Abs. 1 S. 1 EStG zugeflossen ist. ■

b) Einnahmen

192 **Einnahmen** sind nach § 8 Abs. 1 EStG alle Güter, die in Geld oder Geldeswert bestehen und dem Steuerpflichtigen zufließen. Diese sind mit dem Nennbetrag bzw. dem objektiven Geldwert zu bewerten.

In § 8 Abs. 2 EStG wird die Bewertung von Sachbezügen geregelt. Maßgeblich ist gemäß § 8 Abs. 2 S. 1 EStG grundsätzlich der übliche Händlerverkaufspreis gemindert um übliche Preisnachlässe.

193 Hiervon gibt es zwei Ausnahmen:
- Darf der Arbeitnehmer ein betriebliches Fahrzeug auch für private Fahrten nutzen, so erhöht sich sein Arbeitslohn pro Monat gemäß §§ 8 Abs. 2 S. 2, 6 Abs. 1 Nr. 4 S. 2 EStG um

1 % des Listenpreises (zzgl. USt und Sonderausstattung). Wenn der Arbeitnehmer – wie regelmäßig – auch für Fahrten zwischen Wohnung und Arbeitsstätte nutzen darf, so erhöht sich gemäß § 8 Abs. 2 S. 3 EStG der Sachbezug um weitere 0,03 % des Bruttolistenpreises je Entfernungskilometer und Monat. Alternativ kann auch ein Fahrtenbuch geführt werden, § 8 Abs. 2 S. 4 EStG.

Beispiel A ist bei X angestellt und erhält einen Dienstwagen (Listenpreis 40 000 € ohne Umsatzsteuer), den er auch privat nutzen darf. X weiß, dass A den Wagen auch für den täglichen Arbeitsweg (einfach 20 km) nutzt. X hat den Wagen bei Anschaffung mit 10 % Rabatt erhalten, da er gute Beziehungen zum Autohaus pflegt.

Die Überlassung des Pkw stellt Arbeitslohn in Form eines steuerpflichtigen Sachbezugs dar. Dieser ist nach §§ 8 Abs. 2 S. 2, 6 Abs. 1 Nr. 4 S. 2 EStG zu bewerten. Demnach kommt es auf den Listenpreis an. Der dem X eingeräumte Rabatt ist irrelevant. Zu den 40 000 € muss aber noch die Umsatzsteuer hinzugerechnet werden, also 7600 €. Unter Anwendung der 1 %-Regel ergibt sich ein Jahresbetrag in Höhe von 5712. Hierzu kommen 3427,20 € (12 x 0,03 % x 20 km x 47 600 €). Insgesamt muss A daher als Sachbezug einen Betrag in Höhe von 9139,20 € versteuern. ■

- Wenn der Arbeitgeber Waren oder Leistungen nicht überwiegend für den Bedarf seiner Arbeitnehmer herstellt, vertreibt oder erbringt und erhält ein Arbeitnehmer solche Waren bzw. empfängt solche Dienstleistungen, so sind diese gemäß § 8 Abs. 3 S. 1 EStG mit dem üblichen Endverkaufspreis abzüglich 4 % zu bewerten. Von diesem Betrag ist der vom Arbeitnehmer gezahlte Preis abzuziehen, dann ergibt sich der zugeflossene geldwerte Vorteil. Dieser ist steuerfrei, soweit er insgesamt – d.h. unter Einbeziehung aller Vorteile i.S.v. § 8 Abs. 3 EStG – einen Jahresbetrag von 1080 € nicht übersteigt.

Beispiel A ist beim Elektronikhändler X angestellt. Einmal im Jahr darf sich A einen beliebigen Artikel aussuchen und diesen mit einem Mitarbeiterrabatt in Höhe von 20 % erwerben. Im Jahr 2021 kauft er dem X einen Laptop für 1600 € ab, den der X im Laden für 2000 € anbietet. Nach § 8 Abs. 3 EStG muss der Endpreis zunächst um 4 % reduziert werden, so dass sich ein Betrag von 1920 € ergibt. Hiervon ist der von A gezahlte Preis in Höhe von 1600 € abzuziehen, so dass sich ein steuerbarer Vorteil in Höhe von 320 € ergibt. Dieser liegt deutlich unter dem Freibetrag von 1080 €, so dass ihn A nicht versteuern muss. ■

Die für September 2022 einmalig vorgesehene Energiepreispauschale in Höhe von 300 € ist nach § 117 EStG vom Arbeitgeber an den Arbeitnehmer auszuzahlen. Nach § 119 Abs. 1 EStG handelt es sich in diesem Fall um eine steuerpflichtige Einnahme aus dem Dienstverhältnis.

c) Steuerbefreiungen

Einige Einnahmen sind nach § 3 EStG steuerfrei, z.B. die Möglichkeit zur Nutzung dienstlicher **194** Computer mit Internet zu privaten Zwecken nach § 3 Nr. 45 EStG, Trinkgelder nach § 3 Nr. 51 EStG und der Arbeitgeberanteil zur Sozialversicherung gemäß § 3 Nr. 62 EStG. Auch hier kommt oft die Steuerfreiheit nach § 3 Nr. 26, 26a EStG zum Tragen (vgl. oben Rn. 151). Für Corona-Prämien kommt eine Steuerfreiheit nach § 3 Nr. 11a EStG in Betracht. Entschädigungen nach dem IfSG, insbesondere für den infolge Quarantäne erlittenen Verdienstausfall nach § 56 IfSG, stellt § 3 Nr. 25 EStG steuerfrei. Eine Steuerbefreiung enthält außerdem § 3 Nr. 28a EStG für Aufstockungsbeträge des Arbeitgebers zum Kurzarbeitergeld. Für die für 2022 vorgesehene Energiepreispauschale gibt es keine Steuerbefreiung nach § 3 EStG.

d) Werbungskosten

» Die Definition im Wortlaut des Gesetzes ist nicht maßgeblich für die Klausur! «

195 Werbungskosten sind gemäß § 9 Abs. 1 EStG Aufwendungen zur Erwerbung, Sicherung und Erhaltung der Einnahmen. Diese finale Formulierung des Gesetzes wird zur Gleichstellung mit Betriebsausgaben i.S.v. § 4 Abs. 4 EStG kausal ausgelegt.

> **Werbungskosten** sind demnach Aufwendungen, die durch das Arbeitsverhältnis veranlasst sind.

196 Wenn keine höheren Werbungskosten nachgewiesen werden, ist schlicht der Werbungskostenpauschbetrag gemäß § 9a S. 1 Nr. 1a) EStG (Arbeitnehmerpauschbetrag) anzusetzen. Dieser wurde durch das Steuerentlastungsgesetz 2022 vom 16.3.2022 rückwirkend zum 1.1.2022 von 1000 auf 1200 € angehoben.

Beispiel Der Angestellte A hat Fahrtkosten gemäß § 9 Abs. 1 S. 3 Nr. 4 EStG in Höhe von 900 € nachgewiesen. Diese bleiben unberücksichtigt, da sie unter dem Werbungskostenpauschbetrag liegen. Allein dieser ist maßgeblich und von den Einnahmen abziehbar. ◼

§ 9 Abs. 1 S. 3 sowie Abs. 4a, Abs. 6 EStG enthält umfangreiche Regelungen zur Abziehbarkeit von verschiedenen Aufwendungen als Werbungskosten. Darüber hinaus gelten gemäß § 9 Abs. 5 EStG diverse Regeln aus der Gewinnermittlung nach § 4 EStG sinngemäß.

197 Abweichend vom Abflussprinzip des § 11 Abs. 2 EStG gelten gemäß § 9 Abs. 1 S. 3 Nr. 7 EStG wiederum auch die Vorschriften über die AfA, also insbesondere § 7 Abs. 1 EStG.

Beispiel Der bei der Sozietät PCB angestellte Rechtsanwalt R kauft sich für 1000 € zzgl. 190 € Umsatzsteuer einen Laptop, den er überwiegend beruflich nutzt.

Die Anschaffungskosten für den Laptop betragen 1190 €, da die Umsatzsteuer für R als Arbeitnehmer nicht abziehbar ist (§ 9b Abs. 1 EStG). Diese Kosten kann R nicht sofort als Werbungskosten nach § 9 Abs. 1 S. 3 Nr. 6 EStG geltend machen, da dessen zweiter Satz § 9 Abs. 1 S. 3 Nr. 7 EStG den Vorrang einräumt, so dass als Werbungskosten nur die nach § 7 Abs. 1 EStG anfallende jährliche AfA angesetzt werden kann. ◼

» Besonders praxis- und klausurrelevant! «

198 Neben den Einnahmen aus der privaten Nutzung eines betrieblichen Kraftfahrzeugs ist die Abziehbarkeit der sog. Entfernungspauschale nach § 9 Abs. 1 S. 3 Nr. 4 EStG möglich. Durch das Steuerentlastungsgesetz 2022 wurde die für 2024 geplante Erhöhung der Entfernungspauschale auf 0,38 € ab dem 21. Kilometer auf das Jahr 2022 vorgezogen.

Beispiel Rechtsanwalt R wohnt in Ulm und ist bei der Sozietät PCB in München angestellt. Er pendelt in 2021 an jedem Arbeitstag mit seinem privaten Pkw zwischen Wohn- und Arbeitsort hin und her (einfache Entfernung unter Zugrundelegung der kürzesten Straßenverbindung: 150 km; 230 Arbeitstage). Wegen Geschwindigkeitsüberschreitungen auf der Strecke zwischen Ulm und München muss R in 2021 insgesamt Bußgelder in Höhe von 300 € zahlen.

Einnahmen aus der privaten Nutzung eines betrieblichen Kfz sind i.S.v. § 8 Abs. 2 EStG hier nicht gegeben, da R seinen privaten Pkw nutzt. R kann aber die Entfernungspauschale nach § 9 Abs. 1 S. 3 Nr. 4 S. 8, Abs. 4 EStG als Werbungskosten geltend machen. Der Betrag beläuft sich auf 11 845 € (= (230 × 20 × 0,30) + (230 × 130 × 0,35)). Nach § 9 Abs. 1 S. 3 Nr. 4 S. 2, S. 8 EStG ist die Entfernungspauschale aber auf 4500 € pro Kalenderjahr begrenzt. Bei Nutzung eines eigenen Pkw sind jedoch die tatsächlichen Aufwendungen anzusetzen. Diese müssen jedoch im Einzelnen nachgewiesen werden. Gelingt der Nachweis nicht, verbleibt es beim Höchstbetrag von 4500 €. Der Abzug der Bußgelder als Werbungskosten kommt wegen des in § 12 Nr. 4 EStG aufgestellten Abzugsverbots nicht in Betracht. Zwar handelt es sich hier wegen der beruflichen Veranlassung der Bußgelder um Werbungskosten i.S.v. § 9 Abs. 1 S. 1 EStG. Aber auch bei Bußgeldern überwiegt der Strafcharakter im Sinne dieser Vorschrift. Die Strafe würde unberechtigt gemindert, wenn der Steuerpflichtige aus ihr Steuervorteile ziehen könnte. ■

Das objektive Nettoprinzip verbietet es, Aufwendungen eines Dritten bei einem anderen Steuerpflichtigen als Werbungskosten zu berücksichtigen. Nach h.M. ist eine solche Berücksichtigung jedoch dann möglich, wenn der Dritte lediglich den Zahlungsweg abkürzt, d.h. wenn er anstelle des Steuerpflichtigen einen bereits von diesem geschlossenen Vertrag durch Zahlung erfüllt. Denn es wäre widersinnig, wenn man eine steuerliche Berücksichtigung nur dann erlauben würde, wenn der Dritte dem Steuerpflichtigen einen Geldbetrag zur Verfügung stellt und dieser den Vertrag dann erfüllt, nicht aber in dem Fall, in dem der Dritte den Vertrag selbst für den Steuerpflichtigen erfüllt. Unter die Abkürzung des Zahlungsweges fallen auch die Fälle des Bargeschäfts des täglichen Lebens. Eine Abkürzung des Vertragsweges führt jedoch zu echtem Drittaufwand, der nicht steuermindernd berücksichtigt werden darf.

199

 Abkürzung des Zahlungsweges steuerlich anzuerkennen, echter Drittaufwand hingegen nicht! «

Übungsfall Nr. 3

200   Die Einkommensteuer der Arbeitnehmer

Die in der Fabrik des R tätigen Arbeitnehmer können außerhalb der Arbeitszeit die fabrikeigenen Duschanlagen unentgeltlich benutzen. Daneben stellt R ihnen noch diverse Freizeiteinrichtungen (Sportplatz und Fitnessstudio) sowie Parkplätze auf dem Fabrikgelände zur Verfügung.

Den im Fabrikationsbereich tätigen Arbeitnehmern werden die zur Berufsausübung erforderlichen Arbeitsmittel (Werkzeug etc.) sowie die Arbeitskleidung (Schlosseranzüge, etc.) kostenlos von R überlassen. Außerdem überlässt R seinen Arbeitnehmern jeden Tag unentgeltlich Kaffee, Tee und Wasser zum Verzehr im Betrieb und sämtliche Mitarbeiter können die betrieblichen Computer mit Internet bis zu 15 Minuten täglich unentgeltlich für private Zwecke nutzen.

Von einzelnen Mitarbeitern werden gelegentlich Produktionsmaterialien gestohlen, was R auch bekannt ist. Als ein solcher Diebstahl vom Arbeiter A dem R angezeigt wird, zahlt R dem A 100 € „Fangprämie".

Mehrere Arbeitnehmer haben nach Absprache mit ihrer Gewerkschaft an einem Tag gestreikt und dafür von der Gewerkschaft eine Streikunterstützung erhalten.

Der bei der F-AG beschäftigte Angestellte B hat 2018 von der AG die schriftliche Zusage erhalten, dass er in 2021 Aktien von der F-AG zum Stückpreis von 250 € erwerben kann, wobei der Kurswert im Zeitpunkt der Zusage 350 € betrug.

In welchen dieser Fälle handelt es sich um steuerpflichtigen Arbeitslohn?

201   ## Lösung

Arbeitslohn sind gemäß § 2 Abs. 1 LStDV alle Einnahmen, die dem Steuerpflichtigen aus einem Dienstverhältnis zufließen. Maßgeblich ist der Zufluss (§ 11 Abs. 1 S. 1 EStG) eines tatsächlichen wirtschaftlichen Vorteils (§ 8 Abs. 1 EStG) aufgrund des Willens des Arbeitgebers sowie eine Veranlassung des Vorteils durch das Dienstverhältnis.

I.   Das Überlassen von Freizeiteinrichtungen, Parkplätzen etc.

R überlässt seinen Arbeitern die Duschen, Freizeiteinrichtungen und Parkplätze im betrieblichen Interesse. Denn so sollen die Arbeitsbedingungen im Betrieb für alle Betriebsangehörigen verbessert werden, ohne dass es zu einem individuellen wirtschaftlichen Vorteil für einzelne oder alle Arbeitnehmer kommt. Es handelt sich daher nicht um Arbeitslohn.

II.   Die Überlassung von Getränken

Gleiches gilt für die Überlassung von Getränken zum Verzehr im Betrieb. Es handelt sich um eine Maßnahme, die der Fürsorge des Arbeitgebers entspringt. Kein Mitarbeiter wird hierdurch individuell wirtschaftlich bevorteilt. Anders wäre die Rechtslage zu beurteilen, wenn die Mitarbeiter die Getränke zum Verzehr mit nach Hause nehmen dürften. Dies ist aber nicht der Fall. Es liegt folglich kein Arbeitslohn vor.

III.   Die Computernutzung

Anders ist dies bei der Computer- und Internetnutzung zu privaten Zwecken. Hier wird jedem Arbeitnehmer ein individueller wirtschaftlicher Vorteil zugewandt. Es handelt sich nicht um eine bloße Verbesserung der Arbeitsbedingungen, weil die private Internetnutzung mit der zu verrichtenden Arbeit in keinem Zusammenhang steht. Jedoch ist dieser Vorteil steuerfrei nach § 3 Nr. 45 EStG.

IV.   Der Materialdiebstahl

Auch wenn hier eine objektive Bereicherung der stehlenden Arbeitnehmer gegeben ist, so geschieht dies jedenfalls nicht mit dem Willen des Arbeitgebers, so dass kein Arbeitslohn gegeben ist. R wollte nicht, dass sich seine Arbeiter auf diese Weise bereichern. Unerheb-

Übungsfall Nr. 3

lich ist, dass er wusste, dass dies vorkommt. Der wirtschaftliche Vorteil der Arbeitnehmer entspringt hier nicht dem Arbeitsverhältnis, sondern den Diebstahlstaten.

V. Die Fangprämie

Die gezahlte Fangprämie hat ihren Grund im Arbeitsverhältnis und ist dem Arbeitnehmer zugeflossen. Eine Steuerfreiheit nach § 3 EStG ist nicht gegeben. Es handelt sich daher um steuerpflichtigen Arbeitslohn.

VI. Die Streikunterstützung

Die Zahlungen aus der Streikkasse haben ihren Grund nicht im Arbeitsverhältnis, son-dern in der Gewerkschaftsmitgliedschaft. Es handelt sich auch nicht um eine Entschädi-gung i.S.v. § 24 Nr. 1 EStG. Demnach liegt kein Arbeitslohn vor.

VII. Die Aktienoption

Die Option, später Aktien verbilligt zu kaufen, stellt für sich genommen noch nicht den Zufluss eines wirtschaftlichen Vorteils dar. Es handelt sich lediglich um die Möglichkeit eines späteren wirtschaftlichen Vorteils. Demnach liegt erst dann Arbeitslohn vor, wenn der wirt-schaftliche Vorteil durch Ausübung der Option tatsächlich zugeflossen ist. Derzeit liegt also kein Arbeitslohn vor.

6. Überschussermittlung bei Kapitaleinkünften

202   Bei den Einkünften aus Kapitalvermögen gibt es wegen der Sondervorschrift in § 2 Abs. 2 S. 2 EStG zwei Möglichkeiten der Überschussermittlung:

a) Anwendbarkeit der Abgeltungssteuer nach § 32d Abs. 1 EStG

» Vorsicht Grundlagenfehler! «

203   Wenn auf die Kapitaleinkünfte die Abgeltungssteuer angewendet wird, d.h. der Steuertarif in Höhe von 25 % gemäß § 32d Abs. 1 EStG, so können nach § 2 Abs. 2 S. 2 EStG keine Werbungskosten berücksichtigt werden (vgl. auch § 20 Abs. 9 S. 1 Hs. 2 EStG). Abziehbar ist lediglich der sog. Sparer-Pauschbetrag gemäß § 20 Abs. 9 S. 1 Hs. 1 EStG in Höhe von 801 €.

204   Demnach sind zunächst die Einnahmen i.S.v. § 8 EStG zu ermitteln. Hier kommen die Erträge nach § 20 Abs. 1 EStG sowie die Gewinne aus Veräußerungen im Sinne von § 20 Abs. 2 EStG in Betracht. Für letzteren Fall enthält § 20 Abs. 4 EStG eine Sondervorschrift zur Gewinnermittlung.

> **Beispiel**   A erzielt Zinsen in Höhe von 1000 € auf sein Sparguthaben. Die Kontoführungsgebühren belaufen sich auf 10 €. Hier sind Einkünfte in Höhe von 199 € zu versteuern. Die Kontoführungsgebühren bleiben nach § 20 Abs. 9 S. 1 Hs. 2 EStG neben dem Sparer-Pauschbetrag in Höhe von 801 € unberücksichtigt. ◼

b) Unanwendbarkeit der Abgeltungssteuer nach § 32d Abs. 2 EStG

205   Wenn die Abgeltungssteuer nach § 32d Abs. 2 EStG nicht anwendbar ist, so ist ein Abzug der tatsächlichen Werbungskosten bei den Einkünften aus Kapitalvermögen möglich und geboten.

Nach § 32d Abs. 6 EStG ist die Abgeltungssteuer auch dann nicht anwendbar, wenn der Steuerpflichtige einen entsprechenden Antrag stellt und die tarifliche Einkommensteuer nach § 32a EStG für ihn günstiger ist.

> **Hinweis**
>
> In diesem Fall können jedoch ebenfalls die tatsächlichen Werbungskosten nicht berücksichtigt werden. Denn § 2 Abs. 2 S. 2 EStG verweist nur auf § 32d Abs. 1 EStG und nicht auf § 32d Abs. 6 EStG. Letzterer spricht auch von „nach § 20 EStG ermittelten Einkünften" und meint damit den Überschuss der Einnahmen über den Sparer-Pauschbetrag.

206   Das Teileinkünfteverfahren ist in § 3 Nr. 40 EStG erfasst und stellt damit eine Steuerbefreiung dar und zwar eine solche in Höhe von 40 %. Es findet im Prinzip immer dann Anwendung, wenn „thematisch" die Abgeltungssteuer nach § 32d Abs. 1 EStG einschlägig wäre, aber nicht anzuwenden ist.

Dies sind vor allem Fälle, in denen Aktien und andere Beteiligungen an Kapitalgesellschaften veräußert werden und diese Anteile nicht im Privat-, sondern im Betriebsvermögen gehalten wurden. Es handelt sich dann nicht um Kapitaleinkünfte im Sinne von § 20 EStG, sondern um gewerbliche Einkünfte im Sinne von § 15 Abs. 1 EStG, da Änderungen des Betriebsvermögens immer nach §§ 4, 5 EStG zu erfassen sind. Auch Zinserträge etc. aus solchen betrieblich gehaltenen Anteilen fallen unter das Teileinkünfteverfahren. Dies ergibt sich extrem „verklausuliert" formuliert aus § 3 Nr. 40 S. 2 EStG, der die Einschlägigkeit der Subsidiaritätsklausel des § 20 Abs. 8 EStG fordert, also voraussetzt, dass die Einkünfte keine solchen aus Kapitalvermögen i.S.v. § 20 Abs. 1, Abs. 2 EStG sind. Auch im Zusammenhang mit § 17 EStG kann es zur Anwendung des Teileinkünfteverfahrens kommen.

Das Teileinkünfteverfahren bewirkt, dass lediglich 60 % der Einnahmen besteuert werden. Es soll pauschal einen Ausgleich dafür schaffen, dass die einschlägigen Einnahmen bereits im Rahmen der Körperschaft- und Gewerbesteuer besteuert wurden und somit eine steuerliche Mehrfachbelastung ein und desselben wirtschaftlichen Werts pauschaliert vermeiden.

7. Überschussermittlung bei Vermietung und Verpachtung

Bei Einkünften aus Vermietung und Verpachtung ist stets der Überschuss der Einnahmen gemäß § 8 Abs. 1 EStG über die Werbungskosten i.S.v. § 9 EStG zu berechnen.

207

Als Werbungskosten kommen insbesondere die AfA nach § 7 Abs. 4 bzw. Abs. 5 EStG in Frage, aber auch alle sonstigen Kosten, die durch die Vermietungs- bzw. Verpachtungstätigkeit veranlasst sind.

Hierbei stellt sich immer wieder die Frage, ob Baumaßnahmen an dem vermieteten Objekt Werbungskosten (Erhaltungsaufwand) sind oder ob es sich um (nachträgliche) Herstellungskosten handelt. Die Abgrenzung ist höchst bedeutsam, da Erhaltungsaufwand als Werbungskosten sofort in voller Höhe nach § 9 Abs. 1 S. 1 EStG abziehbar ist. Dagegen findet Herstellungsaufwand lediglich Einzug in die Bemessungsgrundlage der AfA nach § 7 Abs. 4 bzw. Abs. 5 EStG und kann daher nur zeitanteilig geltend gemacht werden.

208

>> Extrem klausur- und praxisrelevant: Herstellungsaufwand oder Erhaltungsaufwand? <<

Die Abgrenzung richtet sich danach, ob der bisherige Nutzungsstandard des Gebäudes lediglich erhalten bzw. geringfügig angehoben wird (dann Erhaltungsaufwand) oder ob er in funktionswesentlichen Bereichen verbessert wird (dann Herstellungsaufwand).[51]

Bei dem im Rahmen von Einkünften nach § 21 EStG analog anzuwendenden § 6 Abs. 1 Nr. 1a EStG sind unabhängig von einer Anhebung des Standards immer Herstellungskosten gegeben, wenn innerhalb von 3 Jahren nach Anschaffung eines Gebäudes Aufwendungen für Instandsetzungs- und Modernisierungsmaßnahmen anfallen, die (ohne Umsatzsteuer) 15 % der ursprünglichen Anschaffungskosten übersteigen. Bei Aufwendungen, die weniger als 15 % betragen, ist die Baumaßnahme regelmäßig zu geringfügig, um den Standard heben und somit als Herstellungsaufwand geltend zu können Die Frage der Standardhebung ist daher nur noch relevant für solche Aufwendungen, die nach Ablauf der 3 Jahre erfolgen.

Bei einer Erweiterung eines Gebäudes liegt Herstellungsaufwand vor. Eine Erweiterung ist anzunehmen bei Aufstockung oder Anbau, Vergrößerung der nutzbaren Fläche sowie sonstiger Vermehrung der Substanz. Wenn bei einer Erweiterung des Gebäudes aus bautechnischen Gründen zwingend auch Maßnahmen durchgeführt werden, die an sich Erhaltungsaufwand wären, so sind diese Erhaltungsaufwendungen dem Herstellungsaufwand zuzurechnen, so dass insgesamt nur noch dieser gegeben ist.

Beispiel A erbt von seinen Großeltern ein Mehrfamilienhaus (Baujahr 1970), welches jahrelang nicht mehr instandgesetzt wurde. Infolgedessen ist die Fassade stark beschädigt.

---

51 *Birk/Desens/Tappe* Steuerrecht, Rn. 797.

Die Herstellungskosten betrugen damals 100 000 €. Der aktuelle Wert des Gebäudes beläuft sich auf 300 000 €. A lässt die Fassade des Gebäudes für 90 000 € erneuern und baut für 50 000 € einen Wintergarten mit 20 qm an. Durch diesen Anbau wird auch eine Erneuerung der völlig verrosteten Regenrinne erforderlich. Diese hätte ohnehin ausgetauscht werden müssen. Dadurch fallen weitere 5000 € an.

Die Erneuerung der Fassade führt lediglich dazu, dass das Gebäude zeitgemäß genutzt werden kann. Die hierfür angefallenen 90 000 € kann A daher sofort als Erhaltungsaufwendungen im Wege des Werbungskostenabzugs geltend machen. Die Kosten für den Wintergarten stellen jedoch Herstellungsaufwand dar, da es hierdurch zu einer flächenmäßigen Erweiterung des Gebäudes gekommen ist. Diese Kosten erhöhen daher lediglich die AfA. Auch die Kosten für die Erneuerung der Regenrinne stellen Herstellungsaufwand dar. Denn zwar handelt es sich isoliert betrachtet um bloßen Erhaltungsaufwand, da die Erneuerung für die zeitgemäße Nutzung des Gebäudes erforderlich war. Jedoch liegt hier ein bautechnisch untrennbarer Zusammenhang mit dem Anbau des Wintergartens vor, so dass die Kosten für die neue Regenrinne den Kosten für den Anbau zuzuschlagen sind. Es liegen daher insgesamt nachträgliche Herstellungskosten in Höhe von 55 000 € vor. Die AfA beläuft sich somit auf 155 000 €. ∎

8. Überschussermittlung bei sonstigen Einkünften

209 Bei sonstigen Einkünften i.S.v. § 2 Abs. 1 S. 1 Nr. 7 EStG wird wiederum der Überschuss der Einnahmen über die Werbungskosten ermittelt. Auch im Fall eines privaten Veräußerungsgeschäfts wird entgegen des Wortlauts des § 23 Abs. 3 EStG kein Gewinn im i.S.v. § 2 Abs. 2 S. 1 Nr. 1 EStG ermittelt, sondern ebenfalls der Überschuss.

Hier gilt uneingeschränkt das Zu- und Abflussprinzip des § 11 EStG.

》 Bitte lesen Sie die Vorschrift! 《

§ 23 Abs. 3 S. 7, S. 8 EStG enthält eine Verlustverrechnungsbeschränkung.

》 Freigrenze, kein Freibetrag! 《

In § 23 Abs. 3 S. 5 EStG findet sich eine Freigrenze von 600 €.

C. Sonderausgaben

》 Eher selten klausurrelevant. Lesen Sie sich zumindest einmal sämtliche Sonderausgabentatbestände der §§ 10 bis 10g EStG durch. 《

210 Sonderausgaben sind Ausgaben, die nicht im wirtschaftlichen Zusammenhang mit einer Einkunftsart stehen, sondern der privaten Lebensführung zuzurechnen sind. Ihre Abziehbarkeit gebietet aber das subjektive Nettoprinzip (vgl. auch den Hinweis im Eingangssatz des § 12 EStG).

Beispiel A erzielt durch Vermietung seiner Eigentumswohnung an B Einkünfte aus Vermietung und Verpachtung nach § 21 EStG. Die Aufwendungen für die Gebäudehaftpflichtversicherung darf er nicht als Sonderausgaben nach § 10 Abs. 1 Nr. 3a EStG geltend machen, obwohl Ausgaben für Haftpflichtversicherungen ausdrücklich in dieser Vorschrift genannt sind. Denn im Eingangssatz zu § 10 Abs. 1 EStG sind Ausgaben nur dann Sonderausgaben, wenn sie keine Werbungskosten sind. Dies ist aber bei den Kosten für die Haftpflichtversicherung der Fall, da sie i.S.v. § 9 Abs. 1 S. 1 EStG im unmittelbaren wirtschaftlichen Zusammenhang mit den steuerbaren Einkünften aus Vermietung und Verpachtung stehen und dadurch veranlasst sind. ∎

Für Sonderausgaben gilt das Abflussprinzip des § 11 Abs. 2 EStG. Außerdem sind die Grundsätze zum Drittaufwand anzuwenden, da auch das subjektive Nettoprinzip eine Belastung des Steuerpflichtigen und nicht Dritter erfordert. Bei der Zusammenveranlagung spielt es allerdings keine Rolle, welcher Ehegatte welche Sonderausgaben getragen hat, da beide nach § 26b letzter HS. EStG als (ein) Steuerpflichtiger zu behandeln sind.

211

Besonders praxisrelevant sind die Sonderausgaben nach § 10 Abs. 1a Nr. 1 EStG (Scheidungsunterhalt), Abs. 1 Nr. 1 (gesetzliche Rentenbeiträge), Nr. 3 und 3a (Kranken- und Pflegeversicherungsbeiträge), Nr. 4 (gezahlte Kirchensteuer), Nr. 7 (Aufwendungen für die eigene Berufsausbildung).

D. Außergewöhnliche Belastungen

Auch die außergewöhnlichen Belastungen sind eher weniger klausurrelevant. Sie sind geregelt in §§ 33, 33a EStG. Im Unterschied zu Sonderausgaben, die jeder Steuerpflichtige in irgendeiner Weise zu tragen hat, kommen außergewöhnliche Belastungen – entsprechend ihrer Bezeichnung – nur ausnahmsweise vor, da ihnen ein außergewöhnlicher Anlass zugrunde liegt.

212

》 Lesen Sie sich hierzu die gesetzlichen Bestimmungen zumindest einmal durch, um ein Gefühl für die Regelungen zu erhalten! **《**

Ein Abzug von Ausgaben als außergewöhnliche Belastung darf nach § 33 Abs. 2 S. 2 EStG nur erfolgen, wenn es sich nicht um Betriebsausgaben, Werbungskosten oder Sonderausgaben handelt.

Als abzugsfähige Aufwendungen kommen nur Geldausgaben oder die Zuwendung von Sachwerten in Betracht. Entgangene Einnahmen, bloßer Zeitaufwand oder der unfreiwillige Verlust von Vermögen sind nicht als außergewöhnliche Belastungen abziehbar. Auch muss sowohl dem Grunde als auch der Höhe nach eine Zwangsläufigkeit der Aufwendungen i.S.v. § 33 Abs. 2 S. 1 EStG gegeben sein. Schließlich müssen die Aufwendungen dem Steuerpflichtigen „erwachsen", d.h. sie müssen zu einer endgültigen wirtschaftlichen Belastung in seiner Einkommens- oder Vermögenssphäre führen. Dies ist nicht der Fall, wenn und soweit der Steuerpflichtige für seine Aufwendungen einen wirtschaftlichen Gegenwert erhält. Diese „Gegenwerttheorie" wird jedoch nicht angewandt, wenn das erworbene Gut nicht marktgängig ist, d.h. wenn es am Markt nicht verwertbar ist. Nicht angewandt wird sie außerdem bei Verlusten an Hausrat und Kleidung aufgrund unabwendbarer Ereignisse (Brand, Diebstahl, Hochwasser, Terrorismus, Krankheit).

213

Beispiel Bei einem Einbruch wird dem A sein Ehering (Restwert: 1000 €) gestohlen. Er kauft sich deswegen einen neuen vergleichbaren Ring, den er als Ehering tragen möchte, für marktübliche 1500 €. Der Verlust des Rings kann nicht gemäß § 33 Abs. 1 EStG steuermindernd geltend gemacht werden. Wegen der sittlichen Verpflichtung, einen Ehering zu tragen, handelt es sich bei den Kosten für die Neuanschaffung aber nach § 33 Abs. 2 S. 1 EStG um zwangsläufige Aufwendungen. Zwar erhält A hier für den aufgewandten Betrag einen Gegenwert in gleicher Höhe. Jedoch beruht dieser auf einem Wohnungseinbruchdiebstahl und damit auf einem unabwendbaren Ereignis, so dass der Gegenwert hinter die Zwangsläufigkeit zurücktritt und die Gegenwerttheorie daher nicht zum ganzen oder teilweisen Ausschluss der Aufwendungen führt. ■

Nach § 33 Abs. 3 EStG darf der Steuerpflichtige die außergewöhnlichen Belastungen nur abziehen, soweit sie über die für ihn individuelle Belastung hinausgehen.

Die Regelung des § 33a EStG enthält Sondertatbestände für außergewöhnliche Belastungen in besonderen Fällen. Hierunter fallen Unterhaltsleistungen und Aufwendungen für die Berufsausbildung einer unterhaltsberechtigten Person. Hierbei ist stets der vorrangig zu prüfende Sonderausgabenabzug nach § 10 Abs. 1a Nr. 1 EStG zu beachten. § 33b EStG enthält schließlich Regelungen über Behinderten-, Hinterbliebenen- und Pflegepauschbeträge, die alternativ zum Abzug gemäß § 33 EStG geltend gemacht werden können.

E. Berechnung der Steuer

214 Der mathematische Berechnungsvorgang zur Ermittlung der Steuer ist rechtlich wenig interessant und daher in juristischen Klausuren so gut wie nie gefragt, so dass eine weitere Darstellung hier entbehrlich ist.

Online-Wissens-Check

Welche Merkmale erfordert die Annahme einer gewerblichen Tätigkeit i.S.v. § 15 Abs. 1 S. 1 Nr. 1 EStG?

Überprüfen Sie jetzt online Ihr Wissen zu den in diesem Abschnitt erarbeiteten Themen. Unter **www.juracademy.de/skripte/login** steht Ihnen ein Online-Wissens-Check speziell zu diesem Skript zur Verfügung, den Sie kostenlos nutzen können. Den Zugangscode hierzu finden Sie auf der Codeseite.

3. Teil
Körperschaftsteuerrecht

A. Allgemeines

215

> **JURIQ-Klausurtipp**
>
> Auch in Aufgaben aus dem Körperschaftsteuerrecht ist es vorbehaltlich des Bearbeitervermerks der jeweiligen Klausur geboten, vor der Einkommensermittlung einen allgemeinen Abschnitt voranzustellen, in dem regelmäßig die nachfolgend genannten Punkte zu erörtern bzw. zu erwähnen sind.

I. Subjektive Steuerpflicht

1. Körperschaftsteuersubjekte

a) Unbeschränkte und beschränkte Steuerpflicht

Körperschaftsteuerpflichtig sind nach § 1 Abs. 1 KStG nur bestimmte Körperschaften, Personenvereinigungen und Vermögensmassen. Die Aufzählung der körperschaftsteuerpflichtigen Subjekte in § 1 Abs. 1 Nr. 1–6 KStG ist abschließend und darf nicht durch Auslegung oder Analogien erweitert werden. **216**

Hat ein in § 1 Abs. 1 KStG genanntes Subjekt seine Geschäftsleitung (vgl. § 10 AO) oder seinen Sitz (vgl. § 11 AO) im Inland, so besteht grundsätzlich unbeschränkte Körperschaftsteuerpflicht (Welteinkommensprinzip, § 1 Abs. 2 KStG). Fehlt es sowohl an der inländischen Geschäftsleistung als auch am inländischen Sitz, so unterliegt die Körperschaft nach § 2 KStG der beschränkten Körperschaftsteuerpflicht, soweit sie inländische Einkünfte (§ 8 Abs. 1 KStG i.V.m. § 49 EStG) hat. **217**

> Nach § 10 AO ist **Geschäftsleitung** der Mittelpunkt der geschäftlichen Oberleitung.

Dies richtet sich nach den tatsächlichen Umständen und Verhältnissen. In der Regel ist dies der Ort, an dem die kaufmännischen Entscheidungen über das Tagesgeschäft getroffen werden (insbesondere Büro des Geschäftsführers). Unmaßgeblich sind strategische, unternehmenspolitische, organisatorische oder technische Entscheidungen. Da der Mittelpunkt der entscheidende Ort ist, kann die Geschäftsleistung nur an einem Ort sein.

> Der **Sitz** befindet sich nach § 11 AO dort, wo er laut Gesellschaftsvertrag, Satzung oder sonstigen Statuten liegt (rein formales Kriterium).

b)   Subjekte nach § 1 Abs. 1 Nr. 4 KStG

218 Sonstige juristische Personen des privaten Rechts i.S.v. § 1 Abs. 1 Nr. 4 KStG sind nur rechtsfähige Personenvereinigungen, insbesondere eingetragene Vereine (§ 21 BGB), wirtschaftliche Vereine (§ 22 BGB), privatrechtliche Stiftungen (§ 80 BGB).

c)   Subjekte nach § 1 Abs. 1 Nr. 5 KStG

219 Die fehlende Rechtsfähigkeit ist Merkmal nicht nur des nichtrechtsfähigen Vereins, sondern sämtlicher in § 1 Abs. 1 Nr. 5 KStG aufgeführter Gebilde.

> Ein **Zweckvermögen** i.S.v. § 1 Abs. 1 Nr. 5 KStG liegt vor, wenn ein selbstständiges Sondervermögen durch Widmung mit einem bestimmten Zweck (meist wohltätiger Art) gebildet wird (z.B. im Fall des § 1914 BGB).

Nicht unter § 1 Abs. 1 Nr. 5 KStG fallen die GbR, OHG und KG, denn diese sind jedenfalls teilrechtsfähig, also nicht nichtsrechtsfähig.

d)   Subjekte nach § 1 Abs. 1 Nr. 6 KStG

220 Körperschaftsteuerpflichtig sind grundsätzlich auch Betriebe gewerblicher Art von juristischen Personen des öffentlichen Rechts, § 1 Abs. 1 Nr. 6 KStG. Was ein Betrieb gewerblicher Art ist, definiert § 4 Abs. 1 KStG. Nach § 4 Abs. 1 S. 2 KStG ist für die Annahme eines Betriebs gewerblicher Art keine Gewinnerzielungsabsicht nötig. Es genügt schon, dass lediglich die beim Betrieb anfallenden Kosten gedeckt werden sollen.

Wie sich im Umkehrschluss zu § 4 Abs. 2 KStG ergibt, ist nicht die juristische Person des öffentlichen Rechts selbst Körperschaftsteuersubjekt. Vielmehr ist Körperschaftsteuersubjekt der Betrieb gewerblicher Art, der lediglich von einer juristischen Person des öffentlichen Rechts betrieben wird.

> **Hinweis**
>
> Die Steuerpflichtigkeit solcher Betriebe ist kein konfuser Steuerformalismus, sondern dient der Wettbewerbsneutralität. Wenn privatwirtschaftlichen Körperschaften durch die Steuerpflichtigkeit Wirtschaftskraft entzogen wird, muss dies auch bei öffentlich-rechtlichen Betrieben geschehen, die in Konkurrenz zu privatwirtschaftlichen Betrieben stehen.

Gemäß § 4 Abs. 5 S. 1 KStG gilt die Steuerpflicht nicht für Hoheitsbetriebe, weil insofern die Ausübung öffentlicher Gewalt im Vordergrund steht.

e)   ausländische Körperschaften

221 Ist eine ausländische Gesellschaft nach dem Recht ihres Heimatstaates rechtsfähig, so kann sie nach § 1 Abs. 1 Nr. 1 oder Nr. 5 KStG unbeschränkt körperschaftsteuerpflichtig sein. Wurde die Gesellschaft in einem EU-Staat nach deren Rechtsordnung wirksam gegründet, so ist nach der unionsrechtlich gebotenen Anwendung der Gründungstheorie auch in Deutschland von der Rechtsfähigkeit der Gesellschaft auszugehen. Demnach liegt bei Geschäftsleitung oder Sitz der Gesellschaft im Inland unbeschränkte Steuerpflicht nach § 1 Abs. 1 Nr. 1 KStG vor.

Handelt es sich um eine Gesellschaft aus einem Drittstaat, so kommt es nach der Sitztheorie darauf an, ob die Gesellschaft ihren Sitz in einem Land hat, in dem sie als rechtsfähig gilt. Ist dies in Deutschland, liegt unbeschränkte Körperschaftsteuerpflicht nach § 1 Abs. 1 Nr. 5 KStG vor. Ist dies nicht in Deutschland, kommt beschränkte Körperschaftsteuerpflicht nach § 2 Nr. 1 KStG in Betracht.

Ob eine ausländische Gesellschaft in Deutschland als rechtsfähig anerkannt wird, hängt davon ab, ob sich bei einem Rechtstypenvergleich ergibt, dass die Gesellschaft eine kapitalistische und korporative Struktur aufweist, die für deutsche Kapitalgesellschaften typisch ist.

2. persönliche Steuerbefreiung

Der lange Katalog der persönlichen Steuerbefreiungen in § 5 KStG enthält in seiner Nr. 9 die wohl einzige halbwegs klausurrelevante persönliche Körperschaftsteuerbefreiung. Demnach sind gemeinnützige und mildtätige Körperschaften von der Steuer befreit. Welche Voraussetzungen hierfür erfüllt sind, regeln die komplexen Vorschriften der §§ 51–68 AO. **222**

3. Beginn der Körperschaftsteuerpflicht

Die Körperschaftsteuerpflicht beginnt nicht erst mit der Erlangung der Rechtsfähigkeit durch Eintragung in das Handelsregister (§§ 41, 278 AktG, § 11 GmbHG), sondern erstreckt sich auch auf die mit Abschluss des notariellen Gesellschaftsvertrags (§ 2 GmbHG) oder durch notarielle Feststellung der Satzung (§§ 23 Abs. 1, 280 Abs. 1 AktG) errichtete Vorgesellschaft. **223**

Die vor der notariellen Beurkundung bestehende Vorgründungsgesellschaft ist weder mit der Vorgesellschaft noch mit der späteren Kapitalgesellschaft identisch. Sie ist grundsätzlich auch nicht körperschaftsteuerpflichtig.[1]

4. Ende der Körperschaftsteuerpflicht

Die unbeschränkte Körperschaftsteuerpflicht endet, wenn die Körperschaft wirtschaftlich aufhört zu bestehen, d.h. wenn sämtliche Rechtsbeziehungen zu anderen Rechtssubjekten abgewickelt sind. Die beschränkte Steuerpflicht endet insbesondere dann, wenn die Gesellschaft keinerlei inländische Einkünfte mehr erzielt. **224**

II. Veranlagungszeitraum

Der Veranlagungszeitraum ist das Kalenderjahr, § 8 Abs. 1 KStG i.V.m. § 25 Abs. 1 EStG. Ermittlungszeitraum ist grundsätzlich das Kalenderjahr, § 7 Abs. 4 S. 1 KStG. **225**

---

1 H 2 KStH „Beginn der Steuerpflicht", „Vorgründungsgesellschaft".

B. Objektive Steuerpflicht

I. Einkommensart

226

> **Hinweis**
>
> Nach § 8 Abs. 2 KStG sind sämtliche Einkünfte eines Steuerpflichtigen i.S.v. § 1 Abs. 1 Nr. 1–3 KStG solche aus Gewerbebetrieb. Bei anderen Steuerpflichtigen (in der Klausur selten) kommen alle Einkunftsarten nach § 2 Abs. 1 EStG i.V.m. § 8 Abs. 1 S. 1 KStG in Betracht.

II. Einkommensermittlungsart

 Hier also niemals eine „4-III-Rechnung"!

227 Gemäß § 8 Abs. 1 S. 1 KStG i.V.m. §§ 2 Abs. 2 S. 1 Nr. 1, 4–7k EStG ist bei Steuerpflichtigen i.S.v. § 1 Abs. 1 Nr. 1–3 KStG das Einkommen stets durch Gewinnermittlung zu bestimmen.

III. Einkommenshöhe

228 Gemäß § 7 Abs. 1 KStG bemisst sich die Körperschaftsteuer nach dem zu versteuernden Einkommen. Nach § 7 Abs. 2 KStG ist zu versteuerndes Einkommen das Einkommen i.S.v. § 8 Abs. 1 KStG, vermindert um die Freibeträge nach §§ 24, 25 KStG. Nach § 8 Abs. 1 S. 1 KStG ist das Einkommen nach den Vorschriften des EStG und des KStG wie folgt zu ermitteln.

Berechnungsschema

Gewinn/Verlust laut Steuerbilanz bzw. Jahresüberschuss/-fehlbetrag laut Handelsbilanz
(ggf. Korrektur nach § 60 Abs. 2 EStDV)

./. offene Einlagen, § 4 Abs. 1 KStG

./. verdeckte Einlagen, § 8 Abs. 3 S. 3 KStG

+ offene Gewinnausschüttungen, § 8 Abs. 3 S. 1 KStG

+ verdeckte Gewinnausschüttungen, § 8 Abs. 3 S. 2 KStG

+ nicht abziehbare Steuern einschließlich Nebenleistungen, § 10 Nr. 2 KStG

./. Erstattung nicht abziehbarer Steuern einschließlich Nebenleistungen, § 10 Nr. 2 KStG
e contrario

+ Geldstrafen/Geldbußen, § 10 Nr. 3 KStG, § 4 Abs. 5 Nr. 8 EStG

+ 50 % der Aufsichtsratsvergütungen, § 10 Nr. 4 KStG

+ andere nicht abziehbare Aufwendungen (z.B. § 4 Abs. 5, Abs. 7 EStG)

./. Kürzungen nach § 8b KStG

+ Hinzurechnungen nach § 8b KStG

./. steuerfreie Einnahmen (z.B. nach § 3 EStG, § 5 Nr. 3 KStG oder DBA)

+ Spenden, § 9 Abs. 2 KStG

= **steuerlicher Gewinn**

./. abzugsfähige Spenden, § 9 Abs. 1 Nr. 2 KStG

./. Verlustabzug, § 10d EStG i.V.m. § 8c KStG

= **Einkommen**

./. Freibeträge nach §§ 24, 25 KStG

= **zu versteuerndes Einkommen**

x Steuersatz 15 %, § 23 Abs. 1 KStG

= **festzusetzende Körperschaftsteuer**

PRÜFUNGSSCHEMA

Im Folgenden werden lediglich die klausurrelevanteren Punkte des Schemas erläutert.

1. Gewinn/Verlust als Ausgangsgröße

229 Zur Berechnung der Körperschaftsteuer wird der Gewinn bzw. Verlust oder der Jahresüberschuss bzw. Jahresfehlbetrag benötigt. Nach §§ 268 Abs. 1, 270 Abs. 2 HGB, § 158 AktG, § 29 Abs. 1 S. 2 GmbHG kann die handelsrechtliche Bilanz anstelle des Jahresüberschusses/-fehlbetrages den Bilanzgewinn bzw. Bilanzverlust ausweisen.

> **JURIQ-Klausurtipp**
>
> Dieser Fall kommt in der Klausur regelmäßig vor!

Voraussetzung dafür ist, dass die Bilanz erst aufgestellt wurde, nachdem der Jahresüberschuss des vorangegangenen Wirtschaftsjahres bereits teilweise verwendet wurde. Eine derartige Verwendung muss bei der Rückrechnung vom Bilanzgewinn auf den Jahresüberschuss nach folgender Formel eliminiert werden:

PRÜFUNGSSCHEMA

Berechnungsschema

Bilanzgewinn/-verlust

+ Einstellung in die Gewinnrücklagen

./. Entnahmen aus Gewinnrücklagen

./. Entnahmen aus der Kapitalrücklage

./. Gewinnvortrag aus Vorjahr

+ Verlustvortrag aus Vorjahr

= Jahresüberschuss/-fehlbetrag

Beispiel Die A-GmbH weist zum Bilanzstichtag einen Bilanzgewinn i.H.v. 300 000 € aus. Dabei berücksichtigt ist ein Gewinnvortrag aus dem Vorjahr i.H.v. 20 000 €. Aus dem laufenden Jahresergebnis wurden 60 000 € in die Gewinnrücklage eingestellt. Der Jahresüberschuss der A-GmbH beträgt (300 000 € ./. 20 000 € + 60 000 € =) 340 000 €. ■

Hat man vom Bilanzgewinn ausgehend den Jahresüberschuss ermittelt, muss ggf. nach § 8 Abs. 1 S. 1 KStG i.V.m. § 60 Abs. 2 S. 1 EStDV noch der steuerliche Gewinn ermittelt werden. Dies ist dann nötig, wenn bei der Ermittlung des handelsrechtlichen Gewinnes Vorschriften angewandt wurden, die im Steuerrecht nicht angewandt werden dürfen. Bspw. gibt es im Handelsrecht höhere Abschreibungsmöglichkeiten als im Steuerrecht.

2. Einlagen

230 **Einlagen** im kapitalgesellschaftlichen Sinne sind alle durch das Gesellschaftsverhältnis veranlassten Kapitalzuführungen eines Gesellschafters in die Kapitalgesellschaft.[2]

---

2 *BFH* vom 9.3.1983 BStBl II 1983, S. 744; vom 14.11.1984 BStBl II 1985, S. 227.

Nach allgemeinen Gewinnermittlungsgrundsätzen dürfen Einlagen den Gewinn nicht erhöhen, da sie nicht das Ergebnis der wirtschaftlichen Betätigung der Kapitalgesellschaft sind, sondern Voraussetzung für diese Betätigung.

a) offene Einlagen

Offene Einlagen (gesellschaftsrechtliche Einlagen) sind solche, die in das Nennkapital oder in die Kapitalrücklage der Gesellschaft eingestellt werden und entsprechend der gesellschaftsrechtlichen Vorschriften geleistet werden.

231

Als Gegenleistung erhält der Einlegende Anteile an der Gesellschaft. Unter die offenen Einlagen fallen sowohl Pflichteinlagen, als auch freiwillige Einlagen.

Gesellschaftsrechtliche Einlagen sind bei einer AG insbesondere:
- Leistung des Nennbetrags der Aktien
- Ausgabeaufgeld, § 272 Abs. 2 Nr. 1 HGB, § 150 Abs. 1 und 2 AktG (Überpari-Emission)
- Zuzahlung zur Einräumung von Vorzugsaktien, § 272 Abs. 2 Nr. 3 HGB,

bei einer GmbH insbesondere:
- Leistungen auf die Stammeinlage, §§ 5, 14 GmbHG
- Aufgeld auf die Stammeinlage
- Nachschüsse, § 26 GmbHG

b) verdeckte Einlagen

Verdeckte Einlagen werden weder in das Nennkapital, noch in die Kapitalrücklage geleistet. Sie entsprechen auch nicht gesellschaftsrechtlichen Vorschriften. Handelsrechtlich führen sie zu einem Ertrag. Ob eine Einlage in die Kapitalrücklage eingestellt wird und daher eine offene Einlage ist, oder ob sie als verdeckte Einlage zu einem Ertrag der Gesellschaft führt, bestimmt sich nach dem erkennbaren Willen des Einlegenden. Will er das Eigenkapital stärken, so muss die Einlage in die Kapitalrücklage eingestellt werden, so dass es sich um eine offene Einlage handelt. Will der Einlegende für Verlustdeckung sorgen oder den Ertrag der Gesellschaft erhöhen, so ist von einer verdeckten Einlage auszugehen.

232

Nach § 8 Abs. 3 S. 3 KStG dürfen verdeckte Einlagen den steuerlichen Gewinn nicht erhöhen.

> **Hinweis**
>
> Falls verdeckte Einlagen laut Klausursachverhalt den handelsrechtlichen Gewinn bereits erhöht haben, müssen sie zur Ermittlung des zu versteuernden Einkommens wieder abgezogen werden.

Nach ständiger Rechtsprechung des BFH liegt eine **verdeckte Einlage** vor, wenn ein Gesellschafter oder eine ihm nahestehende Person der Kapitalgesellschaft einen einlagefähigen Vermögensvorteil ohne Gegenleistung zuwendet und diese Zuwendung ihre Ursache im Gesellschaftsverhältnis hat.[3]

233

---

3 R 40 Abs. 1 KStR 2004.

aa) Begriffsmerkmale

(1) eine dem Gesellschafter nahestehende Person

234 Wird der Vermögensvorteil nicht durch den Gesellschafter selbst, sondern durch eine ihm nahestehende (natürliche oder juristische) Person zugewendet, ist davon auszugehen, dass diese Zuwendung mittelbar durch den Gesellschafter erfolgt und dieser die nahestehende Person lediglich „zur Verdeckung" der Einlage als Mittelsmann benutzt.

> Daher ist von einer **nahestehenden Person** dann auszugehen, wenn zwischen der Person und dem Gesellschafter eine irgendwie geartete Beziehung besteht, die den Schluss zulässt, diese Beziehung habe die Vorteilszuwendung an die Gesellschaft beeinflusst.[4]

(2) einlagefähiger Vermögensvorteil

235 Eine Einlage setzt zwingend einen einlagefähigen Vermögensvorteil voraus.

> Ein **einlagefähiger Vermögensvorteil** liegt vor, wenn es sich um ein bilanzierungsfähiges Gut handelt, das in der Steuerbilanz der Gesellschaft entweder zum Ansatz bzw. zur Erhöhung eines Aktivpostens oder zum Wegfall bzw. zur Minderung eines Passivpostens führt.

Dazu gehören auch immaterielle Wirtschaftsgüter, z.B. ein entgeltlich erworbener Firmenwert. Dass ein steuerliches Aktivierungsverbot besteht, ist für die (abstrakte) Bilanzierbarkeit unerheblich. Nicht bilanzierungsfähig sind insbesondere Nutzungsvorteile bei unentgeltlich überlassenen Wirtschaftsgütern. Ebenfalls nicht bilanzierungsfähig sind ausdrücklich als unentgeltlich vereinbarte Dienstleistungen für die Gesellschaft.[5] Bei entgeltlichen Dienstleistungen liegt eine verdeckte Einlage darin, dass der Leistende nach Entstehung seines Anspruchs auf das Entgelt verzichtet. Verzichtet er dagegen schon vor Entstehung des Anspruchs auf sein Entgelt, so liegt eine nicht bilanzierungsfähige Dienstleistungseinlage vor.

(3) Veranlassung durch das Gesellschaftsverhältnis

236 > Eine **Veranlassung der Einlage durch das Gesellschaftsverhältnis** ist gegeben, wenn ein Nichtgesellschafter bei Anwendung der Sorgfalt eines ordentlichen Kaufmanns den Vermögensvorteil nicht eingeräumt hätte.[6]

bb) maßgeblicher Zeitpunkt

237 Für die Frage, ob eine verdeckte Einlage vorliegt, sind die Umstände zu dem Zeitpunkt maßgeblich, zu dem der Zuwendende seine Zusage auf Leistung gegeben hat. Scheidet er danach aus der Gesellschaft aus und leistet anschließend, so handelt es sich trotz seiner dann fehlenden Gesellschafterstellung um eine verdeckte Einlage.[7]

---

4 H 36 KStH „Nahestehende Person".
5 H 40 KStH „Einlagefähiger Vermögensvorteil" und „Nutzungsvorteile".
6 *BFH* vom 28.2.1956 BStBl III, S. 154; vom 26.10.1987 BStBl 1988 II, S. 348.
7 R 40 Abs. 5 KStR.

cc) Bewertung der verdeckten Einlage

Die Gesellschaft muss die verdeckte Einlage grundsätzlich nach § 8 Abs. 1 S. 1 KStG i.V.m. § 6 **238** Abs. 1 Nr. 5, Abs. 6 EStG bewerten. D.h. es erfolgt ein außerbilanzieller Abzug des Teilwerts des verdeckt eingelegten Guts.

dd) Auswirkungen beim Gesellschafter

Die verdeckte Einlage kann sich auch auf die Einkommensteuer des einlegenden Gesellschaf- **239** ters auswirken. Zu unterscheiden sind folgende Fallkonstellationen:

(1) Gesellschafter ist eine natürliche Person und Einlagegegenstand ist ein Wirtschaftsgut aus dem Privatvermögen des Gesellschafters

Die Anschaffungskosten der Beteiligung des Gesellschafters an der Gesellschaft erhöhen sich **240** um den Teilwert der verdeckten Einlage, § 6 Abs. 6 S. 2 EStG. Einkünfte des Gesellschafters entstehen grundsätzlich nicht. Einkünfte des Gesellschafters entstehen aber nach § 17 Abs. 1 S. 2 EStG dann, wenn eine unternehmerische Beteiligung i.S.v. § 17 Abs. 1 S. 1 EStG in die Kapitalgesellschaft eingelegt wird. Handelt es sich um eine Kapitalbeteiligung i.S.v. § 20 Abs. 1 EStG, so ist die verdeckte Einlage dieser Kapitalbeteiligung ein Fall des § 20 Abs. 2 S. 2 EStG. Handelt es sich um ein Wirtschaftsgut i.S.v. § 23 Abs. 1 S. 1 EStG, so liegt gemäß § 23 Abs. 1 S. 5 Nr. 2 EStG ein privates Veräußerungsgeschäft vor.

(2) Gesellschafter ist eine natürliche Person und Einlagegegenstand ist die unentgeltliche/verbilligte Nutzungsüberlassung oder Dienstleistung

Hier entstehen weder Einkünfte des Gesellschafters, noch erhöhen sich die Anschaffungskos- **241** ten der Beteiligung des Gesellschafters. Die verdeckte Einlage hat auf Gesellschafterebene keine Auswirkungen.

(3) Gesellschafter ist eine natürliche Person und Einlagegegenstand ist der Verzicht auf eine Forderung

Da der Verzicht auf eine Gehalts-, Tantiemen-, Miet- oder Zinsforderung zur Einkunftsverwen- **242** dung zählt, erhöhen sich die Einkünfte des Gesellschafters im Moment des Verzichts (Zufluss) um den entsprechenden Betrag. Es handelt sich also um Einkünfte gemäß § 19 EStG, § 20 EStG oder § 21 EStG. Dies gilt aber nur insoweit, als die Forderung noch werthaltig war. War die Gesellschaft im Zeitpunkt des Verzichts bereits zahlungsunfähig und war deshalb mit einem vollständigen oder teilweisen Forderungsausfall zu rechnen, vermindert sich der Zufluss beim Gesellschafter entsprechend.

(4) Gesellschafter ist eine natürliche Person und Einlagegegenstand ist ein Wirtschaftsgut aus dem Betriebsvermögen des Gesellschafters

Beim Gesellschafter ergibt sich ein Ertrag in Höhe der Differenz zwischen Buch- und Teilwert, **243** so dass durch die verdeckte Einlage Einkünfte aus Gewerbebetrieb nach § 15 EStG entstehen. Ferner erhöht sich der Beteiligungswert an der Gesellschaft um den Teilwert des verdeckt eingelegten Wirtschaftsguts, § 6 Abs. 6 S. 2 EStG.

Beispiel   A betreibt ein Gewerbe als Einzelunternehmer und ist zugleich an der X-GmbH zu 100 % beteiligt. Er legt verdeckt ein Grundstück, das zum Betriebsvermögen seines Gewerbebetriebs gehört, in die X-GmbH ein. Der Nennwert der GmbH-Beteiligung beträgt 60 000 €, der Buchwert des Grundstücks 30 000 €, der Teilwert des Grundstücks 50 000 €. Die Einlage führt zu einem nach § 15 Abs. 1 EStG steuerpflichtigen Ertrag i.H.v. 20 000 € (= 50 000 € ./. 20 000 €). Es entstehen nachträgliche Anschaffungskosten auf die GmbH-Beteiligung i.H.v. 50 000 €, der Beteiligungswert beträgt nun 110 000 € (= 60 000 € + 50 000 €). ■

(5)   Gesellschafter ist eine Kapitalgesellschaft

244 Der Beteiligungswert an der durch die Einlage begünstigten Kapitalgesellschaft erhöht sich um den Teilwert (siehe Rn. 139) des eingelegten Wirtschaftsguts, § 6 Abs. 6 S. 2 EStG. Handelt es sich bei dem Einlagegegenstand um die Beteiligung an einer dritten Kapitalgesellschaft, ist der sich bei der Einlage ergebende Gewinn nach § 8b Abs. 2 S. 6 KStG steuerfrei. Von dem Veräußerungsgewinn sind aber 5 % als nichtabziehbare Betriebsausgaben dem Einkommen hinzuzurechnen, § 8b Abs. 3 KStG.[8]

Beispiel   Die A-GmbH legt ihre Beteiligung an der D-GmbH in ihre Tochtergesellschaft T-GmbH verdeckt ein. Der Buchwert dieser Beteiligung beträgt 80 000 €, der Teilwert beträgt 190 000 €. Es entsteht ein Veräußerungsgewinn in Höhe von 190 000 €, der nach § 8b Abs. 3 KStG nur zu 5 % das Einkommen erhöht (9500 €). Die Anschaffungskosten der Beteiligung an der T-GmbH erhöhen sich um 190 000 €. ■

3.   Gewinnausschüttungen

245   **Gewinnausschüttungen** sind alle Zuwendungen einer Körperschaft, durch die Gesellschafter oder ihnen nahestehende Personen aufgrund ihrer gesellschaftsrechtlichen Beziehung zur Körperschaft begünstigt werden.[9]

Nach § 8 Abs. 3 S. 1 KStG ist es für eine Körperschaft steuerrechtlich ohne Bedeutung, ob das Einkommen der Körperschaft verteilt wird. D.h. Gewinnausschüttungen beeinflussen nicht die Höhe des zu versteuernden Einkommens einer Kapitalgesellschaft. Dies gilt für offene Gewinnausschüttungen genauso wie für verdeckte (§ 8 Abs. 3 S. 2 KStG).

a)   offene Gewinnausschüttungen

246   **Offene Gewinnausschüttungen** sind solche, bei denen aufgrund eines gesellschaftsrechtlichen Beschlusses (Gewinnverteilungsbeschluss) den Gesellschaftern ein Gewinnanteil ausgezahlt wird.

Beispiel   A hält Aktien an der X-AG mit einem Gesamtanteil am Grundkapital der AG in Höhe von 0,2 %. Auf der Hauptversammlung der X-AG wird eine Gewinnausschüttung im Jahr 2022 beschlossen. Der in diesem Jahr erzielte Gewinn beläuft sich auf 1 000 000 €. Die Ausschüttung von 2000 € (= 0,2 % von 1 000 000 €) stellt eine offene Gewinnausschüttung dar. ■

---

8   *Endriss* Handbuch StB-Prüfung, Rn. 1119.
9   *Dötsch/Alber/Sell/Zenthöfer* Körperschaftsteuer, S. 119.

b) verdeckte Gewinnausschüttungen

Der Begriff der verdeckten Gewinnausschüttung ist gesetzlich nicht definiert. In der Praxis besteht jedoch weitestgehend Einigkeit über die Merkmale einer verdeckten Gewinnausschüttung:

247

» Kommt praktisch in jeder Körperschaftsteuerklausur vor! «

> **Verdeckte Gewinnausschüttung** ist jede zugunsten eines Gesellschafters oder eine ihm nahestehende Person erfolgende Vermögensminderung oder verhinderte Vermögensmehrung, die durch das Gesellschaftsverhältnis veranlasst ist, sich auf die Höhe des Unterschiedsbetrags i.S.v. § 4 Abs. 1 S. 1 EStG auswirkt und nicht auf einem den gesellschaftsrechtlichen Vorschriften entsprechenden Gewinnverteilungsbeschluss beruht.[10]

Außerdem muss der vom Gesellschafter erworbene Vorteil geeignet sein, zu Einkünften aus Kapitalvermögen nach § 20 Abs. 1 Nr. 1 S. 2 EStG zu führen.[11]

Abzugrenzen sind verdeckte Gewinnausschüttungen von den Betriebsausgaben, durch welche die Steuerlast (bei Abziehbarkeit) stets gemindert wird. Die Feststellungslast für das Vorliegen einer verdeckten Gewinnausschüttung trägt grundsätzlich das Finanzamt.[12] Erhält eine einem Gesellschafter nahestehende Person den wirtschaftlichen Vorteil, ist die verdeckte Gewinnausschüttung steuerlich dem Gesellschafter zuzurechnen, weil er dadurch mittelbar begünstigt wird (prima-facie-Beweis).[13]

248

Beispiel[14] G ist Geschäftsführer einer GmbH, deren Gesellschafter zu 50 % sein Sohn S und zu weiteren 50 % seine Tochter T ist. G überweist sich heimlich zu privaten Zwecken (mit ordnungsgemäßer Vertretungsmacht auch für Insichgeschäfte) 100 000 € vom Konto der GmbH, ohne dass er eine Gegenleistung hierfür erbringt. S bemerkt dies sofort, beschließt aber, seinen Vater gewähren zu lassen.

Die Überweisung ist eine verdeckte Gewinnausschüttung zugunsten des S. Denn da G eine dem S nahestehende Person ist, ist von einer mittelbaren Begünstigung des S auszugehen. T hingegen weiß nichts von den Vorgängen, so dass ihr die verdeckte Gewinnausschüttung nicht zugerechnet werden kann. Denn der verdeckten Gewinnausschüttung, die eine dem Gesellschafter nahestehende Person begünstigt, wird nur deshalb dem Gesellschafter zugerechnet, weil ihr der Gedanke zugrunde liegt, der Gesellschafter selbst habe die begünstigende Zuwendung erhalten und sodann an die ihm nahestehende Person weitergeleitet. Dieser Gedanke setzt also zumindest die Kenntnis des Gesellschafters von der begünstigenden Zuwendung voraus. ▪

Beispiel A ist als Gesellschafter mit jeweils 100 % an der B-GmbH und an der C-GmbH beteiligt. Die B-GmbH überweist ohne Gegenleistung 100 000 € an die C-GmbH.

Es handelt sich um eine verdeckte Gewinnausschüttung zugunsten des A und gleichzeitig um eine verdeckte Einlage des A zugunsten der C-GmbH. Die C-GmbH ist eine dem A nahestehende Person und erhält damit mittelbar einen wirtschaftlichen Vorteil. Für A fallen Einkünfte i.S.v. § 20 Abs. 1 Nr. 1 S. 2, Abs. 5 EStG an. Die C-GmbH erhält aufgrund der

---

10 R 36 Abs. 1 KStR 2004.

11 *BFH* vom 7.8.2002 BStBl 2004 II, S. 131.

12 *BFH* vom 27.10.1992 BStBl 1993 II, S. 569.

13 *BFH* vom 27.11.1974 BStBl II 1975, S. 306.

14 Siehe *BFH* vom 19.6.2007 BStBl II 2007, S. 830.

aa) Vermögensminderung/verhinderte Vermögensvermehrung

249 Das Vermögen der Gesellschaft muss nachteilig betroffen sein. Dies ist nicht der Fall, wenn ein Vorteilsausgleich erfolgt, d.h. wenn der von der Ausschüttung begünstigte Gesellschafter bzw. die ihm nahestehende Person ein angemessenes Entgelt leistet. Dabei bedarf es zwingend einer rechtlichen Verknüpfung zwischen der Leistung der Gesellschaft und der Gegenleistung des Begünstigten i.S.v. eines zivilrechtlichen Synallagmas.[15]

bb) Auswirkungen auf den Unterschiedsbetrag i.S.d. § 4 Abs. 1 S. 1 EStG

250 Eine Auswirkung auf den Unterschiedsbetrag i.S.d. § 4 Abs. 1 S. 1 EStG liegt dann vor, wenn sich ohne die Ausschüttungsleistung rechnerisch ein Gewinn der Gesellschaft in anderer Höhe ergeben würde.

cc) Veranlassung durch das Gesellschaftsverhältnis

(1) Grundlagen

251 Die Vermögensminderung bzw. verhinderte Vermögensmehrung muss durch das Gesellschaftsverhältnis und nicht durch betriebliche Gründe veranlasst sein.

> Eine **Veranlassung durch das Gesellschaftsverhältnis** ist dann gegeben, wenn die Gesellschaft bei Anwendung der Sorgfalt eines ordentlichen und gewissenhaften Geschäftsleiters die Vermögensminderung bzw. verhinderte Vermögensmehrung unter sonst gleichen Umständen gegenüber einem beliebigen Nichtgesellschafter nicht hingenommen hätte.[16]

Auch wenn grundsätzlich das Finanzamt die Feststellungslast für das Vorliegen einer verdeckten Gewinnausschüttung trägt, muss die Gesellschaft beweisen, dass eine betriebliche Veranlassung für eine Vermögensminderung vorliegt, wenn die objektiv erkennbaren Umstände für eine Veranlassung durch das Gesellschaftsverhältnis sprechen.[17]

(2) Sonderfall: beherrschender Gesellschafter

252 Ist der Zuwendungsempfänger ein beherrschender Gesellschafter ist von einer Veranlassung durch das Gesellschaftsverhältnis i.d.R. schon dann auszugehen, wenn entweder eine zivilrechtlich wirksame, klare, eindeutige und im Vorhinein abgeschlossene Vereinbarung darüber fehlt, ob und in welcher Höhe ein Entgelt für eine Leistung des Gesellschafters zu zahlen ist, oder wenn nicht einer solchen Vereinbarung entsprechend verfahren wird.[18]

> Eine **beherrschende Stellung** liegt regelmäßig vor, wenn der Gesellschafter die Mehrheit der Stimmrechte besitzt und deshalb bei Gesellschafterversammlungen entscheidenden Einfluss ausüben kann.[19]

---

15 *BFH* vom 8.6.1977 BStBl II, S. 704; vom 1.8.1984 BStBl 1985 II, S. 18.
16 H 36 KStH „Vorteilsausgleich".
17 *BFH* vom 19.3.1997 BStBl II, S. 577.
18 R 36 Abs. 2 KStR.
19 *BFH* vom 13.12.1989 BStBl 1990 II, S. 454.

Eine Beteiligung von 50 % oder weniger reicht zur Annahme einer beherrschenden Stellung aus, wenn besondere Umstände hinzutreten, die eine faktische Beherrschung der Gesellschaft begründen.[20] Wirken mehrere Gesellschafter mit gleichgerichteten Interessen zusammen, um eine ihren Interessen entsprechende einheitliche Willensbildung herbeizuführen, ist auch ohne Hinzutreten besonderer Umstände von einer beherrschenden Stellung dieser Gesellschafter auszugehen.[21] Gleichgerichtete Interessen von Gesellschaftern liegen nicht schon dann vor, wenn es sich bei diesen Gesellschaftern um nahe Angehörige handelt. Es müssen vielmehr weitere Umstände vorliegen, die eindeutig auf das gemeinschaftliche Verfolgen gemeinsamer wirtschaftlicher Interessen schließen lassen.[22]

Auch eine mittelbare Beteiligung kann zu einer beherrschenden Stellung führen, z.B. wenn ein Gesellschafter zwar lediglich 2 % der Anteile an der Kapitalgesellschaft hält, zugleich aber auch zu 50 % an einer OHG beteiligt ist, die wiederum die anderen 98 % der Anteile an der Kapitalgesellschaft innehat.

Eine rückwirkende Vereinbarung wird steuerlich nicht anerkannt (Rückwirkungsverbot).[23] Eine **253** klare und eindeutige Vereinbarung liegt nur dann vor, wenn ausgeschlossen ist, dass die Geschäftsführung oder die Gesellschafterversammlung bei der Leistung an den beherrschenden Gesellschafter noch einen Ermessensspielraum (etwa hinsichtlich der Höhe eines Entgelts) hat.[24]

Beispiel   A ist zu 100 % an der X-GmbH beteiligt und deren alleiniger Geschäftsführer. Im Gesellschaftsvertrag ist (zunächst) nicht geregelt, dass A als Vertreter der X-GmbH auch Geschäfte mit sich selbst im eigenen Namen schließen darf. Im Betriebsvermögen der GmbH befindet sich ein Grundstück, das zu 2000 € monatlich vermietet werden könnte. A schließt im Namen der GmbH mit sich selbst im eigenen Namen einen Mietvertrag, der eine monatliche Miete i.H.v. 1000 € vorsieht.

Es handelt sich um eine verdeckte Gewinnausschüttung von 12 000 € jährlich, da es die GmbH zugunsten des A unterlässt, ihr Vermögen um diesen Betrag zu mehren und keine betriebliche Veranlassung hierfür ersichtlich ist. Es ist vielmehr von einer Veranlassung durch das Gesellschaftsverhältnis auszugehen, weil A kraft seiner Anteilsmehrheit beherrschender Gesellschafter der GmbH ist und keine zivilrechtlich wirksame Vereinbarung über die verbilligte Miete vorliegt. Denn der Mietvertrag ist gemäß §§ 179 Abs. 1, 181 BGB mangels Vertretungsmacht des A für Insichgeschäfte unwirksam. Diese Unwirksamkeit kann aber – was hier freilich nicht erfolgt ist – durch eine rückwirkende Änderung des Gesellschaftsvertrages geheilt werden. Insoweit gilt kein Rückwirkungsverbot[25], da hier nicht rückwirkend eine Vereinbarung über die verbilligte Miete, sondern rückwirkend eine Vereinbarung über die Vertretungsmacht des A getroffen würde. Aber auch bei einer rückwirkend erteilten Vertretungsmacht wäre hier von einer Veranlassung durch das Gesellschaftsverhältnis auszugehen, solange die GmbH keine Umstände darlegen und beweisen kann, die auf eine betriebliche Veranlassung schließen lassen. ◼

---

20 *BFH* vom 23.10.1985 BStBl 1986 II, S. 195.

21 *BFH* vom 25.10.1995 BStBl 1997 II, S. 703.

22 *BVerfG* vom 12.3.1985 BStBl II, S. 475.

23 *BFH* vom 21.7.1976 BStBl II, S. 734.

24 *BFH* vom 17.12.1997 BStBl II, S. 545.

25 Vgl. *BFH* vom 23.10.1996 BStBl 1999 II, S. 35.

(3)   gemischte Veranlassung

254 Zwar ist § 12 Nr. 1 S. 2 EStG im Körperschaftsteuerrecht nicht unmittelbar anwendbar. Unter Beachtung des Gebots rechtsformneutraler Besteuerung gelten die Grundsätze zu § 12 Nr. 1 S. 2 EStG bei der Körperschaftsteuer aber entsprechend. Eine private Mitveranlassung einer Gewinnausschüttung kann demnach genügen, um von einer verdeckten Gewinnausschüttung auszugehen. Es gilt daher folgendes:

- Aufwendungen der Gesellschaft zugunsten eines Gesellschafters, die durch die private Lebensführung des Gesellschafters veranlasst sind, sind verdeckte Gewinnausschüttungen.
- Aufwendungen der Gesellschaft zugunsten eines Gesellschafters, die sowohl betrieblich als auch durch die private Lebensführung des Gesellschafters veranlasst sind, sind verdeckte Gewinnausschüttungen, wenn eine eindeutige Aufteilung in privat und betrieblich veranlasste Aufwendungen nicht möglich ist.
- Aufwendungen der Gesellschaft zugunsten eines Gesellschafters, die sowohl betrieblich als auch durch die private Lebensführung des Gesellschafters veranlasst sind und bei denen nach einem objektiven Aufteilungsmaßstab (Zeit-, Mengen- oder Flächenanteile, Anzahl der Personen, etc.) eine Aufteilung in betrieblich und in privat veranlasste Aufwendungen möglich ist, können verdeckte Gewinnausschüttungen oder Betriebsausgaben sein. Ist die private Veranlassung geringfügig (unter 10 %), so ist keine Aufteilung vorzunehmen, sondern insgesamt von Betriebsausgaben (Abzug von 100 %) auszugehen. Ist umgekehrt die betriebliche Veranlassung geringfügig (unter 10 %), so ist zu 100 % von einer verdeckten Gewinnausschüttung auszugehen. Andernfalls ist eine Aufteilung vorzunehmen und in entsprechender Höhe von einer teilweisen verdeckten Gewinnausschüttung, im Übrigen von Betriebsausgaben auszugehen.

dd) Bewertung der verdeckten Gewinnausschüttung

255 Die verdeckte Gewinnausschüttung ist mit dem gemeinen Wert des zugewendeten Vorteils zu bewerten. Das bedeutet insbesondere, dass bei Umsatzsteuerpflichtigkeit der Leistung an den Gesellschafter die Umsatzsteuer den Wert der verdeckten Gewinnausschüttung erhöht (Bruttoerfassung), da die Umsatzsteuer stets vom gemeinen Wert umfasst wird. Bei der verdeckten Gewinnausschüttung durch Nutzungsüberlassung ist von der erzielbaren Vergütung (zzgl. Umsatzsteuer) auszugehen.

> **Beispiel** Die A-GmbH erwirbt Waren für 1000 € zzgl. 190 € Umsatzsteuer. Kurz danach verschenkt sie die Waren an den Gesellschafter G, der sie zu privaten Zwecken verwenden will.
>
> Bei der schenkweisen Überlassung der Waren handelt es sich um eine verdeckte Gewinnausschüttung. Diese ist mit dem gemeinen Wert zu erfassen. Zu diesem gehört die Umsatzsteuer, soweit sie anfällt. Dies ist der Fall, weil es sich bei der schenkweisen Überlassung der Waren um eine unentgeltliche Wertabgabe nach § 3 Abs. 1b Nr. 1 UStG handelt. Demnach liegt eine verdeckte Gewinnausschüttung i.H.v. 1190 € vor. Besonders wichtig ist, dass nun keine Hinzurechnung der Umsatzsteuer zum Einkommen der GmbH gemäß § 10 Nr. 2 KStG erfolgt. Die Regelungen zur verdeckten Gewinnausschüttung haben Vorrang gegenüber § 10 Nr. 2 KStG. Bei einer Hinzurechnung der verdeckten Gewinnausschüttung zum gemeinen Wert erfolgt somit nie noch eine weitere Hinzurechnung der bereits im gemeinen Wert enthaltenen Umsatzsteuer nach § 10 Nr. 2 KStG. ■

Beispiel[26]   Die A-GmbH verkauft an ihren Gesellschafter A Ware für 20 000 € zzgl. 3800 € Umsatzsteuer. Der übliche Verkaufspreis beträgt 30 000 € zzgl. 5700 € Umsatzsteuer. Der Einkaufspreis im Zeitpunkt der Überlassung beträgt 22 000 € zzgl. 4180 € Umsatzsteuer.

Es liegt eine verdeckte Gewinnausschüttung vor, die mit der Differenz zwischen gemeinem Wert (35 700 €) und dem vereinnahmten Kaufpreis (23 800 €), also mit 11 900 € zu bewerten ist. Die Lieferung der Ware durch die A-GmbH an A ist umsatzsteuerpflichtig gemäß § 1 Abs. 1 Nr. 1 UStG. Die Bemessungsgrundlage ergibt sich als sog. Mindestbemessungsgrundlage aus § 10 Abs. 5, Abs. 4 Nr. 1 UStG: 22 000 €. Die Umsatzsteuer beläuft sich demnach auf 4180 € (= 19 % von 4180 €). Die Differenz aus der tatsächlich von A geleisteten Umsatzsteuer und der aufgrund der Anwendung der Mindestbemessungsgrundlage entstandenen Umsatzsteuer beläuft sich auf 380 € (= 4180 € ./. 3800 €) und ist eine von der GmbH abziehbare Betriebsausgabe, § 4 Abs. 4 EStG i.V.m. § 8 Abs. 1 KStG. § 12 Nr. 2 KStG ist hier schon tatbestandlich nicht einschlägig.

ee) Auswirkungen beim Gesellschafter

Verdeckte Gewinnausschüttungen führen beim Gesellschafter zu Einkünften nach § 20 Abs. 1 Nr. 1 S. 2 EStG, was regelmäßig in der Steuererklärung zunächst unrichtig erklärt wird.

256

Beispiel   A ist Gesellschafter der X-GmbH und dort angestellter Geschäftsführer. Sein Gehalt beläuft sich auf 100 000 € jährlich, obwohl marktüblich lediglich 60 000 € wären. In seiner Steuererklärung wird A Einkünfte aus nichtselbstständiger Tätigkeit (§ 19 EStG) i.H.v. 100 000 € angeben. In Wahrheit ist aber von einer verdeckten Gewinnausschüttung i.H.v. 40 000 € und damit insoweit von Einkünften aus Kapitalvermögen nach § 20 Abs. 1 Nr. 1 S. 2 EStG auszugehen.

ff) Rückgewähr einer verdeckten Gewinnausschüttung

Gewährt ein Gesellschafter der Gesellschaft die verdeckte Gewinnausschüttung zurück, so entfällt diese dadurch nicht. Denn ein einmal verwirklichter Steuertatbestand (§ 20 Abs. 1 Nr. 1 S. 2 EStG) kann nicht rückwirkend entfallen. Die Rückgewähr ist vielmehr eine (offene) Einlage in das Gesellschaftskapital.[27]

257

gg) Gründungskosten

Ist im Gesellschaftsvertrag bestimmt, dass die betragsmäßig bestimmten Gründungskosten die Gesellschaft zu tragen hat (§ 26 Abs. 2 AktG), so sind diese Gründungskosten abzugsfähige Betriebsausgaben der Gesellschaft. Fehlt eine solche Vereinbarung im Gesellschaftsvertrag, so müssen die Gesellschafter die Kosten tragen. Trägt gleichwohl die Gesellschaft die Gründungskosten, so handelt es sich insoweit um eine verdeckte Gewinnausschüttung der Gesellschaft zugunsten sämtlicher Gesellschafter.[28]

258

---

26 Nach *Endriss* Handbuch StB-Prüfung, Rn. 1160.

27 *BFH* vom 14.7.2009, DStR 2009, S. 2142.

28 *BFH* vom 11.10.1989 BStBl 1990 II, S. 89.

4. Hinzurechnungen und Kürzungen nach § 8b KStG

259   Die äußerst komplexe Regelung des § 8b KStG über Beteiligungserträge enthält in ihrem Kern vier wesentliche Elemente:

a) Steuerfreistellung nach § 8b Abs. 1 S. 1 KStG

260   Gemäß § 8b Abs. 1 S. 1 KStG sind Bezüge i.S.v. § 20 Abs. 1 Nr. 1, 2, 9, 10 a) EStG steuerfrei, d.h. wenn die Kapitalgesellschaft X Anteile (bspw. Aktien) an einer anderen Kapitalgesellschaft Y hält und daraus einen Kapitalzuwachs ("Schachteldividende") erzielt, so darf dies bei der Ermittlung des Einkommens der Kapitalgesellschaft X nicht steuererhöhend berücksichtigt werden.

> **Hinweis**
>
> Soweit dies laut Klausursachverhalt schon geschehen ist, muss eine entsprechende Kürzung vorgenommen werden, d.h. die Dividende ist vom Einkommen der Körperschaft wieder abzuziehen.

Diese Steuerfreiheit soll Steuernachteile durch eine Steuerkumulation ("Kaskadeneffekt") verhindern, wenn Anteilseigner einer Kapitalgesellschaft wiederum Kapitalgesellschaften sind. Nach § 8b Abs. 1 S. 2 KStG gilt die Steuerfreiheit nicht, wenn ein Fall des § 20 Abs. 1 Nr. 1 S. 2 EStG (also eine verdeckte Gewinnausschüttung) gegeben ist und durch sie das Einkommen der leistenden Körperschaft nicht gemindert wurde.

261   Gemäß § 8b Abs. 4 KStG gilt die Steuerbefreiung nach § 8b Abs. 1 S. 1 KStG aber nicht, wenn es sich um sog. Streubesitzdividenden handelt. Demnach gilt die Steuerbefreiung nur dann, wenn die Beteiligung zu Beginn des Kalenderjahres mindestens 10 % des Grund- oder Stammkapitals betragen hat. In den Fällen, in denen dies nicht der Fall ist, nimmt der Gesetzgeber also die durch die Steuerbefreiung intendierte Vermeidung einer steuerlichen Mehrfachbelastung ein- und derselben Dividende in Kauf.

b) Steuerfreistellung nach § 8b Abs. 2 S. 1 KStG

262   Nach § 8b Abs. 2 S. 1 KStG bleiben auch Gewinne aus der Veräußerung von Anteilen an Körperschaften bei der Einkommensermittlung außer Betracht und damit steuerfrei. Veräußert also Kapitalgesellschaft X ihre Anteile an Kapitalgesellschaft Y und erzielt dabei einen Veräußerungsgewinn, so ist dieser für die Ermittlung des Einkommens der Kapitalgesellschaft X unbeachtlich.

Anders als bei der Steuerbefreiung nach § 8b Abs. 1 S. 1 KStG kommt es hierbei nicht auf die Höhe der Beteiligungsquote an.

c) Hinzurechnung nach § 8b Abs. 5 S. 1 KStG

263   Gemäß § 8b Abs. 5 S. 1 KStG müssen 5 % der nach § 8b Abs. 1 S. 1 KStG steuerfreien Bezüge bei der Einkommensermittlung steuererhöhend berücksichtig, d.h. hinzugerechnet werden.

Beispiel   Die X-AG hält 10 % des Stammkapitals der Y-AG. Die Y-AG schüttet an die X-AG eine Dividende in Höhe von 10 000 € aus.

Nach § 8b Abs. 1 S. 1 KStG bleibt die Ausschüttung bei der Ermittlung des Einkommens der X-AG außer Betracht. Jedoch müssen nach § 8b Abs. 5 KStG 500 € (5 % von 10 000 €) dem Einkommen der X-AG hinzugerechnet werden. ◼

d)   Hinzurechnung nach § 8b Abs. 3 S. 1 KStG

Entsprechendes gilt nach § 8b Abs. 3 S. 1 KStG für Gewinne i.S.v. § 8b Abs. 2 S. 1 KStG.   **264**

5.   Verlustabzug, § 8c KStG

Die Verlustabzugsbeschränkung des § 8c KStG dient der Missbrauchsvermeidung. Es soll   **265**
verhindert werden, dass eine Kapitalgesellschaft als Verlustmantel nur wegen ihren Verlustvorträgen erworben wird und so deren Verluste mit Gewinnen der erwerbenden Körperschaft steuermindernd verrechnet werden („Mantelkauf").[29] Eine Ausnahme hiervon gilt nach § 8c Abs. 1 S. 5 KStG für Konzerne („Konzernklausel"). Der Gesetzgeber sieht die konzerninterne Verlustverrechnung nicht als missbräuchlich an. Eine zweite Ausnahme wird in § 8c Abs. 1 S. 6–9 KStG festgelegt. So soll eine Verlustverrechnung möglich sein, soweit die Verluste der erworbenen Kapitalgesellschaft deren stille Reserven nicht übersteigen („Stille-Reserven-Klausel"). Dies erscheint sachgerecht, da die stillen Reserven von einem entsprechend hohen Gewinnpotenzial zeugen, so dass der Erwerb der Gesellschaft nicht offensichtlich allein deshalb erfolgt, um deren Verluste mit eigenen Gewinnen zu verrechnen und so Steuern zu sparen.

6.   Sonderfall: Organschaft, § 14 KStG

Wenn die das Einkommen erzielende Kapitalgesellschaft Organgesellschaft im Rahmen einer   **266**
Organschaft i.S.v. § 14 Abs. 1 S. 1 KStG ist, so ist ihr Einkommen dem Organträger zuzurechnen. Hier findet sich also eine Durchbrechung des Trennungsprinzips, welches besagt, dass die Gesellschafts- von der Gesellschafterebene streng zu trennen ist.

Im Falle der Organschaft ist die Organgesellschaft dann selbst zwar noch persönlich steuerpflichtig, ihr Einkommen beläuft sich aber zwangsläufig auf 0 €.

Sinn und Zweck einer Organschaft ist die Konsolidierung, d.h. die steuermindernde Verrechnung von Gewinnen und Verlusten zugunsten des Organträgers.[30]

Die Voraussetzungen der Organschaft regelt § 14 Abs. 1 KStG. Für die Ermittlung der Steuer enthalten §§ 15–19 KStG einige Sonderregeln, deren genaue Kenntnis aber in Klausuren außerhalb des Steuerberaterexamens regelmäßig nicht verlangt wird.

---

29 *Birk/Desens/Tappe* Steuerrecht, Rn. 1280.
30 *Birk/Desens/Tappe* Steuerrecht, Rn. 1227.

7. Freibeträge und Tarif

267 Gemäß § 24 S. 2 Nr. 1 KStG erhalten Kapitalgesellschaften nie einen Freibetrag. Dieser kommt insbesondere Stiftungen und gemeinnützigen Vereinen zugute. Der Steuersatz beläuft sich gemäß § 23 Abs. 1 KStG als „Flat-Rate Tax" auf 15 % des zu versteuernden Einkommens.

Online-Wissens-Check

Was ist eine verdeckte Einlage und welche Folgen knüpfen sich an sie?

Überprüfen Sie jetzt online Ihr Wissen zu den in diesem Abschnitt erarbeiteten Themen. Unter **www.juracademy.de/skripte/login** steht Ihnen ein Online-Wissens-Check speziell zu diesem Skript zur Verfügung, den Sie kostenlos nutzen können. Den Zugangscode hierzu finden Sie auf der Codeseite.

4. Teil
Gewerbesteuerrecht

A. Gewerbesteuerpflicht

Die Gewerbesteuerpflicht ergibt sich entweder gemäß § 2 Abs. 1 S. 1 GewStG aus dem Betreiben eines stehenden (vgl. § 1 GewStDV i.V.m. § 35c Abs. 1 Nr. 1 Ziff. a GewStG) Gewerbebetriebs oder (weniger klausurrelevant) aus dem Betreiben eines Reisegewerbebetriebs (§ 35a Abs. 1 GewStG). **268**

Der Begriff des Gewerbebetriebs ergibt sich nach § 2 Abs. 1 S. 2 GewStG aus der einkommensteuerrechtlichen Definition des § 15 Abs. 2 und Abs. 3 EStG (Gewerbebetrieb kraft gewerblicher Tätigkeit). Als Gewerbebetrieb gilt darüber hinaus gemäß § 2 Abs. 2 GewStG die Tätigkeit der Kapitalgesellschaften, Genossenschaften etc. (Gewerbebetrieb kraft Rechtsform). Als Gewerbebetrieb gilt gemäß § 2 Abs. 3 GewStG auch die Tätigkeit der sonstigen juristischen Personen des privaten Rechts und der nichtrechtsfähigen Vereine, soweit sie einen wirtschaftlichen Geschäftsbetrieb (vgl. § 14 AO) unterhalten (Gewerbebetrieb kraft wirtschaftlichen Geschäftsbetriebs). **269**

> **JURIQ-Klausurtipp**
>
> Da Realsteuern keine subjektive Steuerpflicht kennen, sondern die Steuerpflicht alleine an einen Gegenstand geknüpft ist (vgl. die amtliche Überschrift zu § 2 GewStG: „Steuergegenstand"), wäre es grundlegend falsch, in einer Klausur bei der Gewerbesteuer eine „subjektive Steuerpflicht" zu prüfen.

Anders als im Einkommensteuerrecht, wo bereits jede Vorbereitungshandlung zu Einkünften aus Gewerbebetrieb führen kann, fängt die Gewerbesteuerpflicht bei natürlichen Personen und Personengesellschaften erst mit Beginn der werbenden Tätigkeit an, wenn also alle Voraussetzungen des § 15 Abs. 2 EStG erfüllt sind. Da die Gewerbesteuerpflicht endet, sobald nicht mehr alle Voraussetzungen des § 15 Abs. 2 EStG erfüllt sind, unterfallen Veräußerungs- und Aufgabegewinne nicht der Gewerbesteuerpflicht. Anders ist dies bei Kapitalgesellschaften, die mit Eintragung im Handelsregister gewerbesteuerpflichtig werden. Da bei Kapitalgesellschaften die Steuerpflicht erst mit Wegfall der Rechtsfähigkeit endet, sind insoweit auch Veräußerungs- und Aufgabegewinne gewerbesteuerpflichtig. **270**

Ein Unternehmen ist stets nur mit den Betrieben i.S.v. § 12 AO gewerbesteuerpflichtig, die es im Inland betreibt (§ 2 Abs. 1 S. 1 und S. 3 GewStG).

Beim Gewerbebetrieb zu prüfen (aber in der Klausur äußerst selten einschlägig) sind schließlich die Befreiungstatbestände des § 3 GewStG.

Steuerschuldner ist nach § 5 GewStG der Unternehmer, d.h. diejenige Person, auf deren Rechnung das Gewerbe betrieben wird.

> **Hinweis**
>
> In der Klausur ist außerdem die terminologische Besonderheit zu berücksichtigen, dass das Gewerbesteuerrecht keinen Veranlagungszeitraum, sondern einen **Erhebungszeitraum** kennt, vgl. § 14 GewStG.

B. Ermittlung der Gewerbesteuer

271 Für die Berechnung der Gewerbesteuer gilt folgendes

PRÜFUNGSSCHEMA

Berechnungsschema

Gewinn oder Verlust aus Gewerbebetrieb, § 7 Abs. 1 GewStG i.V.m. §§ 4 ff. EStG ggf. i.V.m. §§ 7 ff. KStG

\+ Hinzurechnungen, § 8 GewStG

./. Kürzungen, § 9 GewStG

= **maßgebender Gewerbeertrag, § 10 GewStG**

./. Gewerbeverlust, § 10a GewStG

= **Gewerbeertrag (abzurunden auf volle Hundert Euro, § 11 Abs. 1 S. 3 GewStG)**

./. Freibetrag, § 11 Abs. 1 S. 3 Nr. 1 oder Nr. 2 GewStG

= verbleibender Betrag

x Steuermesszahl, § 11 Abs. 2 bzw. Abs. 3 GewStG

= **Steuermessbetrag, §§ 11, 14 GewStG**

x Hebesatz der Gemeinde, § 16 GewStG

= **festzusetzende Gewerbesteuer**

Ausgangsgröße für die Gewerbesteuer ist nach § 7 S. 1 GewStG der Gewerbeertrag, d.h. der nach den einschlägigen Vorschriften des EStG ermittelte Gewinn aus dem Gewerbebetrieb. Dieser muss sodann durch Hinzurechnungen und Kürzungen nach §§ 8, 9 GewStG um solche Gewinnbestandteile „bereinigt" werden, die nicht dem Objektcharakter der Gewerbesteuer entsprechen.

I.   Hinzurechnungen, § 8 GewStG

Die nach § 8 GewStG vorzunehmenden Hinzurechnungen dienen der Ermittlung der objektiven Ertragskraft des Betriebs.[1] Nach dem Eingangssatz des § 8 GewStG erfolgt eine Hinzurechnung aber stets nur insoweit als für die Ermittlung der Einkommensteuer tatsächlich ein Abzug vorgenommen wurde.

272

Die mit Abstand bedeutsamste Hinzurechnung regelt § 8 Nr. 1 GewStG. Demnach ist ein Viertel der Summe aus Entgelten für die Überlassung von fremdem Geld- oder Sachkapital hinzuzurechnen, soweit diese Summe den Betrag von 100 000 € übersteigt. Der Gewerbeertrag soll nämlich nicht dadurch gemindert werden, dass der Betrieb sich durch Fremdkapital finanziert. Über seine wirtschaftliche Ertragskraft sagt dieser Umstand nämlich nichts aus. Dass dennoch nicht die volle Summe, sondern lediglich 25 Prozent hinzugerechnet werden, ist einem politischen Kompromiss geschuldet.

Wegen des letzten Halbsatzes des § 8 Nr. 1 GewStG („soweit die Summe den Betrag von 100 000 € übersteigt") ist dringend zu beachten, dass zunächst die Summe aller Beträge nach den Ziff. a bis f zu bilden, dann 100 000 € abzuziehen sind („Finanzierungsentgeltfreibetrag") und erst danach das Ergebnis durch den Divisor 4 zu teilen ist.

» Vorsicht beim Ableiten der Berechnungsformel aus dem Gesetz! **«**

Die nach § 8 Nr. 1a GewStG hinzuzurechnenden Entgelte für Schulden erfassen alle Gegenleistungen für die Zurverfügungstellung von Fremdkapital, also neben Zinsen z.B. auch ein Disagio.[2]

II.   Kürzungen, § 9 GewStG

Die nach § 9 GewStG vorzunehmenden Kürzungen dienen insbesondere auch der Vermeidung bzw. Abmilderung der Belastung des Betriebs mit mehreren Steuern.

273

1.   Kürzungen bei betrieblichem Grundbesitz, § 9 Nr. 1 GewStG

Nach § 9 Nr. 1 GewStG müssen 1,2 Prozent des Einheitswerts des zum Betriebsvermögen gehörenden Grundbesitzes abgezogen werden. So soll die Doppelbelastung des Betriebs mit Gewerbe- und Grundsteuer pauschal ausgeglichen werden. Außerdem wird so auch der Vorteil der Betriebe, die auf fremden Grundstücken wirtschaften und damit nicht grundsteuerpflichtig sind, ausgeglichen. Für die Ertragskraft des Betriebs kann es nämlich keine Rolle spielen, ob der Betrieb auf eigenem oder fremdem Grund und Boden betrieben wird.[3] Gemäß § 20 GewStDV kommt es für die Frage der Zugehörigkeit des Grundstücks zum Betriebsvermögen auf die ertragsteuerlichen Regelungen an.

274

2.   Gewerbesteuerliches Schachtelprivileg, § 9 Nr. 2a GewStG

Ist der Betrieb mit einer Kapitalgesellschaft derart „verschachtelt", dass zum Betrieb Anteile am Grund- oder Stammkapital dieser Kapitalgesellschaft in Höhe von mindestens 15 Prozent gehören, so ist der ertragsteuerliche Gewinn nach § 9 Nr. 2 a GewStG um die Ausschüttungsgewinne zu kürzen.

275

---

1 *Birk/Desens/Tappe* Steuerrecht, Rn. 1355.
2 *Birk/Desens/Tappe* Steuerrecht, Rn. 1360.
3 *Birk/Desens/Tappe* Steuerrecht, Rn. 1375.

Beispiel Einkommensteuerlich hat A mit seinem Betrieb im Veranlagungsjahr 2021 einen Gewinn nach § 15 Abs. 1 S. 1 Nr. 1 EStG in Höhe von 100 000 € erzielt. Zum Betriebsvermögen gehören Anteile am Stammkapital der X-AG in Höhe von 4 %. Die A-AG schüttete an A im Jahr 2021 eine Dividende in Höhe von 10 000 € aus. Dieser Betrag wurde bei der Einkommensteuer 2021 berücksichtigt. Hier ist nach § 7 S. 1 GewStG zunächst von einem maßgebenden Gewerbeertrag in Höhe von 100 000 € auszugehen. Gemäß § 9 Nr. 2a GewStG muss dieser Betrag für die Ermittlung des Gewerbeertrags um die Dividende in Höhe von 10 000 € gekürzt werden. Der Gewerbeertrag beläuft sich daher auf 90 000 €. Gäbe es diese Kürzung nicht, so müsste der A Gewerbesteuer auf die Dividende von 10 000 € zahlen, obwohl dieses Geld aus dem bereits durch die A-AG voll versteuerten Einkünften stammt, so dass es zu einer doppelten Gewerbesteuerbelastung ein- und desselben Ertrags käme. ■

Wird die Beteiligungsquote von 15 Prozent nicht erreicht, so erfolgt keine Kürzung nach § 9 Nr. 2a GewStG. Es findet dann stattdessen sogar eine Hinzurechnung nach § 8 Nr. 5 GewStG durch Korrektur der Steuerbefreiungen in § 3 Nr. 40 EStG bzw. § 8b KStG und somit eine volle gewerbesteuerliche Doppelbelastung inländischer Betriebe statt.[4]

III. Festsetzung der Gewerbesteuer

276 Hat man den Gewerbeertrag errechnet, abgerundet und den Freibetrag nach § 11 Abs. 1 GewStG abgezogen, so ist das Ergebnis mit der Steuermesszahl nach § 11 Abs. 2 GewStG zu multiplizieren. Die Steuermesszahl beträgt demnach grundsätzlich immer 3,5 Prozent. Das so gefundene Ergebnis ist der Steuermessbetrag i.S.v. § 14 GewStG. Dieser wird vom Finanzamt durch einen dem Steuerbescheid vergleichbaren Steuerverwaltungsakt festgesetzt. Die Gemeinde, in welcher sich der Betrieb befindet, setzt daraufhin die Gewerbesteuer durch Steuerbescheid fest, indem sie ihren individuellen Hebesatz (nach § 16 Abs. 4 S. 2 GewStG mindestens 200 Prozent) mit dem Steuermessbetrag multipliziert.

Online-Wissens-Check

Was bedeutet das gewerbesteuerliche Schachtelprivileg?

Überprüfen Sie jetzt online Ihr Wissen zu den in diesem Abschnitt erarbeiteten Themen. Unter **www.juracademy.de/skripte/login** steht Ihnen ein Online-Wissens-Check speziell zu diesem Skript zur Verfügung, den Sie kostenlos nutzen können. Den Zugangscode hierzu finden Sie auf der Codeseite.

---

4 *Birk/Desens/Tappe* Steuerrecht, Rn. 1381.

5. Teil
Erbschaftsteuerecht

Klausuren aus dem Erbschaft- und Schenkungsteuerrecht sind entsprechend der folgenden Darstellung zu bearbeiten.

277

PRÜFUNGSSCHEMA

Ermittlung der Erbschaft- und Schenkungsteuer

I. Objektive Steuerpflicht: steuerpflichtiger Vorgang

II. Subjektive Steuerpflicht

III. Steuerentstehung

IV. Sonstiges: Steuerschuldner, Steuerklasse, Freibeträge

V. Ermittlung der Bemessungsgrundlage: Wert des steuerpflichtigen Erwerbs

VI. Berechnung der Steuer

A. Objektive Steuerpflicht

JURIQ-Klausurtipp

278

Im Erbschaft- und Schenkungsteuerrecht ist die Prüfung der objektiven gegenüber der subjektiven Steuerpflicht logisch vorrangig. Zunächst muss also ein erbschaft- bzw. schenkungsteuerpflichtiger Vorgang gegeben sein, vgl. die abschließende Aufzählung in § 1 ErbStG.

I. Der Erwerb von Todes wegen

Nach § 1 Abs. 1 Nr. 1 ErbStG ist der Erwerb von Todes wegen erbschaftsteuerpflichtig. In § 3 Abs. 1 Nr. 1–4 ErbStG ist festgelegt, was als Erwerb von Todes wegen anzusehen ist. Schon wegen der ausdrücklichen Nennung von Vorschriften des BGB ist bei der Anwendung des § 3 ErbStG nicht eine wirtschaftliche Betrachtungsweise, sondern allein die bürgerlich-rechtliche Rechtslage maßgeblich.

279

Hinweis

Dies kann dazu führen, dass bei der Bearbeitung einer Klausur aus dem Erbschaftsteuerrecht erbrechtlichen Fragestellungen (insbesondere Wirksamkeit von Testamenten, Bestimmung der gesetzlichen Erbfolge, etc.) erhebliche Bedeutung zukommt. Solide Grundkenntnisse aus dem Erbrecht sind in solchen Fällen unverzichtbar.

1. Erbanfall, Vermächtnis, Pflichtteilsanspruch

 280 Nach § 3 Abs. 1 Nr. 1 ErbStG ist der Erwerb von Vermögen durch Erbanfall i.S.v. § 1922 BGB sowie durch Vermächtnis i.S.v. § 2147 ff. BGB steuerpflichtig. Auch der Erwerb von Geld aufgrund eines Pflichtteilsanspruchs ist steuerpflichtig. Dies gilt aber nur dann, wenn dieser Pflichtteilsanspruch auch tatsächlich geltend gemacht wird. Irrelevant ist, ob der Anspruch gerichtlich oder außergerichtlich, schriftlich oder mündlich geltend gemacht wird, solange eine eindeutige Willensäußerung gegenüber dem Erben erfolgt. Es genügt nicht, dass lediglich mit einer Geltendmachung zu rechnen ist. Insbesondere die bloße Ankündigung, den Anspruch geltend machen zu wollen, ist als solche noch keine Geltendmachung. Zahlt der Erbe den Pflichtteil ohne Geltendmachung des Pflichtteilsberechtigten aus, liegt in der billigenden Entgegennahme des Geldes eine konkludente Geltendmachung. Zum Pflichtteilsanspruch gehört auch der Pflichtteilsergänzungsanspruch nach § 2325 BGB.

Beispiel X stirbt und wird von E beerbt. D hat einen gesetzlichen Pflichtteilsanspruch und macht diesen geltend. Kurze Zeit später erklärt D, er verzichte nun doch auf den Pflichtteilsanspruch.

D muss den Pflichtteilsanspruch nach § 3 Abs. 1 Nr. 1 ErbStG der Erbschaftsteuer unterwerfen. Denn der gesetzliche Erbschaftsteuertatbestand wurde mit dem Erwerb nach der Geltendmachung des Anspruchs erfüllt. Die Steuerschuld war gemäß § 9 Abs. 1 Nr. 1b ErbStG mit der Geltendmachung entstanden. Dass D später auf den Anspruch verzichtet, kann wegen der Tatbestandsmäßigkeit der Besteuerung (§ 38 AO) keine Rolle spielen, insbesondere die Tatbestandserfüllung nicht rückwirkend ungeschehen machen. Dass D nie Geld erhalten hat, ist ebenfalls unerheblich, weil bereits das Entstehen des geltend gemachten Pflichtteilsanspruchs zu einer Bereicherung des Pflichtteilsberechtigten führt. ◼

Gemäß § 6 Abs. 1 ErbStG gilt der Vorerbe als Erbe. Nach § 6 Abs. 2 S. 1 ErbStG wird der Nacherbe als Erbe des Vorerben behandelt. Im Ergebnis sorgt die Regelung des § 6 ErbStG damit dafür, dass das zivilrechtliche Rechtsinstitut der Vor- und Nacherbfolge steuerlich weitgehend ausgeblendet wird.

2. Schenkung auf den Todesfall

281 Nach § 3 Abs. 1 Nr. 2 S. 1 ErbStG sind Schenkungen auf den Todesfall i.S.v. § 2301 BGB ebenfalls erbschaftsteuerpflichtig. § 3 Abs. 1 Nr. 2 S. 2 ErbStG fingiert als Schenkung auch die Anwachsung von Gesellschaftsanteilen zugunsten der anderen Gesellschafter.

Beispiel An der X-GbR sind A und B je zu 25 % und C zu 50 % beteiligt. Stirbt C, so wächst sein Anteil nach §§ 738 Abs. 1 S. 1, 736 Abs. 1 BGB A und B zu je 50 % an. A und B müssen daher grundsätzlich (ohne Berücksichtigung von Steuerbefreiungen) jeweils 25 % der Anteile des C gemäß § 3 Abs. 1 Nr. 2 S. 2 ErbStG als Schenkung auf den Todesfall versteuern. ◼

3. Vermächtnisähnliche Ansprüche

282 Erbschaftsteuerpflichtig sind nach § 3 Abs. 1 Nr. 3 ErbStG auch Erwerbe, auf welche die für Vermächtnisse geltenden Vorschriften des BGB Anwendung finden. Dies sind insbesondere § 1932 und § 1969 BGB.

4. Vertrag zugunsten Dritter

In § 3 Abs. 1 Nr. 4 ErbStG werden schließlich Vermögensvorteile erfasst, die auf einem Vertrag **283** zugunsten Dritter beruhen. Der in der Praxis mit Abstand wichtigste Anwendungsfall ist die Zuwendung einer Lebensversicherungssumme im Todesfall.

Beispiel X stirbt und wird von E beerbt. Zuvor hatte er in seinem Lebensversicherungsvertrag den E als Begünstigten im Todesfall bestimmt.

E muss den Nachlass nach § 3 Abs. 1 Nr. 1 ErbStG der Erbschaftsteuer unterwerfen. Der Anspruch auf Auszahlung der Lebensversicherung fällt nicht in den Nachlass, so dass insoweit kein Erbanfall i.S.v. § 1922 BGB und somit auch keine Steuerpflichtigkeit gegeben ist. Die Steuerpflichtigkeit für den Anspruch aus dem Lebensversicherungsvertrag folgt aber aus § 3 Abs. 1 Nr. 4 ErbStG. ▪

5. Ersatztatbestände des § 3 Abs. 2 ErbStG

§ 3 Abs. 2 ErbStG enthält Ersatztatbestände, die zu einer Steuerpflichtigkeit von Vorgängen **284**  führen, die an sich nicht steuerpflichtig wären. Sämtliche Tatbestände des § 3 Abs. 2 ErbStG setzen einen Vorgang i.S.v. § 3 Abs. 1 ErbStG voraus und haben gemeinsam, dass ein wirtschaftlicher Vorteil nicht unmittelbar vom Erblasser weitergegeben wird. § 3 Abs. 2 ErbStG fingiert in diesen Fällen eine Zuwendung durch den Erblasser. Die Vorschrift soll v.a. verhindern, dass die Beteiligten sich Steuervorteile dadurch verschaffen, dass sie durch eine zulässige Gestaltung die Verwirklichung eines Erbschaftsteuertatbestandes nach § 3 Abs. 1 ErbStG vermeiden.

Beispiel X stirbt und wird von E beerbt. D hat einen gesetzlichen Pflichtteilsanspruch. D macht diesen Anspruch zunächst nicht geltend. E zahlt an D für den dauerhaften Verzicht auf die Geltendmachung eine Abfindung.

D muss den Pflichtteilsanspruch nicht nach § 3 Abs. 1 Nr. 1 ErbStG versteuern, da er ihn nicht geltend gemacht hat und somit der Steuertatbestand nicht erfüllt ist. D erhält jedoch von E eine Abfindung für den Verzicht auf den mit dem Tode des X entstandenen Pflichtteilsanspruch (vgl. § 2317 Abs. 1 BGB). § 3 Abs. 2 Nr. 4 ErbStG fingiert, dass D den Abfindungsanspruch unmittelbar von X erworben hat, so dass sich die Steuerpflichtigkeit aus dieser Vorschrift ergibt und im Ergebnis die gleiche Rechtslage hergestellt wird, die bei Geltendmachung des Pflichtteilsanspruchs bestehen würde. ▪

6. Ausschluss nach § 5 Abs. 1 S. 1 ErbStG

Ein Erwerb, der an sich unter § 3 ErbStG fällt, gilt nach § 5 Abs. 1 S. 1 ErbStG nicht als unter **285** § 3 ErbStG fallend. Die Vorschrift macht damit in ihrer Rechtsfolge die Fiktion des § 3 ErbStG rückgängig. Sie setzt voraus, dass Ehegatten im Güterstand der Zugewinngemeinschaft (§ 1368 BGB) gelebt haben und diese durch den Tod eines Ehegatten beendet worden ist sowie dass der Zugewinn für den überlebenden Ehegatten nicht nach § 1371 Abs. 2 BGB ausgeglichen wird. Der Zugewinn wird dann nicht nach § 1371 Abs. 2 BGB ausgeglichen, wenn die erbrechtliche Lösung nach § 1371 Abs. 1 BGB gewählt wird oder wenn der überlebende Ehegatte nach § 1932 Abs. 2 BGB oder kraft Testaments Alleinerbe wird.

II. Schenkungen unter Lebenden

286 Nach § 1 Abs. 1 Nr. 2 ErbStG sind Schenkungen unter Lebenden schenkungsteuerpflichtig. Was eine Schenkung unter Lebenden ist, regelt § 7 ErbStG.

1. Die freigebige Zuwendung

287 Nach § 7 Abs. 1 Nr. 1 ErbStG ist eine Schenkung unter Lebenden jede freigebige Zuwendung, soweit der Bedachte durch sie auf Kosten des Zuwendenden bereichert wird. Anders als § 3 Abs. 1 Nr. 2 S. 1 ErbStG bei der Schenkung auf den Todesfall verweist § 7 Abs. 1 Nr. 1 ErbStG bei der Schenkung unter Lebenden nicht auf die entsprechenden Vorschriften des BGB, also nicht auf §§ 516 ff. BGB. Daraus folgt, dass der Begriff der freigebigen Zuwendung nicht zivilrechtsakzessorisch an den Begriff der Schenkung i.S.v. § 516 BGB angelehnt ist. Vielmehr handelt es sich um einen eigenen schenkungsteuerlichen Rechtsbegriff.

> Eine **freigebige Zuwendung** i.S.v. § 7 Abs. 1 Nr. 1 ErbStG liegt demnach vor, wenn und soweit der Beschenkte objektiv auf Kosten des Schenkers bereichert ist und diese Bereicherung unentgeltlich erfolgt ist. Kurz gesagt ist freigebige Zuwendung jede unentgeltliche Bereicherung eines anderen.

a) Bereicherung

288 > **Bereicherung** ist jede vom Zuwendenden subjektiv gewollte objektive Vermögensmehrung bzw. jede Minderung von Schulden bzw. sonstigen wirtschaftlichen Belastungen beim Empfänger.

aa) objektive Vermögensmehrung

289 Zunächst muss objektiv eine Vermögensmehrung beim Empfänger eingetreten sein und zwar dem Grunde und der Höhe nach.

(1) dem Grunde nach

290 Ob dem Grunde nach eine objektive Vermögensmehrung eingetreten ist, bestimmt sich nach zivilrechtlichen Grundsätzen. Im Prinzip sind die gleichen Erwägungen maßgeblich wie bei der Frage, ob jemand i.S.v. § 812 Abs. 1 S. 1 BGB „etwas erlangt" hat.

Beispiel A übereignet dem B wirksam ein Grundstück. B hat damit das Eigentum an dem Grundstück erworben, so dass dem Grunde nach eine objektive Vermögensmehrung bei B eingetreten ist. ■

291 Manchmal ist der Gegenstand der Schenkung steuerlich ein anderer als zivilrechtlich.

Beispiel A schenkt B 1 000 000 € in bar mit der Anweisung das Geld in den Kauf eines bestimmten Grundstücks zu investieren. Zivilrechtlich hat B das Eigentum an dem Geld erworben. Steuerlich liegt eine sog. mittelbare Grundstücksschenkung vor. Denn bei wirtschaftlicher Betrachtungsweise wurde B nicht das Geld, sondern das Grundstück zugewendet. Die Frage, ob Geld oder ein Grundstück zugewendet wird, ist insbesondere für die Anwendbarkeit von sachlichen Steuerbefreiungen relevant. So ist z.B. die Schenkung eines zu Wohnzwecken vermieteten Grundstücks gemäß § 13d Abs. 1 ErbStG zu 10 % steuerfrei. Eine entsprechende Steuerbefreiung für Geldgeschenke gibt es nicht. ■

> Eine **mittelbare Grundstücksschenkung** zeichnet sich dadurch aus, dass dem Zuwendungsempfänger nach dem erkennbaren Willen des Zuwendenden im Zeitpunkt der Zuwendung ein ganz bestimmtes Grundstück zugewandt werden soll.

292

Als steuerlich zugewandt ist dann nicht der geschenkte Geldbetrag, sondern das zu erwerbende Grundstück anzusehen.[1]

Anders ist die Rechtslage, wenn der Zuwendende dem Empfänger kein bestimmtes Grundstück zuwenden will, sondern der Empfänger mit dem Geldbetrag lediglich irgendein Grundstück erwerben soll. Dann handelt es sich um eine Schenkung unter Auflage. Zuwendungsgegenstand ist in diesem Fall der Geldbetrag. Dieser ist stets voll steuerpflichtig.[2]

Wenn der Zuwendende lediglich einen Teilbetrag der Anschaffungskosten für ein bestimmtes Grundstück zugewandt bekommt, so ist Gegenstand der Zuwendung ein wertmäßig entsprechender Teil des Grundstücks. Falls dieser Teilbetrag aber nur von untergeordneter Bedeutung ist, so ist stets davon auszugehen, dass der Zuwendende lediglich einen Geldzuschuss leisten will. Davon kann bei einem Betrag bis 10 % der Kosten ausgegangen werden. Zuwendungsgegenstand ist in solchen Fällen immer der Geldbetrag.[3]

Bei einer mittelbaren Grundstücksschenkung muss das Geld nicht geleistet sein, bevor der Empfänger das Grundstück erwirbt. Es genügt, wenn der Zuwendende dem Zuwendungsempfänger vor Erwerb des Grundstücks nachweislich eine Zusage auf das Geld gegeben hat. Die Zahlung kann dann auch im Nachhinein erfolgen, sofern noch ein enger zeitlicher Zusammenhang zwischen der Zahlung und der Anschaffung des Grundstücks besteht.[4]

Die gleichen Grundsätze gelten auch, wenn der Zuwendungsempfänger bereits ein Grundstück zu Eigentum hat, das er bebauen will. Darf der Zuwendungsempfänger nach dem Willen des Zuwendenden die Bebauung nur in bestimmter Weise vornehmen, liegt wiederum eine mittelbare Grundstücksschenkung vor. Als Zuwendungsgegenstand gilt dann der Teil des Grundstücks, der auf den zu bebauenden Teil entfällt. Darf der Zuwendungsempfänger den Geldbetrag aber zu einer Bebauung nach eigenen Vorstellungen verwenden, handelt es sich um einen bloßen Baukostenzuschuss. Zuwendungsgegenstand ist dann der Geldbetrag.[5]

(2) der Höhe nach

Ob auch der Höhe nach eine objektive Vermögensmehrung eingetreten ist, bestimmt sich allein nach dem gemeinen Wert (Verkehrswert) des erlangten Gegenstandes. Die erforderliche Bewertung erfolgt nach § 12 ErbStG.

293

---

1 R E 7.3 Abs. 1 S. 1 ErbStR.
2 R E 7.3 Abs. 2 S. 1 ErbStR.
3 R E 7.3 Abs. 1 S. 2 und 3, Abs. 3 ErbStR.
4 R E 7.3 Abs. 1 S. 4 ff. ErbStR.
5 R E 7.3 Abs. 2 S. 2 ErbStR, H E 7.3 „mittelbare Grundstücksschenkung – Nr. 5" ErbStH.

Beispiel A übereignet dem B wirksam ein Grundstück. Der Boden ist radioaktiv hochbelastet, so dass das Grundstück keinen Verkehrswert hat. Auch hier hat B das Eigentum erhalten und ist damit dem Grunde nach bereichert. Der Höhe nach liegt die Bereicherung aber bei null. Es fehlt demnach an einer objektiven Vermögensmehrung und damit auch an einer schenkungsteuerpflichtigen freigebigen Zuwendung. ■

Beispiel A und B vereinbaren formwirksam nach § 518 Abs. 1 S. 1 BGB, dass A dem B 100 000 € schenkweise zuwenden soll. Bereits diese Vereinbarung bewirkt zivilrechtlich eine objektive Bereicherung, weil B eine Forderung erlangt. Ist A solvent, so ist diese Forderung nach § 12 Abs. 1 ErbStG i.V.m. § 12 Abs. 1 S. 1 BewG mit dem Nennwert, also mit 100 000 € zu bewerten. Es liegt daher der Höhe nach eine Bereicherung i.H.v. 100 000 € vor. Wäre A insolvent, so wäre die Forderung uneinbringlich und hätte einen gemeinen Wert von 0 €, vgl. § 12 Abs. 1 ErbStG i.V.m. § 12 Abs. 2 BewG. Daher läge dann keine objektive Bereicherung des B vor. Erfüllt A dann das formwirksame Schenkungsversprechen und zahlt 100 000 € an B, so liegt dem Grunde nach eine Bereicherung des B vor, weil er das Eigentum an dem Geld bzw. (bei Überweisung) eine entsprechende Forderung gegen seine Bank erhält. Der Höhe nach fehlt es aber an einer weiteren Bereicherung, weil mit Erfüllung des Zahlungsanspruchs dieser erlischt (§ 362 Abs. 1 BGB) und B somit entsprechend „ärmer" wird. Die Erfüllung eines durchsetzbaren Zahlungsanspruchs bewirkt deshalb nie eine weitere objektive Bereicherung des Zahlungsempfängers. ■

Nach Auffassung der Finanzverwaltung[6] muss bereits bei der Frage, ob eine Bereicherung der Höhe nach vorliegt, eine etwaige Gegenleistung (bei der gemischten Schenkung oder der Schenkung unter Auflage) bereicherungsmindernd berücksichtigt werden. Dagegen spricht aber, dass diese Handhabe zu einer systematisch nicht gebotenen Vermischung der Frage nach der Bereicherung mit der Frage der Unentgeltlichkeit führt.

Fallen bei der Zuwendung Kosten an, z.B. für Notar, Grundbuch oder Handelsregister, so mindern diese die objektive Bereicherung[7], wenn der Zuwendungsempfänger gesetzlich oder vertraglich verpflichtet ist, diese Kosten zu tragen. Dies gilt aber nicht für solche Kosten, die lediglich in Vorbereitung der Zuwendung erfolgen, z.B. für Beratung durch einen Rechtsanwalt oder Steuerberater.

bb) subjektiv gewollt

294 Die objektive Bereicherung muss subjektiv gewollt sein. Eine Bereicherungsabsicht des Zuwendenden ist dazu nicht erforderlich. Ausreichend ist, dass der Zuwendende die Tatsachen kennt, auf Grund derer die Zuwendung eine objektive Bereicherung des Empfängers bewirkt.[8] Anders als die zivilrechtliche Schenkung erfordert die freigebige Zuwendung keinen Konsens über die Unentgeltlichkeit. Es kommt lediglich auf den Willen des Zuwendenden an.

Beispiel A übereignet dem B wirksam ein Grundstück. Aufgrund eines fehlerhaften Gutachtens denkt A, der Boden sei radioaktiv hochbelastet. In Wahrheit ist der Boden vollständig frei von jeglicher Belastung. Objektiv liegt hier dem Grunde und der Höhe nach eine Bereicherung vor. A kennt aber nicht die Umstände, die diese Bereicherung begrün-

---

6 Vgl. R E 7.1 Abs. 2 S. 2; R E 7.4 Abs. 1 S. 2; H E 7.4 Abs. 1 ErbStR.
7 R E 7.4 Abs. 4 ErbStR.
8 R E 7.1 Abs. 3 S. 2 und 3 ErbStR.

den, weil er von der Lastenfreiheit des Grundstücks nichts weiß. Die objektive Bereicherung ist demnach subjektiv nicht gewollt. ◼

b) Unentgeltlichkeit

Unentgeltlich ist ein Erwerb, soweit er nicht rechtlich von einer Gegenleistung abhängig ist.[9]

295

Bei einer gemischten Schenkung ist daher Unentgeltlichkeit nur insoweit gegeben, wie der Wert der Zuwendung den Wert der geschuldeten Gegenleistung übersteigt.

296

Beispiel M schenkt seiner Ehefrau F einen Sportwagen, um ihr eine Freude zu machen. Zivilrechtlich handelt es sich nicht um eine Schenkung, sondern um eine ehebedingte Zuwendung, weil die Zuwendung nicht im Konsens über die Unentgeltlichkeit, sondern lediglich in Erwartung und zur Förderung des Fortbestands der Ehe erfolgt. Dabei handelt es sich aber nicht um eine Gegenleistung. Daher liegt eine unentgeltliche Bereicherung der F vor. ◼

Beispiel V schenkt seiner Tochter T im Wege der vorweggenommenen Erbfolge ein bebautes Grundstück. Er hofft, dass sich T dankbar zeigt und ihn im Alter in dem Gebäude unentgeltlich wohnen lässt. Die Zuwendung erfolgt unentgeltlich. Das Motiv des T begründet keine rechtlich abhängige Gegenleistung der T. ◼

Beispiel A wendet B ein Grundstück mit einem Verkehrswert von 1 000 000 € zu. B soll als Gegenleistung dem A 100 000 € zahlen. Der nach § 311b Abs. 1 S. 1 BGB formbedürftige Vertrag ist jedoch mangels Beachtung der Formerfordernisse unwirksam (§ 125 BGB). Dennoch wird B als neuer Eigentümer im Grundbuch eingetragen und zahlt die vereinbarte Summe. Gemäß § 311b Abs. 1 S. 1 BGB wird der formnichtige Vertrag geheilt, so dass B dem A Zahlung schuldete und somit die Zuwendung des A von einer Gegenleistung des B rechtlich abhing. Demnach ist der Vorgang nur i.H.v. 900 000 € unentgeltlich. ◼

Beispiel A wendet B ein Grundstück mit einem Verkehrswert von 1 000 000 € zu. B soll als Gegenleistung dem A 100 000 € zahlen. Die Formvorschriften sind gewahrt, jedoch ist A vorübergehend unerkannt geschäftsunfähig, so dass der Vertrag nach § 105 Abs. 2 BGB unwirksam ist. Dennoch erbringen A und B einander die jeweils vereinbarten Leistungen, wobei A inzwischen wieder geschäftsfähig ist. Zwar wurde die Unwirksamkeit des Vertrages hier nicht geheilt, so dass an sich weder A dem B, noch B dem A eine Leistung schuldete. Dennoch handelt es sich hier nicht um einen beiderseits vollunentgeltlichen Vorgang. Denn nach § 41 Abs. 1 S. 1 AO ist die zivilrechtliche Unwirksamkeit des Vertrages für die Besteuerung unerheblich, da A und B das wirtschaftliche Ergebnis des Vertrages eintreten und bestehen lassen. Der Vertrag ist daher für Zwecke der Schenkungsteuer als wirksam zu behandeln. Demnach ist die Zuwendung von A an B i.H.v. 100 000 € als entgeltlich, im Übrigen als unentgeltlich anzusehen. ◼

Auch verdeckte Gewinnausschüttungen i.S.v. § 8 Abs. 3 S. 2 KStG erfolgen unentgeltlich.

297

---

9 R E 7.1 Abs. 1 und 2 ErbStR.

Beispiel   A und B sind Gesellschafter der X-GmbH. A ist mit 70 % und B mit 30 % an der GmbH beteiligt. B gibt der GmbH aus seinen privaten Mitteln ein Darlehen. Anstatt marktüblichen 5000 € erhält B jedoch 10 000 € Zinsen. Ertragsteuerlich liegt eine verdeckte Gewinnausschüttung i.H.v. 5000 € an B vor. Schenkungsteuerlich handelt es sich um eine freigebige Zuwendung i.S.v. § 7 Abs. 1 Nr. 1 ErbStG entsprechend der Höhe der Beteiligung, die nicht dem B zusteht, also i.H.v. 70 %. Demnach liegt eine Schenkung unter Lebenden von der X-GmbH an B i.H.v. 3500 € (= 70 % von 5000 €) vor. Wäre A Alleingesellschafter und B eine ihm nahestehende Person, so läge eine Schenkung der GmbH an B i.H.v. 5000 € (= 100 % von 5000 €) vor. Hinsichtlich der Steuerklasse wäre die Neuregelung in § 15 Abs. 4 ErbStG zu beachten. ◾

2.   Sonstige Schenkungstatbestände

298   Als weiterer Tatbestand der Schenkung unter Lebenden ist zunächst der des § 7 Abs. 1 Nr. 5 ErbStG besonders klausurgeeignet.

Beispiel   V schenkt seiner Tochter T im Wege der vorweggenommenen Erbfolge ein bebautes Grundstück. Im Gegenzug muss T formwirksam auf ihr Erbe verzichten (§§ 2346 ff. BGB). Die Zuwendung durch V erfolgt nicht unentgeltlich, da T mit dem Verzicht eine Gegenleistung erbringen musste. Somit ist nicht der Tatbestand des § 7 Abs. 1 Nr. 1 ErbStG, wohl aber der Tatbestand des § 7 Abs. 1 Nr. 5 ErbStG erfüllt. ◾

299   Ferner ist § 7 Abs. 8 ErbStG sehr klausurrelevant. Grundsätzlich sind offene oder verdeckte Einlagen durch einen Gesellschafter in eine Kapitalgesellschaft keine Zuwendungen zugunsten der anderen Gesellschafter. Die mit der Einlage verbundene Wertsteigerung der Anteile der anderen Gesellschafter wird ihnen nicht i.S.v. § 7 Abs. 1 Nr. 1 ErbStG zugewendet. Wenn aber zeitnah zu einer solchen Einlage offene oder verdeckte Ausschüttungen an die anderen Gesellschafter erfolgen, stellt die Einlage eine freigebige Zuwendung zugunsten der anderen Gesellschafter dar.[10] Als zugewendet gilt dann der Wert der Ausschüttung. Nach § 7 Abs. 8 S. 1 ErbStG liegt jedoch auch ohne zeitnahe Ausschüttung bei der sog. disquotalen Einlage eine steuerpflichtige Schenkung vor, wie das folgende Beispiel illustriert.

Beispiel   Vater V und Tochter T sind zu je 50 % an der X-GmbH beteiligt. V und T haben jeweils 100 000 € in das Stammkapital eingezahlt. Später legt V weitere 100 000 € in die GmbH ein. Durch die Einlage erfährt die Beteiligung der T einen Wertzuwachs. Der Beteiligungswert betrug zunächst 100 000 € (= 50 % von 200 000 €). Infolge der Einlage des V erhöht sich der Beteiligungswert auf 150 000 € (= 50 % von 300 000 €). Da keine zeitnahe Ausschüttung erfolgt ist, ist an sich nicht von einer Schenkung auszugehen. Nach § 7 Abs. 8 S. 1 ErbStG ist jedoch in Höhe des Betrages, um den sich der Beteiligungswert erhöht hat (50 000 €), von einer Schenkung auszugehen. ◾

§ 7 Abs. 8 S. 2 ErbStG stellt klar, dass bei Zuwendungen zwischen Kapitalgesellschaften auch eine freigebige Zuwendung i.S.v. § 7 Abs. 1 Nr. 1 ErbStG vorliegen kann. Voraussetzung ist (anders als bei § 7 Abs. 8 S. 1 ErbStG), dass die Zuwendung in der Absicht erfolgt, die Gesellschafter zu bereichern. Voraussetzung ist auch, dass an den beteiligten Gesellschaftern nicht unmittelbar oder mittelbar dieselben Gesellschafter zu gleichen Anteilen beteiligt sind. Damit ist die Schenkungsteuerpflichtigkeit von verdeckten Gewinnausschüttungen zwischen Konzernunternehmen regelmäßig ausgeschlossen.

---

10 *BFH* vom 9.12.2009, BStBl II 2010, 566.

III. Zweckzuwendungen

Nach § 1 Abs. 1 Nr. 3 ErbStG sind Zweckzuwendungen steuerpflichtig. Was eine Zweckzuwendung ist, regelt § 8 ErbStG. Die Vorschrift meint solche Zuwendungen, die nicht dem Bedachten selbst, sondern einem bestimmten Zweck oder (unbestimmten) Personenkreis zu Gute kommen.

300

Beispiel　A bestimmt in seinem Testament, dass 10 000 € aus seinem Vermögen durch seine Haushälterin H dazu verwendet werden sollen, seinen Hund bis zu dessen Lebensende zu pflegen. Hier liegt eine Zweckzuwendung des A an H vor, weil das Geld allein der Pflege des Hundes zu Gute kommen soll. H ist nach § 20 Abs. 1 S. 1 ErbStG Steuerschuldnerin. Sie kann die Zuwendung aber als Nachlassverbindlichkeit gemäß § 10 Abs. 5 Nr. 2 ErbStG (Auflage) abziehen. ■

IV. Ersatzerbschaftsteuertatbestand des § 1 Abs. 1 Nr. 4 ErbStG

§ 1 Abs. 1 Nr. 4 ErbStG regelt eine Erbersatzsteuer. Anders als § 1 Abs. 1 Nr. 1–3 ErbStG knüpft der Steuertatbestand nicht an einen Vorgang des Rechtsverkehrs an. Besteuert wird schlicht das Vorhandensein von Vermögen einer Familienstiftung bzw. eines Familienvereins. Diese Ersatzerbschaftsteuer fällt alle 30 Jahre an und fingiert somit einen Vermögensübergang auf eine neue Generation.

301

> **Hinweis**
>
> Zweck der Regelung ist es, zu verhindern, dass Vermögen in einer Stiftung bzw. in einem Verein gehalten wird und dadurch vor der Erbschaftsteuer geschützt wird, dass das Vermögen nie vererbt wird.

Eine Familienstiftung ist stets gegeben, wenn nach ihrer Satzung der Stifter, seine Angehörigen und deren Abkömmlinge zu mehr als der Hälfte bezugs- oder anfallsberechtigt (Destinatäre) sind, vgl. die Legaldefinition in § 15 Abs. 2 AStG. Eine Familienstiftung ist aber auch dann anzunehmen, wenn die genannten Destinatäre zu mehr als einem Viertel bezugs- oder anfallsberechtigt sind und zusätzliche Merkmale ein wesentliches Familieninteresse belegen. Dies kann insbesondere dann anzunehmen sein, wenn die Familie wesentlichen Einfluss auf die Geschäftsführung der Stiftung hat.[11]

302

Der in § 1 Abs. 1 Nr. 4 ErbStG genannte Begriff des „wesentlichen Familieninteresses" ist im weitesten Sinne zu verstehen und umfasst jedes Vermögensinteresse.[12] Die Stiftung dient diesen Vermögensinteressen, wenn nach der Satzung oder dem Stiftungsgeschäft deren Wesen darin besteht, es den Familien zu ermöglichen, das Stiftungsvermögen, soweit es einer Nutzung zu privaten Zwecken zugänglich ist, zu nutzen oder die Stiftungserträge an sich zu ziehen.[13]

303

11　R E 1.2 Abs. 2 S. 1–3 ErbStR.
12　R E 1.2 Abs. 3 S. 1 ErbStR.
13　R E 1.2 Abs. 3 S. 3 ErbStR.

Beispiel E überträgt sein Grundstück, das sein gesamtes Vermögen darstellt, an eine von ihm errichtete Stiftung. Nach dem Stiftungsgeschäft (§ 81 BGB) sollen sämtliche Erträge aus dem Grundstück den Abkömmlingen des E zu Gute kommen. Die Übertragung des Grundstücks durch E auf die Stiftung stellt eine schenkungsteuerpflichtige Schenkung unter Lebenden gemäß §§ 1 Abs. 1 Nr. 2, 7 Abs. 1 Nr. 8 ErbStG dar. 30 Jahre nach dem Übergang des Grundstücks auf die Stiftung (vgl. § 9 Abs. 1 Nr. 4 ErbStG) fällt erstmals die Ersatzerbschaftsteuer nach § 1 Abs. 1 Nr. 4 ErbStG auf das Vermögen der Stiftung an. Voraussetzung dafür ist jedoch, dass die Stiftung dann noch besteht. Wird sie vorher aufgelöst und erhalten die Abkömmlinge des E das Vermögen der Stiftung, so ist dieser Vorgang wiederum eine schenkungsteuerpflichtige Schenkung unter Lebenden gemäß §§ 1 Abs. 1 Nr. 2, 7 Abs. 1 Nr. 9 ErbStG. ∎

B. Subjektive Steuerpflicht

304 Nachdem feststeht, dass ein steuerpflichtiger Vorgang i.S.v. § 1 Abs. 1 ErbStG gegeben ist, kann die subjektive Steuerpflicht geprüft werden. Wiederum ist unbeschränkte und beschränkte Steuerpflicht möglich. Die unbeschränkte Steuerpflicht nach § 2 Abs. 1 Nr. 1 ErbStG erfasst den gesamten Vermögensanfall und knüpft alternativ an die Inländereigenschaft (vgl. § 2 Abs. 1 Nr. 1 S. 2 ErbStG) des Erblassers, des Schenkers und des Erwerbers an. Die beschränkte Steuerpflicht gemäß § 2 Abs. 1 Nr. 3 ErbStG erfasst dagegen nur das Inlandsvermögen.

C. Steuerentstehung

305 Wann die Steuer entsteht, regelt § 9 ErbStG. Häufig stellt sich in Klausuren die Frage, wann eine Grundstücksschenkung i.S.v. § 9 Abs. 1 Nr. 2 ErbStG ausgeführt wurde. Maßgeblich ist nicht der zivilrechtliche Eigentumsübergang. Vielmehr genügt es bereits, wenn die Vertragsparteien die für die Eintragung der Rechtsänderung in das Grundbuch erforderlichen Erklärungen in gehöriger Form abgegeben haben und der Beschenkte auf Grund dieser Erklärungen in der Lage ist, beim Grundbuchamt die Eintragung der Rechtsänderung zu bewirken. Maßgeblich ist also die Auflassungserklärung i.S.v. § 925 BGB sowie die Eintragungsbewilligung i.S.v. § 19 GBO.[14]

D. Steuerschuldner, Steuerklasse, persönliche Freibeträge

I. Steuerschuldner

306 Wer Steuerschuldner ist, regelt § 20 ErbStG. Nach § 20 Abs. 1 S. 1 ErbStG ist bei einer Schenkung nicht nur der Erwerber, sondern auch der Schenker Steuerschuldner. Damit liegt bei einer Schenkung immer eine Gesamtschuld i.S.v. § 44 AO vor.

---

14   R E 9.1 Abs. 1 S. 1 und 2 ErbStR.

II. Steuerklasse

Nach welcher Steuerklasse der Steuerschuldner besteuert wird, regelt § 15 ErbStG. Die Steu- **307** erklasse ist entscheidend für den Steuersatz nach § 19 ErbStG.

III. persönliche Freibeträge

Gemäß § 16 ErbStG erhält jeder Erwerber auch einen persönlichen Freibetrag, dessen Höhe **308** grundsätzlich von der Steuerklasse abhängt. Nach § 16 ErbStG kommt in manchen Fällen ein besonderer Versorgungsfreibetrag hinzu.

E. Bemessungsgrundlage: Steuerpflichtiger Erwerb

Steuerobjekt ist der steuerpflichtige Erwerb. Dieser stellt die Bemessungsgrundlage zur **309** Berechnung der Steuer dar (§ 19 Abs. 1 ErbStG). Was als steuerpflichtiger Erwerb gilt, regelt § 10 ErbStG. Als steuerpflichtiger Erwerb gilt gemäß § 10 Abs. 1 S. 1 ErbStG die Bereicherung des Erwerbers, soweit sie nicht nach §§ 5, 13, 13a, 13c, 16, 17, 18 ErbStG steuerfrei ist.

Maßgeblich ist nach § 11 ErbStG die Bereicherung im Zeitpunkt des Entstehens der **310** Steuer (§ 9 ErbStG). Was die Bereicherung des Erwerbers ist, ist zunächst abhängig davon, welcher steuerpflichtige Vorgang i.S.v. § 1 Abs. 1 ErbStG gegeben ist. Für Vorgänge i.S.v. § 3 ErbStG enthält § 10 S. 2 ErbStG eine Sonderregel. Für die Zweckzuwendung folgt eine Sonderregelung in § 10 Abs. 1 S. 5 ErbStG. Für Fälle des § 1 Abs. 1 Nr. 4 ErbStG enthält § 10 Abs. 1 S. 7 ErbStG eine weitere Regelung. Keine Sonderregel enthält das Gesetz für steuerpflichtige Schenkungsvorgänge gemäß § 1 Abs. 1 Nr. 2 ErbStG. Nach h.M. sind insoweit jedoch die Regeln für die Ermittlung der Bereicherung bei Erwerben von Todes wegen entsprechend anzuwenden, soweit es keinen sachlichen Grund für eine unterschiedliche Behandlung gibt.[15]

I. Steuerpflichtiger Vorgang nach § 3 ErbStG

In den Fällen des § 3 ErbStG bzw. bei Schenkungen unter Lebenden i.S.v. § 1 Abs. 1 Nr. 2 **311** ErbStG gilt als Bereicherung gemäß bzw. entsprechend § 10 Abs. 1 S. 2 ErbStG der Betrag, der sich ergibt, wenn von dem nach § 12 ErbStG zu ermittelnden Wert des gesamten Vermögensanfalls, soweit er der Besteuerung nach diesem Gesetz unterliegt, die nach § 10 Abs. 3–9 ErbStG abzugsfähigen Nachlassverbindlichkeiten mit ihrem nach § 12 ErbStG zu ermittelnden Wert abgezogen werden. Aus dieser sperrigen Begriffsbestimmung ergibt sich folgendes

---

15 *Birk/Desens/Tappe* Steuerrecht, Rn. 1545.

PRÜFUNGSSCHEMA

Berechnungsschema

Wert des gesamten Vermögensanfalls

./. Wert der abzugsfähigen Nachlassverbindlichkeiten

= Bereicherung des Erwerbers

./. sachliche Steuerbefreiungen nach §§ 5, 13, 13a, 13c, 13d, 18 ErbStG

./. persönliche Steuerbefreiungen, §§ 16, 17 ErbStG

= steuerpflichtiger Erwerb i.S.v. § 10 Abs. 1 S. 1 ErbStG
abgerundet auf volle 100 € (§ 10 Abs. 1 S. 6 ErbStG)

= Bemessungsgrundlage i.S.v. § 19 ErbStG

1. Wert des Vermögensanfalls

312 Der Vermögensanfall muss für Zwecke der Erbschaftsbesteuerung bewertet werden. Hierzu verweist § 10 Abs. 1 S. 2 ErbStG auf § 12 ErbStG. Nach § 12 Abs. 1 ErbStG richtet sich die Bewertung grundsätzlich nach den §§ 1–16 BewG (Allgemeine Bewertungsvorschriften). Soweit aber in § 12 Abs. 2–7 ErbStG eine besondere Bewertung vorgeschrieben ist, hat diese Vorrang (lex-specialis-Grundsatz).

313 Gemäß § 12 Abs. 1 ErbStG i.V.m. § 9 Abs. 1 BewG ist somit grundsätzlich der gemeine Wert maßgeblich.

Gemeiner Wert ist nach § 9 Abs. 2 BewG der im gewöhnlichen Geschäftsverkehr nach der Beschaffenheit des jeweiligen Wirtschaftsguts erzielbare Veräußerungspreis.

314 | **JURIQ-Klausurtipp**

Ausgangspunkt jeder Vermögensbewertung ist eine Kategorisierung der jeweils zu bewertenden Vermögensart. Es sind folgende Vermögensarten zu unterscheiden:
- Anteile an Kapitalgesellschaften: Bewertung nach § 12 Abs. 2 ErbStG,
- Inländischer Grundbesitz: Bewertung nach § 12 Abs. 3 ErbStG,
- Bodenschätze: Bewertung nach § 12 Abs. 4 ErbStG,
- Inländisches Betriebsvermögen: Bewertung nach § 12 Abs. 5 ErbStG,
- Ausländischer Grundbesitz und ausländisches Betriebsvermögen: Bewertung nach § 12 Abs. 7 ErbStG,
- Sonstiges Vermögen: Bewertung nach § 12 Abs. 1 ErbStG.

Klausurrelevanz kommt nur der Bewertung von Anteilen an Kapitalgesellschaften, von inländischem Grundbesitz, von inländischem Betriebsvermögen und von sonstigem Vermögen zu.

a) Bewertung von Anteilen an Kapitalgesellschaften

Nach § 12 Abs. 2 ErbStG sind Anteile an Kapitalgesellschaften, für die ein Wert nach § 151 **315** Abs. 1 S. 1 Nr. 3 BewG festzustellen ist, mit dem auf den Bewertungsstichtag festgestellten Wert anzusetzen. Diese Regelung erfordert zwei Bearbeitungsschritte. Zum Ersten muss geprüft werden, ob es sich um Anteile an Kapitalgesellschaften handelt, für die ein Wert nach § 151 Abs. 1 S. 1 Nr. 3 BewG festzustellen ist. Zum Zweiten muss der Wert angesetzt werden, der auf den Bewertungsstichtag festgestellt wurde.

aa) Anteile mit feststellungspflichtigem Wert

Nach § 151 Abs. 1 S. 1 Nr. 3 BewG ist der Wert von Anteilen an Kapitalgesellschaften i.S.v. § 11 **316** Abs. 2 BewG gesondert festzustellen. Anteile an Kapitalgesellschaften i.S.v. § 11 Abs. 2 BewG sind Anteile an Kapitalgesellschaften, die nicht unter § 11 Abs. 1 BewG fallen. Unter § 11 Abs. 1 BewG fallen alle Wertpapiere und Schuldbuchforderungen, die am Bewertungsstichtag an einer deutschen Börse zum Handel im regulierten Markt zugelassen sind. Eine gesonderte Feststellung des Werts von Anteilen an Kapitalgesellschaften nach § 151 Abs. 1 S. 1 Nr. 3 BewG ist folglich dann vorzunehmen, wenn es sich um Anteile an Kapitalgesellschaften handelt, die nicht an einer deutschen Börse zum Handel im regulierten Markt zugelassen sind. Sollte eine solche Handelszulassung gegeben sein, so wird dies im Sachverhalt der Klausur ausdrücklich angegeben werden (Ausnahmefall). Finden sich keine entsprechenden Angaben im Klausursachverhalt, so kann regelmäßig davon ausgegangen werden, dass es sich nicht um Anteile i.S.v. § 11 Abs. 1 BewG handelt (Regelfall). In Klausuren geht es häufig um GmbH-Anteile, die nicht im regulierten Börsenhandel zugelassen sind.

bb) Bewertung

In der Regel wird im Klausursachverhalt noch keine Bewertung erfolgt sein. Die Bewertung **317** muss dann vom Bearbeiter/der Bearbeiterin vorgenommen werden. Die maßgebliche materielle Vorschrift über die Bewertung enthält § 157 Abs. 4 BewG. Bei der Anwendung dieser Vorschrift ist wie folgt vorzugehen:
- Zunächst muss der Bewertungsstichtag festgelegt werden. Bewertungsstichtag ist nach § 11 ErbStG stets der Zeitpunkt der Entstehung der Steuer. Wann die Steuer entsteht, regelt § 9 ErbStG.
- Sodann ist das Bewertungsziel zu bestimmen. Dies ist stets der gemeine Wert, vgl. § 11 Abs. 2 S. 1 BewG. Gemeiner Wert ist nach der Legaldefinition des § 9 Abs. 2 S. 1 BewG der Wert, der sich aus dem Preis ergibt, der im gewöhnlichen Geschäftsverkehr nach der Beschaffenheit des Wirtschaftsguts bei einer Veräußerung zu erzielen wäre.
- Anschließend ist das Bewertungsverfahren festzulegen, um den im gewöhnlichen Geschäftsverkehr erzielbaren Preis zu ermitteln. In erster Linie muss nach § 11 Abs. 2 S. 2 Var. 1 BewG auf den Preis abgestellt werden, der sich aus Verkäufen unter fremden Dritten ableiten lässt, die weniger als ein Jahr zurückliegen. Finden sich keine entsprechenden Angaben über derartige Verkäufe im Klausursachverhalt oder sind solche Verkäufe zu lange her, muss entweder auf das sog. Ertragswertverfahren (§ 11 Abs. 2 S. 2 Var. 2 BewG) oder ein anderes anerkanntes Verfahren (§ 11 Abs. 2 S. 2 Var. 3 BewG) zurückgegriffen werden. In der Klausur wird regelmäßig das Ertragswertverfahren anzuwenden sein, da andere Verfahren kaum klausurgeeignet sind.

b) Bewertung von inländischem Grundbesitz

318 Nach § 12 Abs. 3 ErbStG ist bei inländischem Grundbesitz der nach § 151 Abs. 1 S. 1 Nr. 1 BewG festgestellte Wert maßgeblich. Die Regelung des § 151 Abs. 1 S. 1 Nr. 1 BewG verweist für die Bewertung wiederum auf § 157 Abs. 1, Abs. 3 BewG, wo für die Durchführung der Bewertung die Vorschriften der §§ 176–198 BewG in Bezug genommen werden.

Nach der Ausgangsvorschrift in § 177 BewG ist auch bei Grundvermögen der gemeine Wert maßgeblich. Dieser muss je nach Art des Grundvermögens auf verschiedene Weisen ermittelt werden.

Bei unbebauten Grundstücken kommt es nach §§ 178, 179 BewG auf die Fläche und die Bodenrichtwerte an.

Bei bebauten Grundstücken i.S.v. § 180 BewG kommt es gemäß § 181 BewG auf die Art der Bebauung bzw. deren wirtschaftliche Nutzung an. Dabei gibt es drei verschiedene Verfahren:
- Vergleichswertverfahren (§§ 182 Abs. 2, 183 BewG)
- Sachwertverfahren (§ 182 Abs. 4 BewG)
- Ertragswertverfahren (§§ 182 Abs. 2, 184 BewG)

Der Steuerpflichtige hat nach § 198 S. 1 BewG stets die Möglichkeit, einen niedrigeren gemeinen Wert nachzuweisen als den, der sich aus der Anwendung der hier genannten Verfahren ergibt.

Beispiel Das geerbte Eigenheim des A ist nach dem einschlägigen gesetzlichen Bewertungsverfahren 1 000 000 € wert, obwohl es neben einem immissionsstarken Schrottplatz gelegen ist. A bringt ein Sachverständigengutachten bei, welches aufgrund dieser ungünstigen Grundstückslage einen gemeinen Wert von lediglich 400 000 € feststellt. Da die gesetzlich vorgesehenen Bewertungsverfahren keine Immissionen berücksichtigen, kommt hier das Sachverständigengutachten zu einem „richtigeren" Ergebnis und ist für die Besteuerung maßgeblich. ■

c) Bewertung von inländischem Betriebsvermögen

319 Gemäß § 12 Abs. 5 ErbStG ist für inländisches Betriebsvermögen der nach § 151 Abs. 1 S. 1 Nr. 2 BewG festgestellte Wert maßgeblich. Unter das inländische Betriebsvermögen fällt nach §§ 95 ff. BewG nicht nur das betrieblich genutzte Vermögen von einzelnen Gewerbetreibenden und Personengesellschaften, sondern auch das Vermögen der Kapitalgesellschaften und das für ihren Beruf genutzte Vermögen der Freiberufler. Diese Gleichstellung dient der Rechtsformneutralität der Erbschaftsteuer.

Die Wertfeststellung erfolgt nach § 109 BewG. Demnach ist der gemeine Wert festzustellen. Hierfür ist gemäß § 109 Abs. 1 S. 2 die Regelung des § 11 Abs. 2 BewG entsprechend anzuwenden. Insbesondere kommt nach § 109 Abs. 1 S. 2 BewG i.V.m. § 11 Abs. 2 S. 4 BewG das vereinfachte Ertragswertverfahren gemäß §§ 199–203 BewG in Betracht.

d) Bewertung von sonstigem Vermögen

320 Börsennotierte Wertpapiere sind nach § 12 Abs. 1 ErbStG i.V.m. § 11 Abs. 1 BewG mit dem niedrigsten Tageskurswert am Bewertungsstichtag zu bewerten. Forderungen sind gemäß

§ 12 Abs. 1 ErbStG i.V.m. § 12 BewG mit dem Nennwert anzusetzen. Renten und Nutzungen sind über § 12 Abs. 1 ErbStG gemäß §§ 13–16 BewG zu bewerten.

2. Wert der abzugsfähigen Nachlassverbindlichkeiten

Gemäß § 10 Abs. 1 S. 2 ErbStG sind die nach § 10 Abs. 3 bis Abs. 9 ErbStG abzugsfähigen **321** Nachlassverbindlichkeiten abzuziehen. Soweit Verbindlichkeiten demnach dem Grunde nach abziehbar sind, muss ihre Höhe durch Bewertung ermittelt werden. Gemäß § 12 Abs. 1 ErbStG i.V.m. § 12 BewG sind Schulden grundsätzlich mit ihrem Nennwert anzusetzen.

Beispiel A erbt von X ein Grundstück (festgestellter Wert: 1 000 000 €) sowie eine Darlehensschuld der finanzierenden Bank in Höhe von 300 000 €. A rechnet mit einer Erbschaftsteuer in Höhe von mindestens 50 000 €.

Die Erbschaftsteuer ist nach § 10 Abs. 8 ErbStG nicht abziehbar. Der Nennwert der abziehbaren Verbindlichkeit gegenüber der Bank beläuft sich auf 300 000 €, so dass der Nachlasswert 700 000 € beträgt. ■

3. sachliche Steuerbefreiungen

Sachliche Steuerbefreiungen knüpfen an die Art des zugewendeten Vermögens an. Es handelt sich um die Regelungen der §§ 13–13d ErbStG. **322**

a) allgemeine sachliche Steuerbefreiungen

§ 13 Abs. 1 Nr. 1 bis 19 ErbStG enthält eine Vielzahl von systematisch nicht zusammengehörigen, teils verfassungsrechtlich bedenklichen Steuerbefreiungen. **323**

b) Steuerbefreiungen für Betriebsvermögen

Die §§ 13a, 13b, 13c ErbStG enthalten Regelungen über die teilweise Steuerbefreiung von **324** Betriebsvermögen, welche immer wieder politisch und verfassungsrechtlich diskutiert wird, da sie zu einer Bevorzugung der Übertragung von Betriebsvermögen führt. Die Steuerbefreiung soll die Fortführung von Unternehmen im Übertragungsfall erleichtern, indem der Empfänger nicht mit der vollen Erbschaftsteuer belastet wird. Dabei soll aber nicht das gesamte Betriebsvermögen begünstigt werden, da es sich beim gewillkürten Betriebsvermögen oftmals um Gegenstände handelt, die ihrer Natur nach der privaten Lebensführung dienen. Deswegen sieht das Gesetz zunächst eine pauschalierte Begünstigung von lediglich 85 % vor. Auch soll in erster Linie das Produktivvermögen und nicht das sog. Verwaltungsvermögen begünstigt werden. § 13b ErbStG regelt im Einzelnen, was zum begünstigten Vermögen gehört.

c) Steuerbefreiungen für zu Wohnzwecken vermietete Grundstücke

Die Regelung des § 13d ErbStG sieht schließlich eine teilweise Steuerbefreiung für zu Wohn- **325** zwecken vermietete Grundstücke vor. Diese wird dadurch gewährt, dass vom festgestellten Grundstückswert 10 % abgezogen werden, so dass nur 90 % des Grundstückswerts der Besteuerung unterliegen.

4. persönliche Steuerbefreiungen

326 Sodann müssen die in § 16 und § 17 ErbStG genannten Freibeträge abgezogen werden. Bei den persönlichen Freibeträgen nach § 16 ErbStG ist jedoch zu beachten, dass diese nur einmal alle 10 Jahre gewährt werden (§ 14 Abs. 1 S. 1 ErbStG).

F. Berechnung der Steuer

327 Bei der Berechnung der Steuer muss zunächst § 14 ErbStG berücksichtigt werden. Werden innerhalb von 10 Jahren mehrere Zuwendungen gemacht, müssen diese zusammengerechnet werden.

Der auf den steuerpflichtigen Erwerb anzuwendende Steuersatz nach § 19 ErbStG ergibt sich aus der Steuerklasse und dem Gesamtwert des steuerpflichtigen Erwerbs unter Berücksichtigung der Steuerermäßigung des § 19a ErbStG.

Online-Wissens-Check

Welche Bewertungsarten gibt es für die Bewertung von Grund und Boden?
Überprüfen Sie jetzt online Ihr Wissen zu den in diesem Abschnitt erarbeiteten Themen. Unter **www.juracademy.de/skripte/login** steht Ihnen ein Online-Wissens-Check speziell zu diesem Skript zur Verfügung, den Sie kostenlos nutzen können. Den Zugangscode hierzu finden Sie auf der Codeseite.

6. Teil
Umsatzsteuerrecht

Umsatzsteuerliche Aufgabenstellungen sind nach folgendem Schema zu lösen:

328

Ermittlung der Umsatzsteuer

✓ I. Steuerbarkeit, §§ 1–3g, 14c UStG

✓ II. Steuerbefreiung, §§ 4–9 UStG

✓ III. Bemessungsgrundlage, §§ 10, 11, 25 Abs. 3, 25a Abs. 3 und 4 UStG

✓ IV. Steuersatz, §§ 12, 25a Abs. 5 S. 1 UStG

✓ V. Steuerhöhe

✓ VI. Entstehungszeitpunkt, §§ 13, 13b Abs. 1–4 UStG

✓ VII. Schuldner, §§ 13a, 13b Abs. 5–7 UStG

✓ VIII. Vorsteuerabzug, §§ 14–15 UStG

✓ IX. Vorsteuerberichtigung, § 15a UStG

✓ X. Berichtigung der Bemessungsgrundlage, § 17 UStG

✓ XI. Verfahrensfragen, §§ 18 ff. UStG

PRÜFUNGSSCHEMA

A. Die Steuerbarkeit

Ein Vorgang ist dann umsatzsteuerbar, wenn er die Voraussetzungen eines Umsatztatbestands gemäß § 1 Abs. 1 UStG erfüllt. Dazu muss es sich um einen Leistungsumsatz nach § 1 Abs. 1 Nr. 1 UStG, eine Einfuhr nach § 1 Abs. 1 Nr. 4 oder um einen innergemeinschaftlichen Erwerb nach § 1 Abs. 1 Nr. 5 UStG handeln.

329

 » Die Umsatzsteuer ist wohl die systematisch ausgefeilteste Steuer, das UStG entsprechend logisch aufgebaut. Wer hier den Überblick hat, kann jeden Fall zumindest in den Grundzügen in den Griff kriegen. «

I. Der Leistungsumsatz nach § 1 Abs. 1 Nr. 1 UStG

Die Steuerbarkeit eines Leistungsumsatzes wird wie folgt geprüft.

330

PRÜFUNGSSCHEMA

Bestimmung eines steuerbaren Leistungsumsatzes

I. Leistung (Lieferung oder sonstige Leistung)

II. gegen Entgelt

III. eines Unternehmers

IV. im Rahmen des Unternehmens

V. im Inland

1. Die Leistung im umsatzsteuerlichen Sinne

a) Allgemeines

331   Der Begriff der **Leistung** als allgemeiner umsatzsteuerlicher Überbegriff meint jedes Verhalten, mit dem eine Person (Leistender) einer anderen (Leistungsempfänger) einen wirtschaftlichen Vorteil zuwendet.[1]

Das Leistungsverhalten kann in einem Tun, Dulden oder Unterlassen bestehen. Leistungsgegenstand kann jedes Wirtschaftsgut sein, das Gegenstand des Rechtsverkehrs sein kann[2], also insbesondere Sachen, Rechte, Dienst- oder Werkleistungen.

332   Keine Leistung ist die Erbringung der Gegenleistung, also die bloße Entgeltentrichtung. Diese ist zwar eine Leistung im rechtlichen Sinne, nicht aber Leistung im wirtschaftlichen Sinne.[3] Die Entgeltentrichtung führt lediglich dazu, dass eine Leistung als entgeltlich i.S.v. § 1 Abs. 1 UStG (siehe unten Rn. 354) anzusehen ist.

An einer Leistung fehlt es ebenfalls, wenn das zu prüfende Verhalten lediglich darin besteht, dass eine Leistung – beispielsweise nach einem Rücktritt vom Vertrag – rückgängig gemacht wird.[4]

333   Eine Leistung setzt grundsätzlich Leistungswillen voraus. Dieser ist nur nach § 1 Abs. 1 Nr. 1 S. 2 UStG im Falle der gesetzlichen oder behördlichen Anordnung der Leistungsausführung entbehrlich (bspw. Enteignungs- oder Zwangsversteigerungsfälle). Ansonsten fehlt es am Tatbestand der Leistung immer dann, wenn sich jemand einen wirtschaftlichen Vorteil eigenmächtig verschafft und der andere Teil dieses Verhalten auch nicht bewusst duldet. Auch die Leistungsbereitschaft kann eine Leistung im umsatzsteuerlichen Sinne sein.

Beispiel   Unternehmer U bezahlt dem Rechtsanwalt R monatlich 500 € pauschal dafür, dass U den R jederzeit zu rechtlichen Fragen konsultieren darf. Tatsächlich nimmt U die Dienste des R jedoch nie in Anspruch. Hier stellt die Leistungsbereitschaft des R selbst eine Leistung dar, da schon die jederzeitige Bereitschaft zur Erteilung von Rechtsrat für U einen wirtschaftlichen Vorteil darstellt. ■

---

1 *Mutschler/Scheel* Umsatzsteuer, S. 9.
2 Abschnitt 1.1. Abs. 3 S. 1 UStAE.
3 Abschnitt 1.1. Abs. 3 S. 2 UStAE.
4 Abschnitt 1.1. Abs. 4 S. 1 UStAE.

b) Zivilrechtliche Wertungen

Das umsatzsteuerlich maßgebliche Verhalten ist nicht der Abschluss des zivilrechtlichen Ver- **334**
pflichtungsgeschäfts, sondern die tatsächliche Erbringung der Leistung (Erfüllungsgeschäft).
Das Verpflichtungsgeschäft gibt allerdings regelmäßig Auskunft darüber, wer Leistender und
wer Leistungsempfänger ist.

Beispiel V bestellt bei U Blumen und lässt sie an seine Frau F liefern. Die Bestellung der
Blumen ist als Verpflichtungsgeschäft umsatzsteuerlich irrelevant. Die Leistung wird erst
mit Auslieferung der Blumen an F erbracht. Allerdings ist nicht F Leistungsempfängerin,
sondern A als Partei des Verpflichtungsgeschäfts. ■

Unerheblich ist, ob das zivilrechtliche Verpflichtungsgeschäft wirksam oder unwirksam ist
(§ 41 AO). Selbst wenn die Erbringung der Leistung unsittlich, verboten oder sogar strafbar
ist, berührt dies den Tatbestand der Leistung nicht (§ 40 AO). Eine in ihren Grenzen unklare
Ausnahme soll nach dem *EuGH* dann gelten, wenn nach Art der Leistung diese legal überhaupt nicht erbracht werden kann (bspw. Handel mit Falschgeld).[5]

c) Der Grundsatz der Leistungseinheit

Werden gleichzeitig mehrere Sachen geliefert, liegen dementsprechend mehrere Lieferun- **335**
gen i.S.v. § 1 Abs. 1 Nr. 1 UStG vor. Bei Sachgesamtheiten handelt es sich dagegen um eine
einheitliche Lieferung. Bei einer wirtschaftlich einheitlichen sonstigen Leistung darf keine
künstliche Aufspaltung in mehrere einzelne Leistungen erfolgen.

Beispiel Veräußert U dem V zeitgleich eine Hose und ein Sakko, so liegen umsatzsteuerlich zwei Lieferungen vor. Wenn Hose und Sakko jedoch so aufeinander abgestimmt sind,
dass sie als „Anzug" angeboten werden, handelt es sich um eine Sachgesamtheit und
damit um eine einzige Leistung. ■

Auch bei der Lieferung von gleichartigen vertretbaren Sachen handelt es sich um eine ein- **336**
zige Leistung.

Beispiel U veräußert 10 kg Äpfel. Dies stellt eine einheitliche Lieferung dar. Anders aber
bei Lieferung von zwei Packungen mit jeweils 5 kg Äpfeln. Dann handelt es sich um zwei
Sachgesamtheiten (je eine Packung Äpfel) und damit um zwei Lieferungen. Wenn der
Unternehmer zusammen mit der Hauptleistung Nebenleistungen erbringt, darf keine Aufspaltung des wirtschaftlich betrachtet einheitlichen Vorgangs erfolgen. Es handelt sich
dann um eine einheitliche Leistung.

Beispiel U liefert dem V Waren und stellt dabei Verpackungsmaterial und Lieferkosten in
Rechnung. Transport und Verpackung sind unselbstständige Nebenleistungen, die in der
Hauptleistung (Lieferung von Waren) aufgehen. ■

d) Die Lieferung

Die Lieferung stellt einen Spezialfall der Leistung dar. Sie wird in § 3 Abs. 1 UStG legal defi- **337**
niert.

---

5 *EuGH* vom 29.6.2000, Rs. C-455/98, UR 2000, 379 ff.

Eine **Lieferung** ist demnach eine Leistung, durch die einer anderen Person die Verfügungsgewalt an einem Gegenstand verschafft wird.

Als Gegenstand kommen dabei Sachen im bürgerlich-rechtlichen Sinne, Sachgesamtheiten und solche Wirtschaftsgüter in Frage, die im Wirtschaftsverkehr wie Sachen gehandelt werden (z.B. Strom und Gas).

Die Verschaffung der Verfügungsgewalt setzt voraus, dass die Beteiligten den endgültigen Übergang von wirtschaftlicher Substanz, Wert und Ertrag eines Gegenstandes vom Leistenden auf den Leistungsempfänger wollen.

Letzterer muss faktisch in der Lage sein, mit dem empfangenen Gegenstand nach Belieben zu verfahren.[6]

Bei der Auslegung des Begriffs „Lieferung" sind die in Art. 14 und 15 der MwStSystRL enthaltenen europarechtlichen Vorgaben zu beachten.

338 Eine Lieferung liegt in der Regel vor, wenn das Eigentum an einer Sache gemäß §§ 929 ff., 873, 925 BGB oder § 90 ZVG übertragen wird. Bei der Sicherungsübereignung erfolgt zwar eine Übereignung, nicht aber die Verschaffung der tatsächlichen Verfügungsgewalt, so dass keine Lieferung angenommen werden kann.

 Werden gestohlene Gegenstände veräußert, hindert § 935 BGB den Eigentumsübergang. Dennoch handelt es sich um eine Lieferung, da die faktische Möglichkeit zum Umgang mit der Sache wie ein Eigentümer ausreicht. Gegenstände, die jedoch gar nicht gehandelt werden können (insbesondere illegale Drogen und Falschgeld), können nicht Gegenstand einer umsatzsteuerbaren Lieferung sein.

 Eine Lieferung kann aber auch dann vorliegen, wenn kein Eigentum übertragen wird. Dies ist insbesondere beim Kauf unter Eigentumsvorbehalt der Fall. Auch wenn beim Grundstücksverkauf noch keine Eintragung im Grundbuch erfolgt, aber bereits Besitz, Lasten und Nutzen am Grundstück übergehen, liegt eine Lieferung vor.

339 Die Vermietung einer Sache stellt keine Lieferung, sondern eine bloße Gebrauchsüberlassung und damit eine sonstige Leistung dar. Beim Leasing liegt jedoch eine Lieferung vor, wenn dem Leasingnehmer das Leasinggut auch ertragsteuerlich zuzurechnen ist. Dies ist der Fall, wenn die vertraglich vereinbarte Nutzungsdauer annähernd der betriebsgewöhnlichen Nutzungsdauer des Leasingguts entspricht oder wenn der Leasingnehmer nach Ablauf der vereinbarten Nutzungsdauer das Leasinggut entweder kaufen oder weiter mieten darf.[7]

340 Die Lieferung kann auch von einem Dritten ausgeführt werden. Wer an wen im umsatzsteuerlichen Sinne liefert, wird nicht durch die Ausführung der Lieferung, sondern durch das Bestehen der vertraglichen Beziehungen bestimmt. Dritter ist dabei aber nur, wer weder vom Lieferer noch vom Empfänger weisungsabhängig ist.

---

6 UStAE 3.1. Abs. 1 S. 2, Abs. 2 S. 1.
7 *Mutschler/Scheel* Umsatzsteuer, S. 36.

Beispiel A verkauft an B Waren und lässt sie durch den Spediteur D an B überbringen. Die Leistung erbringt A an B, da zwischen diesen beiden der maßgebliche Vertrag besteht. D als Dritter besorgt lediglich die Verschaffung der Verfügungsgewalt. ■

e) Die sonstige Leistung

> Nach § 3 Abs. 9 S. 1 UStG sind **sonstige Leistungen** alle Leistungen, die keine Lieferungen sind.

341

Darunter fällt jede Dienst- oder Werkleistung, nach § 3 Abs. 9 S. 2 UStG aber auch ein Unterlassen oder das Dulden einer Handlung oder eines Zustands.

Beispiele U vermietet an M eine Wohnung. Hier besteht die sonstige Leistung darin, dass U die Nutzung seiner Wohnung durch M duldet. U überlässt D ein Darlehen in Höhe von 100 000 € gegen Zahlung eines Jahreszinses in Höhe von 8 %. Hier liegt eine sonstige Leistung durch Duldung der Kapitalnutzung vor. U verpflichtet sich gegen Zahlung einer hohen Abstandssumme vertraglich gegenüber B, in den nächsten 5 Jahren in der Gemeinde G kein Ingenieurbüro zu eröffnen. Hier liegt eine sonstige Leistung in Form des Unterlassens vor. ■

f) Abgrenzung zwischen Lieferung und sonstiger Leistung

> **Hinweis** **342**
>
> Die Einordnung eines Vorgangs als Lieferung oder sonstige Leistung kann nicht offengelassen werden, da sich hieraus insbesondere für die Bestimmung des Leistungsorts nach §§ 3 ff. UStG erhebliche Konsequenzen ergeben.

Wenn eine wirtschaftlich einheitliche Leistung Elemente einer Lieferung und Elemente einer sonstigen Leistung enthält, darf keine Aufspaltung erfolgen. Es kommt auf den qualitativen Schwerpunkt an. **343**

Beispiel U repariert den Wagen des V und baut dabei mehrere extra dafür zugekaufte Ersatzteile ein. Die Reparaturarbeit als solche stellt eine sonstige Leistung dar. Dabei werden dem U von V jedoch auch Ersatzteile geliefert, da V die Verfügungsgewalt an diesen erhält. Es handelt sich jedoch insgesamt um eine sonstige Leistung, da die Reparaturarbeit dem Geschäft sein wesentliches Gepräge gibt und damit den Schwerpunkt bildet. ■

Wenn zwar ein körperlicher Gegenstand geliefert wird, dieser aber lediglich die Nutzung einer sonstigen Leistung ermöglichen soll, so handelt es sich nicht um eine Lieferung, sondern um eine sonstige Leistung. **344**

Beispiel Verkauf von Eintrittskarten, Fahrscheinen, Flugtickets, SIM- oder Telefonkarten

Gleiches gilt bei der Lieferung von Gegenständen, die lediglich eine geistige Leistung verkörpern. **345**

Beispiel Überlassung von Manuskripten, Bau- oder Konstruktionsplänen, Gutachten

346 Beim Verkauf von auf Datenträgern verkörperter Software, die individuell für den Abnehmer entwickelt wurde, handelt es sich um eine sonstige Leistung, bei auf Datenträgern verkörperter Standardsoftware dagegen um eine Lieferung.

347 Wird Bargeld gewechselt oder in eine Fremdwährung umgetauscht, liegt nicht etwa die Lieferung von Bargeld, sondern eine sonstige Leistung vor, die darin besteht, dem Empfänger die Möglichkeit einzuräumen, die in dem hingegebenen Bargeld verkörperte Kaufkraft zu nutzen.[8]

g)　Sonderproblem: Baumaßnahmen auf fremdem Grund und Boden

》 Zur Vertiefung! 《

348 Wird auf einem Grundstück ein Gebäude errichtet, so steht dieses nach §§ 946, 94 BGB im zivilrechtlichen Eigentum desjenigen, dem das Grundstück gehört. Dies gilt nach § 95 BGB dann nicht, wenn es sich bei dem Gebäude um einen Scheinbestandteil handelt. Wird das Gebäude nach § 95 Abs. 1 BGB nur zu einem vorübergehenden Zweck mit dem Grundstück verbunden, so ist der Bauherr nicht nur wirtschaftlicher Eigentümer des Gebäudes (§ 39 Abs. 2 Nr. 1 AO). Ihm gehört das Gebäude auch in zivilrechtlicher Hinsicht. Die Absicht einer bloß vorübergehenden Verbindung des Gebäudes mit dem Grund und Boden ist insbesondere dann anzunehmen, wenn der Bauherr das Grundstück gemietet/gepachtet und in dem Miet-/Pachtvertrag mit dem Grundstückseigentümer vereinbart hat, dass das Bauwerk mit Beendigung des Vertragsverhältnisses wieder von dem Grundstück entfernt werden soll.

aa)　Leistungsempfänger bei Errichtung des Grundstücks

349 Errichtet ein Bauunternehmer (§ 2 Abs. 1 S. 1 UStG) ein Gebäude, so ist Leistungsempfänger dieser Werklieferung (§ 3 Abs. 4 UStG) derjenige, dem die Verfügungsmacht an dem Gebäude verschafft wird (§ 3 Abs. 1 UStG). Unerheblich sind dabei die Eigentumsverhältnisse. Leistungsempfänger ist der Besteller, welcher den der Werklieferung zugrundeliegenden Auftrag im eigenen Namen erteilt hat und damit Vertragspartner des Bauunternehmers geworden ist. Mit der Übergabe des Gebäudes erlangt der Besteller die Verfügungsmacht (§ 3 Abs. 1 UStG).

bb)　Weiterlieferung an den Grundstückseigentümer?

(1)　sofortige Weiterlieferung

350 Vereinbart der Grundstückseigentümer (Vermieter/Verpächter) mit dem Besteller (Bauherrn, Mieter/Pächter), dass sich das Miet-/Pachtverhältnis nunmehr auch auf das neu errichtete Gebäude erstreckt, so liegt in dieser Vereinbarung eine sofortige Weiterlieferung des Gebäudes vom Besteller an den Grundstückseigentümer. Dieser Vorgang ist steuerbar, wenn die Voraussetzungen des § 1 Abs. 1 Nr. 1 UStG vorliegen. Die demnach erforderliche Entgeltlichkeit des Vorgangs kann durch eine (anteilige) Übernahme der Baukosten durch den Grundstückseigentümer begründet sein. Auch eine Verrechnung mit den laufenden Miet-/Pachtzinszahlungen ist denkbar.

Beispiel　E ist Eigentümer eines Grundstücks, das er für 15 Jahre an den Unternehmer B vermietet. B lässt auf dem Grundstück durch den Unternehmer U eine Lagerhalle für Zwecke seines Unternehmens errichten. Die betriebsgewöhnliche Nutzungsdauer der

---

8　UStAE 3.5. Abs. 3 Nr. 17.

Lagerhalle beträgt 30 Jahre. E und B vereinbaren, dass E dem B die Kosten für die Errichtung der Lagerhalle ersetzt. Für die Nutzung der Halle zahlt B an E eine angemessene Miete. U leistet an B (Werklieferung, § 3 Abs. 4 UStG). B kann gemäß § 15 UStG die ihm von U in Rechnung gestellte Umsatzsteuer als Vorsteuer abziehen. B liefert die Lagerhalle bereits im Zeitpunkt ihrer Fertigstellung an E weiter. E wird daher nicht nur nach §§ 946, 94 BGB sachenrechtlicher Eigentümer der Lagerhalle. Er erhält auch die Verfügungsmacht i.S.v. § 3 Abs. 1 UStG (wirtschaftliches Eigentum, § 39 Abs. 2 Nr. 2 AO). Die Entgeltlichkeit dieser Weiterlieferung des B an E begründet sich dadurch, dass E dem B die Baukosten ersetzt. Eine Steuerbefreiung gemäß § 4 Nr. 9 a) UStG greift nicht ein, weil die Lieferung des B an E nicht unter § 1 GrEStG fällt. E kann die ihm von B für die Weiterlieferung in Rechnung gestellte Umsatzsteuer unter den Voraussetzungen des § 15 UStG als Vorsteuer abziehen. Dazu muss E für die Vermietung der Lagerhalle an B nach § 9 Abs. 2 S. 1 UStG auf die Steuerbefreiung des § 4 Nr. 12 S. 1 a) UStG verzichten. ■

(2) Weiterlieferung nach Ablauf der Miet-/Pachtzeit

Nutzt der Besteller das auf eigene Kosten errichtete Gebäude für sein Unternehmen, ohne hierfür eine Miete/Pacht zu zahlen, so wird er dem Grundstückseigentümer die Verfügungsgewalt regelmäßig erst nach Ablauf der Miet-/Pachtzeit verschaffen. **351**

Beispiel E ist Eigentümer eines Grundstücks, das er für 30 Jahre an den Unternehmer B vermietet. B lässt auf dem Grundstück durch den Unternehmer U eine Lagerhalle für Zwecke seines Unternehmens errichten. Die betriebsgewöhnliche Nutzungsdauer der Lagerhalle beträgt 50 Jahre. E und B vereinbaren, dass die Halle nach Ablauf der Mietzeit entschädigungslos auf E übergeht, weil B davon ausgeht, dass diese dann für seinen Betrieb wertlos sein wird. U leistet an B (Werklieferung, § 3 Abs. 4 UStG). B kann gemäß § 15 UStG die ihm von U in Rechnung gestellte Umsatzsteuer als Vorsteuer abziehen. B liefert die Lagerhalle zunächst nicht weiter an E. Da die Lagerhalle mit Ende des Mietverhältnisses voraussichtlich nicht verbraucht sein und dem E zu dessen Verfügung stehen wird, dient sie nicht vorübergehenden Zwecken (§ 95 BGB). E erlangt damit sofort nach §§ 946, 94 BGB Eigentum an dem Bauwerk. Dennoch behält B für die Dauer des Mietverhältnisses die Verfügungsmacht über die Lagerhalle. Die Verfügungsmacht geht erst mit Ablauf der Mietzeit auf E über. Die Lieferung nach Ablauf der Mietzeit erfolgt unentgeltlich. Dabei handelt es sich um eine unentgeltliche Wertabgabe nach § 3 Abs. 1b S. 1 Nr. 3 UStG, die nach § 4 Nr. 9 a) UStG umsatzsteuerbefreit ist, weil die unentgeltliche Übertragung des Gebäudes auf fremdem Grund und Boden nach §§ 1 Abs. 1 Nr. 1, 2 Abs. 2 Nr. 2, 8 Abs. 2 Nr. 1 GrEStG grunderwerbsteuerpflichtig ist. B kann aber nach § 9 Abs. 1 UStG auf diese Steuerbefreiung verzichten. ■

(3) Keine Weiterlieferung bei Scheinbestandteilen

Bei einem sog. Scheinbestandteil i.S.v. § 95 BGB erlangt der Besteller nicht nur das wirtschaftliche, sondern auch das zivilrechtliche Eigentum an dem Gebäude. **352**

Beispiel E ist Eigentümer eines Grundstücks, das er für 10 Jahre an den Unternehmer B vermietet. B lässt auf dem Grundstück durch den Unternehmer U eine Lagerhalle für Zwecke seines Unternehmens errichten. Die betriebsgewöhnliche Nutzungsdauer der Lagerhalle beträgt 15 Jahre. E und B vereinbaren, dass B die Halle nach Ablauf der Mietzeit abreißt. U leistet an B (Werklieferung, § 3 Abs. 4 UStG). B kann gemäß § 15 UStG die ihm von U in Rechnung gestellte Umsatzsteuer als Vorsteuer abziehen. B liefert die Lagerhalle nicht weiter an E und ist wegen § 95 Abs. 1 BGB rechtlicher Eigentümer der Halle. ■

(4) Keine Weiterlieferung bei wirtschaftlichem Eigentum des Bestellers

353   Keine Weiterlieferung des Bestellers an den Grundstückseigentümer liegt auch dann vor, wenn das wirtschaftliche Eigentum an dem Gebäude beim Besteller verbleibt. Dies ist insbesondere der Fall, wenn die betriebsgewöhnliche Nutzungsdauer des Gebäudes nicht länger ist als die Laufzeit des Miet-/Pachtvertrages.

2.   Gegen Entgelt

a)   Allgemeines

354   Die Leistung muss entgeltlich erfolgen.

> **Entgeltlichkeit** setzt einen Leistungsaustausch voraus, d.h. für die Leistung muss auch eine Gegenleistung geschuldet sein.

Unerheblich ist, ob die Gegenleistung tatsächlich erbracht wird. Es ist noch nicht einmal erforderlich, dass die Gegenleistung im Vorhinein vereinbart wurde. Es genügt, wenn die Gegenleistung im Nachhinein freiwillig erbracht wird.[9] Unerheblich ist ferner, ob Leistung und Gegenleistung sich wertmäßig entsprechen. Erforderlich ist aber, dass Leistung und Gegenleistung aus Sicht der Beteiligten in einem unmittelbaren Zusammenhang stehen.

b)   Tausch und tauschähnlicher Umsatz

355   Die Gegenleistung muss nicht in Geld bestehen. Als Gegenleistung kann auch die Hingabe von Sachen oder die Erbringung einer Dienstleistung vereinbart werden. In solchen Fällen handelt es sich nach § 3 Abs. 12 UStG um einen Tausch bzw. tauschähnlichen Umsatz. In solchen Fällen stellt freilich immer die Gegenleistung selbst auch eine steuerbare Leistung dar.

> **Beispiel**   U liefert dem V einen Pkw. V saniert im Gegenzug die Wohnung des U. Hier handelt es sich um einen tauschähnlichen Umsatz. Es liegen zwei Leistungen vor, für welche die jeweils andere die Gegenleistung darstellt. Demnach erfüllen beide Vorgänge den Begriff der umsatzsteuerbaren Leistung i.S.v. § 1 Abs. 1 Nr. 1 UStG. ■

c)   Schadensersatz und Entschädigungen

356   Soweit lediglich Schadensersatz gezahlt wird, handelt es sich nicht um eine Gegenleistung.

> **Beispiel**   U liefert an V einen Pkw zum Preis von 100 000 € zzgl. Umsatzsteuer i.H.v. 19 000 €. K zahlt trotz Fälligkeit den Kaufpreis zunächst nicht. Es fallen Verzugszinsen i.H.v. 1000 € an. Schließlich überweist K den Kaufpreis und die Verzugszinsen an U. Hier liegt nur ein Entgelt i.H.v. 100 000 € vor. Die Verzugszinsen sind nach §§ 280 Abs. 1, Abs. 2, 286,

---

9 UStAE 1.1. Abs. 1 S. 6, S. 8.

288 BGB pauschalierter Schadensersatz und gehören nicht zum Entgelt. Entsprechendes würde gelten, wenn U und K eine Vertragsstrafe bei nicht rechtzeitiger Leistung vereinbart hätten.

Ein Leistungsaustausch ist jedoch dann gegeben, wenn der Geschädigte im Auftrag des Schädigers einen ihm zugefügten Schaden selbst beseitigt. **357**

Beispiel U betreibt eine Werkstatt. V beschädigt schuldhaft den privaten Pkw des U und verursacht dadurch einen Schaden i.H.v. 1000 € (marktübliche Reparaturkosten). V beauftragt U den Schaden in seiner Werkstatt selbst zu reparieren und zahlt ihm dafür 1000 € zzgl. 190 € Umsatzsteuer. Hier ist der Schadensersatz, der nach § 249 Abs. 2 S. 2 BGB auch die Umsatzsteuer umfasst, zugleich Entgelt für die Reparaturleistung, die gemäß § 249 Abs. 1 BGB dem V oblegen hat.

Im Rahmen vertraglicher Beziehung fällt die Abgrenzung zwischen echtem Schadensersatz und dem entgeltlichen Leistungsaustausch oft schwer. **358**

Beispiel A vereinbart mit dem Musiker B, dass dieser auf der Hochzeit des A spielt und dafür 500 € erhält. A sagt die Hochzeit jedoch kurzfristig ab. A muss dem B nach § 326 Abs. 2 BGB dennoch das vereinbarte Honorar zahlen. Diese Zahlung stellt echten Schadensersatz dar, da ihr keine Leistung zugrunde liegt. Die bloße Leistungsbereitschaft des B stellt hier keinen wirtschaftlichen Vorteil dar, da die Hochzeit abgesagt wurde und A damit deshalb nichts anfangen kann. Ähnlich verhält es sich bei vertraglich vereinbarten Entschädigungen für die Absage der Leistung, insbesondere auch bei Stornogebühren.

Wird ein Vertrag im gegenseitigen Einvernehmen aufgelöst und dafür eine Entschädigung gezahlt, so ist die Entschädigung kein echter Schadensersatz sondern Entgelt für den Verzicht auf die weitere Ausübung vertraglicher Rechte und damit ein wirtschaftlicher Vorteil.[10] **359**

d)   Leistungsaustausch bei Personenmehrheiten

Soweit ein Verein zur Erfüllung seiner den Gesamtbelangen sämtlicher Mitglieder dienenden satzungsgemäßen Gemeinschaftszwecke tätig wird und dafür echte Mitgliedsbeiträge erhebt, die dazu bestimmt sind, ihm die Erfüllung dieser Aufgaben zu ermöglichen, fehlt es an einem Leistungsaustausch mit dem einzelnen Mitglied. Erbringt der Verein dagegen Leistungen, die den Sonderbelangen der einzelnen Mitgliedern dient, und erhebt er dafür Beträge entsprechend der tatsächlichen oder vermuteten Inanspruchnahme seiner Tätigkeit, liegt ein Leistungsaustausch vor.[11] Echte Mitgliedsbeiträge setzen voraus, dass die Beträge für alle Mitglieder gleich hoch sind oder nach einem für alle Mitglieder geltenden Bemessungsmaßstab gleichmäßig errechnet werden.[12] **360**

Bei Gesellschaften stellen Gewinnbeteiligungen der Gesellschafter kein Entgelt für die von den Gesellschaftern an die Gesellschaft erbrachte Dienste dar. Anders kann dies aber bei einem gewinnunabhängigen Sonderentgelt sein.

---

10 *Mutschler/Scheel* Umsatzsteuer, S. 17.
11 UStAE 1.4 Abs. 1.
12 *BFH* vom 8.9.1994 BStBl II, S. 957.

e)   Unentgeltliche Wertabgaben

361 Das Gesetz stellt unentgeltliche Wertabgaben Lieferungen und sonstigen Leistungen gleich.

> Vereinfacht gesagt sind **unentgeltliche Wertabgaben** Vorgänge, bei denen Gegenstände oder Leistungen des Unternehmens für Zwecke außerhalb des Unternehmens genutzt werden.

Der Sinn und Zweck dieser Gleichstellung ist in engem Zusammenhang mit dem Vorsteuerabzug nach § 15 UStG zu sehen. So ist der Unternehmer bereits bei Bezug einer Leistung für sein Unternehmen berechtigt, die ihm in diesem Zusammenhang in Rechnung gestellte Umsatzsteuer als Vorsteuer geltend zu machen. Bezieht der Unternehmer dagegen eine Leistung für seine privaten Zwecke, so steht ihm das Vorsteuerabzugsrecht nicht zu. Durch die Gleichstellung unentgeltlicher Wertabgaben mit Lieferungen und sonstigen Leistungen wird indirekt ein Vorsteuerabzug rückgängig gemacht, den der Unternehmer bei Bezug einer Leistung für sein Unternehmen zunächst berechtigt geltend gemacht hat, der sich jedoch im Nachhinein als unberechtigt herausstellt, weil der Unternehmer die Leistung dann doch nicht für sein Unternehmen nutzt. Das Gesetz regelt diese Fälle in § 3 Abs. 1b UStG und § 3 Abs. 9a UStG.

Beispiel Autohändler A schenkt seiner Frau F einen Porsche, den er zuvor beim Hersteller P zum Verkauf in seinem Autohaus erworben hatte. Die ihm dabei in Rechnung gestellte Umsatzsteuer hatte er als Vorsteuer abgezogen (§ 15 Abs. 1 Nr. 1 UStG). Gemäß § 3 Abs. 1 UStG hat A an F mit der Schenkung eine Lieferung ausgeführt, da F die Verfügungsmacht über den Porsche erlangt hat. Es fehlt jedoch an der Entgeltlichkeit, so dass der Vorgang an sich nicht nach § 1 Abs. 1 Nr. 1 UStG steuerbar ist. Die Regelung des § 3 Abs. 1b Nr. 1 UStG stellt den Vorgang jedoch einer Lieferung gegen Entgelt gleich. Damit treten die gleichen Rechtsfolgen ein, wie wenn A den Porsche von vornherein für F gekauft hätte. A muss für die Schenkung Umsatzsteuer entrichten, so dass sein Vorsteuerabzug nach § 15 Abs. 1 Nr. 1 UStG wirtschaftlich gesehen rückgängig gemacht wird. ■

3.   Eines Unternehmers

362 Die Leistung muss von einem Unternehmer erbracht worden sein.

> **Unternehmer** ist gemäß § 2 Abs. 1 S. 1 UStG, wer eine gewerbliche oder berufliche Tätigkeit selbstständig ausübt.

>> Hier gibt es wichtige Unterschiede zum einkommensteuerrechtlichen Gewerbebetrieb! «

363 Unternehmer kann eine natürliche oder eine juristische Person oder auch eine Personengesellschaft sein, unerheblich ob diese rechtsfähig ist oder nicht.

Unternehmer kann auch sein, wer ohne Gewinnerzielungsabsicht handelt, vgl. § 2 Abs. 1 S. 3 UStG. Erforderlich ist aber eine Einnahmeerzielungsabsicht („zur Erzielung von Einnahmen").

364 Nach § 2 Abs. 1 S. 3 UStG kommt es neben der Selbständigkeit entscheidend auf die Nachhaltigkeit an. Dadurch soll die gelegentliche private Einnahmeerzielung aus der Umsatzsteuerbarkeit ausscheiden.

Nachhaltig ist eine Tätigkeit, wenn gleichartige Handlungen unter Ausnutzung derselben Gelegenheit mehrfach vorgenommen werden, eine Dauerleistung erbracht, eine einmalige Handlung mit Wiederholungsabsicht vorgenommen wird oder wenn es sich um eine typische berufliche oder gewerbliche Tätigkeit handelt.

Beispiel A vermietet eine Wohnung an B. Umsatzsteuerlich ist A Unternehmer, da A selbstständig, d.h. weisungsunabhängig, und nachhaltig, d.h. planmäßig und auf Dauer angelegt, eine sonstige Leistung an B erbringt. Die Vermietung stellt daher eine umsatzsteuerbare sonstige Leistung i.S.v. § 1 Abs. 1 Nr. 1 UStG dar. ∎

Entscheidend für das Vorliegen der Unternehmereigenschaft ist das Gesamtbild der Verhältnisse im Einzelfall („offener Typusbegriff"). Die Regelung des § 2 Abs. 2 UStG grenzt negativ ab, wer nicht Unternehmer ist. Nach § 2 Abs. 2 Nr. 2 UStG ist eine Person auch dann nicht Unternehmer, wenn sie Teil einer umsatzsteuerlichen Organschaft ist. Dann liegt insgesamt nur ein Unternehmen vor und zwar das des Organträgers, vgl. § 2 Abs. 2 Nr. 2 S. 3 UStG.

365

Auch der Kleinunternehmen i.S.v. § 19 UStG ist Unternehmer i.S.v. § 2 Abs. 1 UStG. §§ 2a, 2b UStG enthalten Sondervorschriften über den Fahrzeuglieferer und juristische Personen des öffentlichen Rechts.

Keinesfalls darf ohne weiteres der Mitunternehmer i.S.v. § 15 Abs. 1 S. 1 Nr. 2 EStG als Unternehmer i.S.v. § 2 UStG angesehen werden. Der einkommensteuerliche Mitunternehmer ist ein solcher kraft seines Gesellschaftsverhältnisses. Dieses ist für § 2 UStG aber völlig unerheblich. Im Umsatzsteuerrecht kommt vielmehr die Gesellschaft als solche und nicht der einzelne Gesellschafter als Unternehmer i.S.v. § 2 UStG in Frage.

» Achtung, Grundlagenfehler! **«**

Eine juristische Person des öffentlichen Rechts ist Unternehmer, wenn sie eine wirtschaftliche Tätigkeit ausübt, die sich aus ihrer Gesamtbetätigung heraushebt. Handelt sie dabei auf privatrechtlicher Grundlage durch Vertrag, kommt es für ihre Unternehmereigenschaft auf weitere Voraussetzungen nicht an. Übt sie ihre Tätigkeit auf öffentlich-rechtlicher Grundlage aus (z.B. durch Verwaltungsakt), ist sie Unternehmer, wenn eine Behandlung als Nichtunternehmer zu größeren Wettbewerbsverzerrungen führen würde.

4. Im Rahmen seines Unternehmens

Die Leistung muss der Unternehmer im Rahmen seines Unternehmens ausführen. Gemäß § 2 Abs. 1 S. 2 UStG umfasst das Unternehmen die gesamte gewerbliche oder berufliche Tätigkeit des Unternehmers.

366

Hinweis

Es ist daher umsatzsteuerrechtlich völlig unmöglich, dass ein Unternehmer mehrere Unternehmen hat.

Beispiel A ist selbstständiger Architekt und er vermietet nebenbei eine Eigentumswohnung. Sowohl seine Architektentätigkeit als auch seine Vermietertätigkeit werden im Rahmen ein und desselben Unternehmens vollzogen. ∎

367 Zum Unternehmen gehört lediglich diejenige Tätigkeit nicht, hinsichtlich derer nicht die Voraussetzungen einer Unternehmertätigkeit nach § 2 Abs. 1 UStG erfüllt sind.

>> Die Formulierung des § 2 Abs. 1 S. 2 UStG („die gesamte berufliche Tätigkeit") ist insoweit etwas missverständlich. <<

368 **Beispiel** A ist Beamter und vermietet eine Wohnung. Als Vermieter ist er Unternehmer i.S.v. § 2 Abs. 1 UStG. Seine Tätigkeit als Beamter fällt aber nicht in den Rahmen des Unternehmens. Denn diese Tätigkeit übt er eben nicht als Unternehmer aus, so dass sie nicht zur gesamten beruflichen Tätigkeit „des Unternehmers" gehört. ■

5. Im Inland

369 Die Leistung muss im Inland ausgeführt werden. Um dies festzustellen, muss der Ort der Leistung bestimmt werden. Hier kommt es entscheidend auf die Abgrenzung zwischen Lieferung und sonstiger Leistung an, da es für beide Vorgänge unterschiedliche Regelungen über den Leistungsort gibt.

a) Ort der Lieferung

370 Der Ort der Lieferung richtet sich gemäß § 3 Abs. 5a UStG grundsätzlich nach §§ 3 Abs. 6–8 UStG, wobei die Sonderregelungen in §§ 3c, 3e, 3f, 3g UStG vorrangig zu beachten sind.

Hier sind zwei Fälle zu unterscheiden:

>> Lesen Sie sich unbedingt die gesetzlichen Bestimmungen durch. Viele Fälle lassen sich mit dem bloßen Wortlaut des Gesetzes ohne weiteres Fachwissen lösen. <<

- Der Leistungsgegenstand wird nicht befördert oder versendet: Der Ort der Lieferung wird gemäß § 3 Abs. 7 UStG bestimmt. Maßgeblich ist die tatsächliche Verschaffung der Verfügungsmacht über den Leistungsgegenstand.
- Der Leistungsgegenstand wird befördert oder versendet: Der Ort der Lieferung wird gemäß § 3 Abs. 6, Abs. 8, §§ 3c, 3e, 3f, 3g UStG bestimmt. Für den Ort der Lieferung kommt es dann nicht auf die tatsächliche Verschaffung der Verfügungsmacht an.

Beispiel Händler A (Sitz in München) übergibt die Ware in München an den Spediteur S zum Transport an den Empfänger B in Warschau. Die Lieferung wird nach § 3 Abs. 6 S. 1 UStG in München ausgeführt, weil dort die Versendung beginnt. ■

Beispiel Händler A (Sitz in München) veräußert ein in Stuttgart gelegenes Grundstück an den in Madrid ansässigen B. Hier erfolgt keine Beförderung oder Versendung, so dass der Ort der Lieferung gemäß § 3 Abs. 7 S. 1 UStG in Stuttgart ist. ■

371 Das häufig sehr komplizierte Reihengeschäft, bei dem mehrere Unternehmer über ein und denselben Gegenstand Umsatzgeschäfte abschließen, ist mit § 3 Abs. 6a S. 1 und S. 5, § 3 Abs. 7 S. 2 UStG zu lösen.[13]

Ein Reihengeschäft liegt nach § 3 Abs. 6a S. 1 UStG vor, wenn mehrere Unternehmer über denselben Gegenstand Umsatzgeschäfte abgeschlossen haben und der Gegenstand vom ersten Unternehmer (aus Zeit- und Kostenersparnis) direkt an den letzten Abnehmer gelangt. Mit dieser einen Auslieferung werden alle Umsatzgeschäfte zwischen den Unternehmern erfüllt, so dass durch einen Liefervorgang mehrere Lieferungen in der Leistungskette ausgelöst werden.

---

13 Vgl. illustrativ *Birk/Desens/Tappe* Steuerrecht, Rn. 1659 mit Beispiel.

Beispiel K bestellt bei U1 eine Maschine, die dieser aber nicht vorrätig hat. U1 bestellt die Maschine daher beim Großhändler U2, der sie wiederum vom Hersteller U3 bestellt. Um Zeit und Kosten zu sparen liefert U3 die Maschine im Einverständnis mit U2 und U1 direkt an K aus. Es handelt sich um ein Reihengeschäft i.S.v. § 3 Abs. 6a S. 1 UStG. Es liegen drei Lieferungen vor: U3 an U2, U2 an U1 und U1 an K. Durch die Auslieferung der Maschine von U3 an K werden alle drei Lieferungen gleichzeitig ausgeführt. ■

Als Rechtsfolge ordnet § 3 Abs. 6a S. 1 UStG an, dass nur eine Beförderungs- bzw. Versendungslieferung (bewegte Lieferung) vorliegt. Im Übrigen handelt es sich um ruhende Lieferungen. Der Ort der bewegten Lieferung richtet sich nach § 3 Abs. 6 S. 1 UStG. Der Ort der ruhenden Lieferung richtet sich beim Reihengeschäft nach § 3 Abs. 7 S. 2 UStG.

Zunächst muss ermittelt werden, welche Lieferung bewegt ist. Maßgeblich dafür, in welcher Leistungsbeziehung die bewegte Lieferung liegt, ist die Person, welche die Beförderung bzw. Versendung veranlasst.

Beispiel K in München bestellt bei U1 in Hamburg einen Bagger. U1 hat diesen nicht vorrätig und bestellt ihn seinerseits beim Hersteller U2 in Salzburg. Dieser beauftragt eine Spedition damit, den Bagger dem K in München auszuliefern.

Da U2 die Versendung veranlasst, ist seine Lieferung an U1 die bewegte Lieferung. Diese gilt nach § 3 Abs. 6 S. 1 UStG an dem Ort als ausgeführt, an dem sie beginnt, d.h. hier in Salzburg. Die Lieferung U2 an U1 ist damit nicht in Deutschland steuerbar, da keine Lieferung im Inland stattfindet. Die Lieferung U1 an K ist die unbewegte Lieferung. Sie folgt in der Lieferkette der bewegten Lieferung nach, so dass für den Ort § 3 Abs. 7 S. 2 Nr. 2 UStG maßgeblich ist. Demnach erfolgt die Lieferung von U1 an K in München und ist somit steuerbar. ■

Beispiel K in München bestellt bei U1 in Hamburg einen Bagger. U1 hat diesen nicht vorrätig und bestellt ihn seinerseits beim Hersteller U2 in Salzburg. Nun beauftragt K eine Spedition damit, den Bagger bei U2 in Salzburg abzuholen und nach München zu transportieren.

Da nun K die Beförderung veranlasst hat, wird die bewegte Lieferung dem Verhältnis U1 – K zugeordnet. Nach § 3 Abs. 6 S. 1 UStG ist für den Leistungsort wiederum der Beginn der Beförderung maßgeblich. Demnach ist Leistungsort auch hier Salzburg, so dass im Verhältnis U1 – K keine steuerbare Lieferung vorliegt. Die (in der Lieferkette vorangehende) unbewegte Lieferung zwischen U2 an U1 findet nach § 3 Abs. 7 S. 2 Nr. 1 UStG ebenfalls in Salzburg statt, weil sie dort beginnt. Daher liegt auch insoweit keine in Deutschland umsatzsteuerbare Leistung vor. ■

Beispiel K in München bestellt bei U1 in Hamburg einen Bagger. U1 hat diesen nicht vorrätig und bestellt ihn seinerseits beim Hersteller U2 in Salzburg. Nun beauftragt U1 eine Spedition damit, den Bagger bei U2 in Salzburg abzuholen und nach München zu transportieren.

Für diesen Fall, indem ein mittlerer Unternehmer die Beförderung oder Versendung veranlasst, wird nach § 3 Abs. 6a S. 4 UStG widerleglich vermutet, dass er die Lieferung an ihn veranlasst hat. Demnach ist hier davon auszugehen, dass die bewegte Lieferung von U2 an U1 erfolgt. Demnach liegt nach § 3 Abs. 6 S. 1 UStG wiederum keine umsatzsteuerbare

Leistung vor, da als Ort der Lieferung Salzburg anzusehen ist. Für die in der Lieferkette nachfolgende unbewegte Lieferung des U1 an K ist wegen § 3 Abs. 7 S. 2 Nr. 2 UStG München als Ort der Lieferung anzusehen. Insoweit liegt eine Lieferung im Inland und damit eine umsatzsteuerbare Lieferung vor. ■

b)   Ort der sonstigen Leistung

372   Der Ort der sonstigen Leistung richtet sich grundsätzlich nach § 3a Abs. 1 und Abs. 2 UStG, wobei die Sonderregeln in § 3a Abs. 3–8, §§ 3b ff. UStG vorrangig zu beachten sind.

373   Nach der Grundregel in § 3a Abs. 1 und Abs. 2 UStG ist zu unterscheiden:
- Ist Empfänger der sonstigen Leistung ein Unternehmer, so liegt der Ort der sonstigen Leistung gemäß § 3a Abs. 2 UStG beim Empfänger (Bestimmungslandprinzip).
- Ist Empfänger der sonstigen Leistung ein Verbraucher, so liegt der Ort der sonstigen Leistung gemäß § 3a Abs. 1 UStG beim leistenden Unternehmer (Ursprungslandprinzip).

Beispiel   Der selbstständige Programmierer U mit Sitz in München reist nach Salzburg, um für den dort ansässigen Unternehmer X dessen Mitarbeiter im Umgang mit einer neuen Betriebssoftware zu schulen. Es gilt grundsätzlich das Bestimmungslandprinzip des § 3a Abs. 2 UStG, so dass Ort der erbrachten Leistung Salzburg ist. Die Sonderregeln des § 3a Abs. 3 Nr. 3a) UStG (unterrichtende Tätigkeit) oder § 3a Abs. 4 S. 2 Nr. 3 UStG (technische Beratung) kommen zwar thematisch in Betracht. Beide setzen jedoch voraus, dass Leistungsempfänger nicht ein Unternehmer ist. Es verbleibt daher bei der Grundregel des § 3a Abs. 2 UStG. ■

II.   Die Einfuhr nach § 1 Abs. 1 Nr. 4 UStG

>> Regelmäßig keine Klausur-relevanz. <<

374   Die Einfuhr nach § 1 Abs. 1 Nr. 4 UStG meint den Import von Waren aus Ländern, die nicht zur Europäischen Union gehören (Drittländer). Hier kommt es nicht auf die Unternehmereigenschaft an, so dass auch Privatpersonen, die den Tatbestand verwirklichen, steuerpflichtig sein können. Die Besteuerung regelt § 21 UStG.

III.   Der innergemeinschaftliche Erwerb nach § 1 Abs. 1 Nr. 5 UStG

375   Auch der innergemeinschaftliche Erwerb im Inland gegen Entgelt ist nach § 1 Abs. 1 Nr. 5 UStG umsatzsteuerbar. Die Voraussetzungen werden in § 1a UStG näher geregelt. Voraussetzung ist, dass es sich um Warenverkehr innerhalb des Gemeinschaftsgebiets handelt und dass sowohl der Abnehmer, als auch der Empfänger Unternehmer oder eine juristische Person ist. Es gilt das Bestimmungslandprinzip. §§ 1b, 1c UStG enthalten Sonderregeln für Fälle, in denen der Erwerber kein Unternehmer ist und dennoch ein innergemeinschaftlicher Erwerb vorliegt.

B.   Steuerbefreiungen

376   §§ 4–5 UStG enthalten zahlreiche Steuerbefreiungen, die bewirken, dass auf einen steuerbaren Umsatz i.S.v. § 1 UStG keine Umsatzsteuer entsteht.

Wichtig sind insbesondere:
- § 4 Nr. 8 UStG: Kreditleistungen etc.
- § 4 Nr. 9 UStG: Grundstückumsätze
- § 4 Nr. 12 UStG: Vermietung von Grundstücken etc.
- § 4 Nr. 10 UStG: Versicherungsleistungen
- § 4 Nr. 14 UStG: Ärzte und Heilberufe
- § 4 Nr. 15 UStG: Sozialversicherungsleistungen
- § 4 Nr. 16 UStG: Krankenhausleistungen
- § 4 Nr. 21, 22 UStG: Schul- und Bildungsleistungen
- § 4 Nr. 26: ehrenamtliche Tätigkeiten
- § 4 Nr. 28 UStG: Lieferungen und Eigenverbrauch bei Gegenständen die ausschließlich zur Ausführung steuerfreier Umsätze bestimmt sind
- § 4b UStG: bestimmte innergemeinschaftliche Erwerbe

Gemäß § 9 UStG kann auf bestimmte Steuerbefreiungen verzichtet werden. Dies kann wirtschaftlich sinnvoll sein, um den Vorsteuerabzug nach § 15 Abs. 1 UStG zu erhalten. Dieser ist nämlich gemäß § 15 Abs. 2 S. 1 Nr. 1 UStG ausgeschlossen, wenn es um steuerfreie Umsätze geht. Wird auf die Steuerfreiheit verzichtet, so kommt der Ausschluss nach § 15 Abs. 2 S. 1 Nr. 1 UStG nicht zur Anwendung.

377

C. Die Bemessungsgrundlage

Die Bemessungsgrundlage ist nach § 10 Abs. 1 S. 1 UStG das Entgelt. Unerheblich ist grundsätzlich, ob das Entgelt dem objektiven Marktwert entspricht. Ausnahmsweise ist jedoch nach § 10 Abs. 5, Abs. 4 UStG von der sog. Mindestbemessungsgrundlage auszugehen.

378

D. Der Steuersatz

Der Auf die Bemessungsgrundlage anzuwendende Steuersatz beträgt nach § 12 Abs. 1 UStG grundsätzlich 19 %, ausnahmsweise gemäß § 12 Abs. 2 UStG 7 %. Hierzu zählt auch die infolge der Corona-Pandemie eingeführte Privilegierung von Restaurant- und Verpflegungsdienstleistungen (ohne Getränkeabgabe), die zwischen dem 30.6.2020 und dem 1.1.2023 ausgeführt werden (§ 12 Abs. 2 Nr. 15 UStG).

379

E. Entstehungszeitpunkt der Steuer

Den Entstehungszeitpunkt der Steuer regeln §§ 13, 13b Abs. 1–4 UStG.

380

F. Steuerschuldner

Wer Steuerschuldner ist, ergibt sich aus § 13 und § 13b Abs. 5–10 UStG. Grundsätzlich ist der Unternehmer Steuerschuldner. Der Gesetzgeber setzt jedoch zur Vermeidung von Steuerhinterziehung das sog. Reverse-Charge-Verfahren ein, in dem der Verbraucher die Steuer schuldet.

381

G. Der Vorsteuerabzug

382 Gemäß § 15 Abs. 1 S. 1 Nr. 1 UStG kann der Unternehmer die ihm seinerseits von einem Unternehmer in Rechnung gestellte Umsatzsteuer als sog. Vorsteuer abziehen, d.h. er kann vom Finanzamt die Erstattung dieser Vorsteuer verlangen bzw. sie mit der Umsatzsteuer verrechnen, die er dem Finanzamt als Steuerschuldner abzuführen hat.

Durch die Vorsteuer wird sichergestellt, dass die Umsatzsteuer eine (nur) den Endverbraucher belastende Steuer ist. Denn in jeder Fertigungs- und Lieferkette, an der mehrere Unternehmer beteiligt sind, kann jeder von ihnen die ihm jeweils in Rechnung gestellte Umsatzsteuer als Vorsteuer abziehen. Diese Möglichkeit endet beim Endverbraucher, der dann die Umsatzsteuer endgültig tragen muss.

383 Voraussetzung für den Vorsteuerabzug ist insbesondere, dass der Unternehmer über eine Rechnung verfügt. Was eine Rechnung ist, definiert § 14 Abs. 1 S. 1 UStG. Zusätzlich zählt § 14 Abs. 4 UStG auf, welche Angaben in einer Rechnung enthalten sein müssen, damit eine Rechnung i.S.v. § 15 Abs. 1 S. 1 Nr. 1 UStG vorliegt. Für Kleinbeträge (bis 150 €) sieht § 33 UStDV insoweit eine Vereinfachung vor, nach der eine Rechnung in diesen Fällen nicht alle der sonst vorgeschriebenen Angaben enthalten muss. Gemäß § 34 UStDV gelten zudem Fahrausweise als Rechnungen i.S.v. § 15 Abs. 1 S. 1 Nr. 1 UStG.

Da das Gesetz das Vorliegen einer Rechnung in § 15 Abs. 1 S. 1 Nr. 1 S. 2 UStG ausdrücklich als Abzugsvoraussetzung nennt, handelt es sich nicht um ein bloßes Beweismittel, sondern um eine materielle Abzugsvoraussetzung. Das Fehlen der Rechnung führt daher nicht nur zu bloßen Beweisschwierigkeiten, sondern zum gesetzlichen Ausschluss des Vorsteuerabzugs.

384 Die Leistung, für die der Unternehmer den Vorsteuerabzug geltend machen will, muss er für sein Unternehmen bezogen haben. Erwirbt er etwas für den privaten Gebrauch, so kommt ein Vorsteuerabzug demnach nicht in Frage. Insoweit steht dem Unternehmer ein Wahlrecht zu, ob er eine Leistung für sein Unternehmen, für den Privatgebrauch oder gemischt beziehen will. § 15 Abs. 1 S. 2 UStG stellt klar, dass bei einer gemischten Nutzung kein Bezug für das Unternehmen vorliegt, wenn der unternehmerische Nutzungsanteil weniger als 10 % beträgt. Der Unternehmer kann einen Gegenstand voll seinem Unternehmen, voll dem Privatgebrauch oder anteilig entsprechend des Nutzungsverhältnisses zuordnen.

Beispiel Unternehmer U erwirbt einen Pkw, den er 30 % für einen Betrieb und 70 % privat nutzen möchte. Er kann den Pkw trotz der weit überwiegenden privaten Nutzung voll seinem Unternehmen zuordnen und den Vorsteuerabzug nach § 15 Abs. 1 S. 1 Nr. 1 UStG auf den Kaufpreis vollumfänglich geltend machen. Er muss dann aber die private Nutzung des Pkw als unentgeltliche Wertabgabe nach § 3 Abs. 9a Nr. 1 UStG versteuern. U kann stattdessen den Pkw von vornherein auch lediglich zu 30 % seinem Unternehmen zuordnen. Dann steht ihm aber auch nur der Vorsteuerabzug in Höhe von 30 % zu. ◾

385 Für Grundstücke enthält der relativ neue § 15 Abs. 1b UStG eine Sonderregel. Er schließt den Vorsteuerabzug für solche Aufwendungen aus, die auf den nichtunternehmerisch genutzten Teil eines für gemischte Zwecke erworbenen Grundstücks entfallen. Ausgleichend wird durch § 3 Abs. 9a Nr. 1 Hs. 2 UStG die Steuerbarkeit der nichtunternehmerischen Nutzung als unentgeltliche Wertabgabe ausgeschlossen.

Beispiel Unternehmer U, der lediglich Abzugsumsätze ausführt, lässt zum 1.6.2021 ein Einfamilienhaus bezugsfertig errichten (Bauantrag im Januar 2021 gestellt). Die Herstellungskosten belaufen sich auf 300 000 € zzgl. 57 000 € Umsatzsteuer. U nutzt das Gebäude ab

Fertigstellung wie geplant zu 40 % für Abzugsumsätze und zu 60 % für private Wohnzwecke. U macht einen Vorsteuerabzug i.H.v. 22 800 € (40 % von 57 000 €) geltend, ohne dem Finanzamt schriftlich mitzuteilen, in welchem Umfang er das Grundstück seinem Unternehmen zugeordnet hat. Der Unternehmer kann ein bebautes Grundstück, das sowohl für unternehmerische als auch für unternehmensfremde Zwecke genutzt wird, vollständig seinem Unternehmensvermögen zuordnen. Diese Zuordnung erfordert zwingend eine zeitnahe und durch Beweisanzeichen gestützte Zuordnungsentscheidung des Unternehmers. Diese kann durch die rechtzeitige (!) Geltendmachung des Vorsteuerabzugs getroffen und kundgetan werden, also mit der Umsatzsteuervoranmeldung oder der Umsatzsteuerjahreserklärung. Erfolgt keine rechtzeitige Erklärung des Unternehmers, so kann das Gebäude insgesamt nicht dem Unternehmen zugeordnet werden, so dass ein Vorsteuerabzug nicht möglich ist. Hier hat U durch die Geltendmachung des Vorsteuerabzugs i.H.v. 40 % objektiv erkennbar zum Ausdruck gebracht, dass er das Grundstück in diesem Ausmaß seinem Unternehmen zuordnet. § 15 Abs. 1b UStG ist hier nicht anwendbar, weil U nicht das gesamte Gebäude seinem Unternehmen zugeordnet hat. Der geltend gemachte Vorsteuerabzug ist demnach rechtmäßig. ▪

Beispiel Unternehmer U, der lediglich Abzugsumsätze ausführt, lässt zum 1.1.2021 ein Einfamilienhaus bezugsfertig errichten (Bauantrag im April 2020 gestellt). Die Herstellungskosten belaufen sich auf 300 000 € zzgl. 57 000 € Umsatzsteuer. Die Nutzfläche des Gebäudes beträgt 200 qm. U nutzt das Gebäude wie von Anfang an geplant zu 40 % für seine Abzugsumsätze und zu 60 % für private Wohnzwecke. Die laufenden Aufwendungen, die auf das gesamte Gebäude entfallen, betragen im Jahr 2021 insgesamt 1500 € zzgl. 285 € Umsatzsteuer. U hat dem Finanzamt schriftlich mitgeteilt, dass er das gesamte Grundstück seinem Unternehmen zuordnet. U hat das Grundstück damit insgesamt seinem Unternehmen zugeordnet und seine Zuordnungsentscheidung dokumentiert. Da U 60 % des Gebäudes für seine privaten Zwecke verwendet, ist der Vorsteuerabzug aus den Herstellungskosten nur i.H.v. 22 800 € (40 % von 57 000 €) zulässig, § 15 Abs. 1b, Abs. 4 S. 4 UStG. Da die laufenden Kosten nicht unmittelbar der unternehmerischen oder privaten Nutzung zugeordnet werden können, ist eine Aufteilung der Kosten nach dem Verhältnis der Nutzflächen geboten, § 15 Abs. 1b, Abs. 4 S. 4 UStG. Demnach sind 40 % der laufenden Kosten als Vorsteuer abziehbar (= 114 €). ▪

Der Vorsteuerabzug ist nach § 15a Abs. 1a UStG ausgeschlossen für sog. Repräsentationsaufwendungen, also für solche Ausgaben, für die auch im Rahmen der Gewinnermittlung im Ertragsteuerrecht gemäß § 4 Abs. 5 EStG und § 12 EStG ein Abzugsverbot besteht. Dies gilt jedoch wegen europarechtlicher Vorgaben nicht für Bewirtungsaufwendungen (15 Abs. 1a S. 2 UStG).

386

Der Vorsteuerabzug kann nach Maßgabe des § 15a UStG berichtigt werden.

Online-Wissens-Check

Welche Folgen hat eine umsatzsteuerliche Organschaft?

Überprüfen Sie jetzt online Ihr Wissen zu den in diesem Abschnitt erarbeiteten Themen. Unter **www.juracademy.de/skripte/login** steht Ihnen ein Online-Wissens-Check speziell zu diesem Skript zur Verfügung, den Sie kostenlos nutzen können. Den Zugangscode hierzu finden Sie auf der Codeseite.

7. Teil
Internationales Steuerrecht

387 Das Internationale Steuerrecht betrifft grenzüberschreitende Sachverhalte, also Fälle, in denen mehr als eine Steuerrechtsordnung gleichzeitig betroffen ist.

A. Problematik

388 In der Bundesrepublik Deutschland gilt das Welteinkommensprinzip und das Quellenprinzip, d.h. der Steuerinländer (Wohnsitz oder gewöhnlicher Aufenthalt in Deutschland) ist mit seinem gesamten Welteinkommen in Deutschland steuerpflichtig und der Steuerausländer (kein Wohnsitz oder gewöhnlicher Aufenthalt in Deutschland) ist mit den Einkünften in Deutschland steuerpflichtig, die aus einer inländischen Quelle stammen. Die weit überwiegende Mehrzahl der Staaten auf der Welt verfährt genauso. Demnach kommt es zwangsläufig dazu, dass ein und derselbe Sachverhalt in mehreren Staaten gleichzeitig jeweils einen Steuertatbestand erfüllt und somit zur doppelten Steuerpflicht hinsichtlich des identischen Steuerobjekts führt.

B. Maßnahmen zur Vermeidung der Doppelbesteuerung

389 Es gibt für jeden Staat zwei Möglichkeiten, eine wegen des Gebots der Besteuerung nach der individuellen wirtschaftlichen Leistungsfähigkeit grundsätzlich unerwünschte Doppelbesteuerung zu vermeiden: Er kann durch unilaterale Maßnahmen, d.h. für sich alleine durch Regelungen in seinem nationalen Steuerrecht, oder durch bilaterale Maßnahmen, d.h. durch Verträge mit anderen Staaten, die doppelte Besteuerung ein und desselben wirtschaftlichen Vorgangs vermeiden.

I. Unilaterale Maßnahmen

390 Ein Staat kann zunächst in seinem nationalen Steuerrecht eine Regelung vorsehen, durch welche eine zunächst eingetretene Doppelbesteuerung rückgängig gemacht oder abgemildert wird. In Deutschland gibt es hierfür die Regelung des § 34c EStG. Gemäß § 34c Abs. 1 EStG kann eine Anrechnung der ausländischen Steuer durchgeführt werden (Anrechnungsmethode). Sind alle Voraussetzungen der Anrechnung erfüllt, kann stattdessen aber gemäß § 34c Abs. 2 EStG auch ein Abzug der ausländischen Steuer bei der Ermittlung der Einkünfte erfolgen, was sich insbesondere dann empfiehlt, wenn eine Vermeidung der Doppelbesteuerung durch Anrechnung daran scheitert, dass im Inland Verluste erzielt wurden. Die Anwendung des § 34c EStG ist jedoch subsidiär gegenüber der Anwendung von bilateralen Maßnahmen (vgl. § 34c Abs. 6 EStG).

II.   Bilaterale Maßnahmen

Staaten können aber auch durch völkerrechtliche Verträge vereinbaren, in welchen Fällen **391** welchem Staat die jeweils entstandene Steuer zusteht (Doppelbesteuerungsabkommen). In solchen DBA können die beteiligten Staaten zwischen Anrechnungs- und Freistellungsmethode wählen. Im Falle der Anrechnungsmethode sind gemäß § 34c Abs. 6 S. 2–6 EStG die Regelungen in § 34c Abs. 1–3 EStG entsprechend anzuwenden. Im Falle der Freistellungsmethode sieht § 32b Abs. 1 S. 1 Nr. 3 EStG zur Wahrung des objektiven Nettoprinzips einen Progressionsvorbehalt und damit eine Berücksichtigung der wegen des DBA nicht einbezogenen Einkünfte bei der Bestimmung der Tarifhöhe vor.

C.   Arten grenzüberschreitender Tätigkeit

Steuerpflichtige können grenzüberschreitend wie folgt tätig werden:

I.   Direktgeschäft

Beim Direktgeschäft hat der Steuerpflichtige nur in einem Staat eine Betriebsstätte (§ 12 AO) **392** und erbringt von dort aus grenzüberschreitende Leistungen.

Beispiel   A hat seinen Wohnsitz und seine Betriebsstätte in Deutschland und beliefert von dort aus Abnehmer in Österreich mit Waren.

In diesem Fall hat A schon wegen seines Wohnsitzes sämtliche Einkünfte in Deutschland zu versteuern. Die Einkunftsquelle ist der Betrieb des A in Deutschland, so dass eine beschränkte Steuerpflicht in Österreich nicht in Frage kommt.

Ohne Betriebsstätte (§ 12 AO) bzw. ständigem Vertreter (§ 13 AO) in Deutschland kommt eine (beschränkte) Steuerplicht nur in den Sonderfällen des § 49 Abs. Nr. 2 d) EStG in Frage.

II.   Betriebsstätte oder ständiger Vertreter im Inland

Hat der Steuerpflichtige eine Betriebsstätte (§ 12 AO) oder einen ständigen Vertreter (§ 13 **393** AO) im Inland, so kommen inländische Einkünfte i.S.v. § 49 Abs. 1 Nr. 2 a) EStG in Frage.

Beispiel   A hat seinen Wohnsitz in Österreich und eine Betriebsstätte in Deutschland. Er beliefert von seiner deutschen Betriebsstätte aus Abnehmer in Deutschland und Österreich.

Das Welteinkommensprinzip führt nicht zur Steuerpflicht des A in Deutschland, da er hier keinen Wohnsitz hat. Jedoch ist das Quellenprinzip hier einschlägig, denn aufgrund seiner Betriebsstäte in Deutschland liegt hier die Einkunftsquelle, so dass inländische Einkünfte i.S.v. § 49 Abs. 1 Nr. 2 a) EStG gegeben sind. Da auch in Österreich das Welteinkommensprinzip gilt und A dort seinen Wohnsitz hat, muss er die in Deutschland steuerpflichtigen Einkünfte auch in Österreich versteuern. Die Vermeidung dieser Doppelbesteuerung erfolgt durch das zwischen Deutschland und Österreich abgeschlossene DBA. Der Begriff der Betriebsstätte ist in diesem Fall nicht § 12 AO, sondern dem DBA als lex speciales zu entnehmen.

III. Kapitalgesellschaft

394 Wenn nicht der im Inland wohnhafte Steuerpflichtige im Ausland Einkünfte erzielt, sondern eine Kapitalgesellschaft, an welcher er beteiligt ist, so sind die Gewinne der Kapitalgesellschaft nur dann im Inland steuerpflichtig, wenn sie ausgeschüttet werden (Abschirmwirkung der Kapitalgesellschaft).

Wenn eine ausländische Kapitalgesellschaft in Deutschland Einkünfte erzielt, so sind diese nur dann (beschränkt) steuerpflichtig, wenn die Voraussetzungen des § 8 Abs. 1 KStG i.V.m. § 49 EStG erfüllt sind, also insbesondere dann, wenn die ausländische Kapitalgesellschaft im Inland eine Betriebsstätte unterhält (§ 49 Abs. 1 Nr. 2 a) EStG).

Wenn ein im Ausland wohnhafter Steuerpflichtiger Einkünfte aus einer im Inland ansässigen Kapitalgesellschaft bezieht, so unterliegt er der beschränkten Steuerpflicht nach § 49 Abs. 1 Nr. 5 a) EStG. Dies gilt entsprechend für eine im Ausland ansässige Kapitalgesellschaft, die Dividenden aus einer im Inland ansässigen Kapitalgesellschaft erhält, wobei diese nach § 49 Abs. 1 Nr. 5 a) EStG beschränkt steuerpflichtigen Einkünfte nach § 8b Abs. 5 KStG zu 95 % steuerfrei sind.

IV. Personengesellschaft

395 Da nach deutschem Recht Personengesellschaften nicht selbst Subjekt der Einkommen- bzw. Körperschaftsteuer sind, sondern die Einkünfte der Gesellschaft den Gesellschaftern zugerechnet werden (Transparenzprinzip), ergibt sich folgendes:

Wenn in Deutschland wohnhafte Steuerpflichtige an einer ausländischen Personengesellschaft beteiligt sind, so wird jedem Gesellschafter die im Ausland unterhaltene Betriebsstätte der Gesellschaft anteilig zugerechnet. Der Fall ist also im Prinzip genauso zu behandeln, als würde ein in Deutschland wohnhafter Steuerpflichtiger eine Betriebsstätte im Ausland unterhalten.

Wenn im Ausland wohnhafte Steuerpflichtige an einer inländischen Personengesellschaft beteiligt sind, so ist die inländische Betriebsstätte der Gesellschaft den Gesellschaftern anteilig zuzurechnen, so dass davon ausgegangen wird, dass jeder von ihnen eine Betriebsstätte in Deutschland unterhält, was den Tatbestand der beschränkten Steuerpflicht nach § 49 Abs. 1 Nr. 2 a) EStG erfüllt.

Erhebliche Schwierigkeiten entstehen aber dann, wenn die einschlägige ausländische Rechtsordnung die Rechtsnatur der Gesellschaft anders beurteilt als das deutsche Recht (Qualifikationskonflikt). So kann eine nach ausländischem Recht als Personengesellschaft eingeordnete Gesellschaft nach deutschem Verständnis als Kapitalgesellschaft anzusehen sein oder umgekehrt. Für Zwecke der deutschen Besteuerung kommt es hierbei nur auf die nach deutschem Recht maßgebliche Einordnung an. Es ist daher ein Typenvergleich vorzunehmen, um die rechtliche Qualität der ausländischen Gesellschaft einzuordnen. Bei unbeschränkter Haftung der Gesellschafter, Unzulässigkeit von Fremdgeschäftsführung und fehlender Übertragbarkeit der Anteile ohne Zustimmung der Gesellschafter handelt es sich nach deutschem Rechtsverständnis eindeutig um eine Personengesellschaft.[1]

---

1 *Birk/Desens/Tappe* Steuerrecht, Rn. 1466.

Nach deutschem Recht können sich im Übrigen nur Personen auf DBA berufen, d.h. natürliche und juristische Personen. Personengesellschaften sind daher nicht DBA-berechtigt. Das DBA ist folglich nur auf die einzelnen Gesellschafter der Personengesellschaften anzuwenden, soweit es sich bei ihnen nicht ebenfalls um Personengesellschaften handelt.[2]

D. Maßnahmen gegen Einkünfteverlagerungen

Zur Steuervermeidung verlagern Steuerpflichtige häufig ihre Einkünfte oder mit stillen Reserven behaftete Wirtschaftsgüter in Niedrigsteuerländer und nutzen so das erhebliche Gefälle bei der Steuerbelastung zwischen den einzelnen Ländern aus. Hierzu gibt es verschiedene Möglichkeiten, von denen im Folgenden die wichtigsten kurz dargestellt werden.

396

I. Verrechnungspreise

> **Verrechnungspreise** sind die Preise, die sich konzernangehörige Unternehmen untereinander für die erbrachten Leistungen berechnen.

397

Durch geschickte Verrechnungspreisgestaltung kann der Gewinn von einem Hoch- zu einem Niedrigsteuerland verlagert werden, ohne dass sich der Konzerngesamtgewinn dadurch ändert.[3]

Beispiel Die T-AG ist ein Tochterunternehmen des in der Schweiz ansässigen Unternehmens M. In der Schweiz gilt ein Körperschaftsteuersatz von 8,5 %. M erbringt an die T-AG eine Leistung und stellt dafür 130 000 € in Rechnung. Der marktübliche Preis für diese Leistung beläuft sich auf lediglich 100 000 €.

An sich wären bei der T-AG Betriebsausgaben in Höhe von 130 000 € abzuziehen. Jedoch handelt es sich hier um eine verdeckte Gewinnausschüttung der T-AG an die M, da die M einen Vermögensvorteil erlangt, der ihren Grund im Gesellschaftsverhältnis hat. Als Betriebsausgaben sind daher nur 100 000 € anzuerkennen. In Höhe von 30 000 € handelt es sich um eine Maßnahme der Gewinnverwendung, so dass dem Gewinn der T-AG dieser Betrag zugeschrieben werden muss. ■

Das staatliche Instrument zur steuerlichen Korrektur der steuermindernden Verrechnungspreisgestaltung ist also das Rechtsinstitut der verdeckten Gewinnausschüttung bzw. der verdeckten Einlage. Zusätzlich enthält aber § 1 Abs. 1 AStG eine daneben anwendbare Korrekturmöglichkeit.

II. Basisgesellschaften

Auch kann der Abschirmeffekt der Kapitalgesellschaften ausgenutzt werden, um Steuervorteile in grenzüberschreitenden Sachverhalten zu erzielen. Hierzu werden Basisgesellschaften gegründet und in die Einkommenserzielung eingebaut.

398

---

2 *Birk/Desens/Tappe* Steuerrecht, Rn. 1466.
3 *Birk/Desens/Tappe* Steuerrecht, Rn. 1474.

> **Basisgesellschaften** sind Kapitalgesellschaften, die keine eigene wirtschaftliche Tätigkeit betreiben, sondern in den grenzüberschreitenden Leistungsverkehr nur zu dem Zweck eingeschaltet werden, Gewinne von einem Hoch- in ein Niedrigsteuerland zu verlagern.

Beispiel A betreibt sein Gewerbe in Deutschland. Er gründet nun in Zürich eine Kapitalgesellschaft und bringt sämtliches Betriebsvermögen aus seinem in Deutschland betriebenen Gewerbe in diese Kapitalgesellschaft ein, die jedoch keinen eigenen Geschäftsbetrieb hat, sondern lediglich das eingebrachte Betriebsvermögen an A verpachtet, damit dieser in Deutschland weiterhin sein Gewerbe betreiben kann. Die Pachtzinsen setzt A in Deutschland gewinnmindernd als Betriebsausgaben an. Die in der Schweiz zu versteuernden Einnahmen aus Verpachtung unterliegen nur dem dort geltenden Körperschaftsteuersatz von 8,5 %. ■

Einer solchen Gestaltung begegnet der Gesetzgeber mit der Hinzurechnungsbesteuerung nach §§ 7 ff. AStG. Demnach sind die Einkünfte der Basisgesellschaft dem Steuerpflichtigen in Deutschland hinzuzurechnen. In obigem *Beispiel* muss A daher die Pachteinnahmen der Basisgesellschaft (auch) in Deutschland als eigene Einnahmen versteuern.

III. Gesellschafterfremdfinanzierung

399 Auch durch die Ausstattung einer deutschen Kapitalgesellschaft mit Fremdkapital eines im Ausland wohnhaften Gesellschafters lassen sich im Prinzip Steuervorteile erzielen.

Beispiel A wohnt in Österreich und gewährt der in Deutschland sitzenden A-GmbH ein unbesichertes verzinsliches Darlehen, anstatt sie mit Eigenkapital auszustatten. Die A-GmbH kann die Zinsen als Betriebsausgaben gewinnmindernd absetzen. A muss die Zinsen dagegen nicht in Deutschland versteuern, da § 49 Abs. 1 Nr. 5 c) aa) EStG eine Steuerpflicht nur bei durch Grundbesitz gesicherten Darlehen vorsieht. Hätte A der GmbH stattdessen weiteres Eigenkapital zugeführt, so hätte sich seine Einlage entsprechend erhöht und seine daraus erzielten nach § 49 Abs. 1 Nr. 5 a) EStG beschränkt steuerpflichtigen Einkünfte hätten sich erhöht. ■

Der Gesetzgeber beschränkt diese steuergünstige Gestaltung durch die Zinsschranke in § 4h EStG bzw. § 8a KStG.

IV. Wegzug und Unternehmensverlagerung

400 Zieht eine natürliche Person aus Deutschland weg und hält sie zu diesem Zeitpunkt Anteile i.S.v. § 17 EStG, so führt § 6 AStG unter den dort genannten Voraussetzungen dazu, dass ein fiktiver Veräußerungsgewinn i.S.v. § 17 EStG anfällt.

Wenn eine Körperschaft ihren Sitz oder ihre Geschäftsleitung aus dem Staatsgebiet der Bundesrepublik Deutschland in ein anderes Land verlegt, so erfolgt eine Besteuerung der dadurch aufgedeckten stillen Reserven nach § 12 KStG oder es findet eine Schlussbesteuerung i.S.v. § 11 KStG wie bei einer Auflösung statt.

Werden einzelne Wirtschaftsgüter grenzüberschreitend verlagert, so ist dies nach § 4 Abs. 1 S. 3 EStG als Entnahme anzusehen, was zur Aufdeckung der stillen Reserven führt und damit steuererhöhend wirkt.

V. Grenzüberschreitende Verlustverrechnung

Auch die grenzüberschreitende Verlustverrechnung kann dazu führen, dass in Deutschland **401** der steuerpflichtige Gewinn gemindert wird. So kann ein Gewerbetreibender im Ausland eine verlustbringende Betriebsstätte gründen. Im Rahmen von § 2 Abs. 3 EStG muss wegen des Welteinkommensprinzips auch der Verlust der ausländischen Betriebsstätte berücksichtigt werden. Jedoch sieht § 2a EStG hierfür Einschränkungen vor. Demnach dürften grundsätzlich nur Verluste ausländischer Betriebsstätten allein mit positiven Einkünften der jeweils selben Art aus demselben Staat verrechnet werden.

Auch im Rahmen einer Organschaft findet eine Verlustverrechnung statt. Jedoch erlaubt dies § 14 KStG nur, wenn die verlustbringende Organgesellschaft ihre Geschäftsleitung im Inland hat und der Bundesrepublik Deutschland das Besteuerungsrecht über den zugerechneten Gewinn beim Organträger zukommt. Die Niederlassungsfreiheit nach Art. 49 AEUV erfordert aber die Möglichkeit einer auch grenzüberschreitenden Verlustverrechnung innerhalb der Organschaft, wenn die im EU-Ausland ansässige Organgesellschaft sog. finale Verluste erleidet, d.h. wenn diese Organgesellschaft alle Verlustverrechnungsmöglichkeiten ausgeschöpft hat und auch künftig keine Möglichkeit des Verlustvortrags mehr gegeben sein wird (v.a. bei Liquidation).[4]

Online-Wissens-Check

Wie wird eine Doppelbesteuerung verhindert?

Überprüfen Sie jetzt online Ihr Wissen zu den in diesem Abschnitt erarbeiteten Themen. Unter **www.juracademy.de/skripte/login** steht Ihnen ein Online-Wissens-Check speziell zu diesem Skript zur Verfügung, den Sie kostenlos nutzen können. Den Zugangscode hierzu finden Sie auf der Codeseite.

---

4 *Birk/Desens/Tappe* Steuerrecht, Rn. 1496.

8. Teil
Steuerverfahrensrecht

402 Zum Steuerverfahren gehört das außergerichtliche Verfahren der Steuerverwaltung durch die Finanzbehörden (§ 1 AO) sowie das finanzgerichtliche Verfahren bei den Finanzgerichten und dem Bundefinanzhof (§ 33 FGO).

A. Steuerverwaltungsrecht

I. Der Steuerverwaltungsakt

1. Begriff und Inhalt

403 Der Begriff des Steuerverwaltungsakts unterscheidet sich in seinen rechtlichen Merkmalen gemäß § 118 AO nicht vom Begriff des Verwaltungsakts der Verwaltungsverfahrensgesetze des Bundes und der Länder. Ein Verwaltungsakt wird allein dadurch zum Steuerverwaltungsakt, dass sich seine Regelungswirkung auf dem Gebiet des Steuerrechts entfaltet (vgl. §§ 1, 3 AO). Der Steuerverwaltungsakt ist die regelmäßige Handlungsform der Finanzbehörden. Für ihn gelten ausschließlich die Regelungen der AO, insbesondere die allgemeinen §§ 118–133 AO. Ein Rückgriff auf die leges generales in den Verwaltungsverfahrensgesetzen von Bund und Ländern verbietet sich.

Drei Kategorien von Steuerverwaltungsakten sind zu unterscheiden[1]:
- Steuerbescheide,
- Steuerbescheiden gleichgestellte Bescheide,
- allgemeine Steuerverwaltungsakte.

a) Steuerbescheide

404 Steuerbescheide sind Steuerverwaltungsakte (§ 155 Abs. 1 S. 2 AO), die eine Steuer festsetzen. Eine Steuerfestsetzung ist die finanzbehördliche Feststellung, dass eine bestimmte Steuer in bestimmter Höhe kraft Gesetzes durch Erfüllung des jeweiligen Steuertatbestands (§ 38 AO) entstanden ist. Der Steuerbescheid ist deshalb ein feststellender (deklaratorischer) und kein rechtsgestaltender Verwaltungsakt.[2] Regelmäßig ist das Ziel des Steuerverwaltungsverfahrens der Erlass des Steuerbescheids.

Ein Steuerbescheid enthält folgende Elemente:

aa) Steuerfestsetzung

405 Ein Steuerbescheid enthält nach § 157 Abs. 1 S. 2 AO als konstituierendes Element stets mindestens eine Steuerfestsetzung. Eine solche liegt auch dann vor, wenn eine Steuer „auf null" festgesetzt wird. Die Festsetzung stellt den Tenor der behördlichen Entscheidung dar.

Beispiel „Die Einkommensteuer für 2022 wird auf 126 532 € festgesetzt." ∎

---

1 Für weitere Einteilungen vgl. *Birk/Desens/Tappe* Steuerrecht, Rn. 363 ff.
2 *Birk/Desens/Tappe* Steuerrecht, Rn. 240; *Seer* in: Tipke/Lang, Steuerrecht, § 21 Rn. 56.

bb) Angabe der Besteuerungsgrundlagen

Der Steuerbescheid gibt auch die Besteuerungsgrundlagen an. Wie sich aus § 157 Abs. 2 AO **406** ergibt, handelt es sich dabei um einen festen Bestandteil des Steuerbescheids. Besteuerungsgrundlagen sind nach der Legaldefinition des § 199 Abs. 1 AO die tatsächlichen und rechtlichen Verhältnisse, die für die Steuerpflicht und für die Bemessung der Steuer maßgebend sind. Gemeint sind die Umstände, die zur Verwirklichung eines gesetzlichen Steuertatbestands i.S.v. § 38 AO führen.

Beispiel Der deutsche Staatsangehörige A mit Wohnsitz in München erzielt als Angestellter ein Jahresgehalt i.H.v. 100 000 €. Zu den Besteuerungsgrundlagen gehören: Wohnsitz in München, Angestelltenverhältnis, Jahresgehalt 100 000 €. Diese Umstände begründen nach § 1 Abs. 1 S. 1 EStG die subjektive und gemäß §§ 2 Abs. 1 S. 1 Nr. 4, 19 Abs. 1 S. 1 Nr. 1, 38a EStG die objektive Einkommensteuerpflicht. Da die Staatsangehörigkeit hierfür keine Rolle spielt, gehört sie hier nicht zu den Besteuerungsgrundlagen (anders im Fall des § 1 Abs. 2 EStG). ■

cc) Sonstiges

Ein Steuerbescheid enthält regelmäßig (aber nicht zwingend) weitere Elemente: **407**

(1) sonstige Steuerverwaltungsakte

Ein Steuerbescheid kann neben der Steuerfestsetzung auch allgemeine Steuerverwaltungs- **408** akte enthalten, wie z.B. eine Verfügung, dass einzelne Besteuerungsgrundlagen aus Billigkeitsgründen bei der Festsetzung unberücksichtigt bleiben (§ 163 S. 1 AO) oder eine Stundungs- (§ 222 S. 1 AO) oder (Teil-)Erlassverfügung (§ 227 AO). Auch das Leistungsgebot, mit dem der Adressat des Steuerbescheids zur Zahlung aufgefordert wird (§ 254 Abs. 1 S. 1 AO), stellt einen allgemeinen Steuerverwaltungsakt dar. Außerdem gehört die sog. Anrechnungsverfügung, durch welche die Anrechnung von Steuervorauszahlungen verbindlich geregelt wird, zu den allgemeinen Steuerverwaltungsakten.[3]

Beispiel „Festgesetzt werden: 20 000 €. Anrechnung aus Lohnsteuervorauszahlung: 15 000 €. Zu zahlen sind: 5000 €." ■

(2) Nebenbestimmungen

Gemäß § 120 AO kann ein Steuerverwaltungsakt mit einer Nebenbestimmung versehen wer- **409** den. Zu den Nebenbestimmungen gehören auch der Vorbehalt der Nachprüfung (§ 164 AO) und die Vorläufigkeitsverfügung nach § 165 AO. Die Rechtmäßigkeit dieser speziellen Nebenbestimmungen im Steuerbescheid richtet sich allein nach §§ 164, 165 AO als leges speciales gegenüber § 120 AO.

Die Festsetzung einer Steuer unter Vorbehalt der Nachprüfung bewirkt, dass eine Steuerfest- **410** setzung für das Finanzamt nicht materiell bestandskräftig wird. Während für den Inhaltsadressaten des Steuerbescheids die Festsetzung mit Eintritt materieller Bestandskraft verbindlich ist, kann das Finanzamt die Festsetzung aufgrund des Vorbehalts daher ohne weiteres nach § 164 Abs. 2 S. 1 AO aufheben oder ändern. Eine Vorbehaltsfestsetzung gemäß § 164 Abs. 1 AO setzt lediglich voraus, dass ein Steuerfall noch nicht abschließend geprüft ist. Nach

---

3 *BFH* BStBl. 2005, 457, 460; *BFH*/NV 2007, 200; 2007, 1948, 1949.

§ 164 Abs. 1 S. 1 i.V.m. § 121 Abs. 2 Nr. 4 AO muss der Vorbehalt vom Finanzamt nicht begründet werden. In der Praxis macht die Finanzverwaltung von der Möglichkeit der Vorbehaltsfestsetzung exzessiv Gebrauch.

 411 Ähnlich verhält es sich bei der vorläufigen Festsetzung nach § 165 AO. Hier besteht entweder Ungewissheit über Tatsachen (§ 165 Abs. 1 S. 1 AO) oder über bestimmte Rechtsfragen (§ 165 Abs. 1 S. 2 AO). Zu den Tatsachen in diesem Sinne gehören auch vorgreifliche Rechtsverhältnisse (z.B. Wirksamkeit von Verträgen, Testamenten etc.). Die Ungewissheit muss außerdem vorübergehend sein. Handelt es sich um eine dauernde Ungewissheit, so muss sofort endgültig entschieden werden und zwar entweder nach Beweislastregeln oder – sofern die entsprechenden Voraussetzungen erfüllt sind – im Wege der Schätzung nach § 162 AO. Zeigt sich erst später, dass eine Ungewissheit dauerhaft ist, so ist eine zunächst erfolgte Vorläufigkeitsverfügung nach § 165 Abs. 2 S. 2 AO aufzuheben.

(3)   Realakte bzw. einseitige Willenserklärungen

412 Auch in einem Steuerbescheid können Realakte oder einfache Willenserklärungen enthalten sein. Am häufigsten dürfte dabei eine Aufrechnungserklärung (§ 226 AO) des Finanzamts vorkommen, wenn etwa der Adressat des Steuerbescheids gegen das Finanzamt einen Steuererstattungsanspruch hat und zugleich eine Steuer gegen ihn festgesetzt wird. Da gemäß § 226 Abs. 1 AO für die Aufrechnung die Vorschriften des bürgerlichen Rechts gelten und nach diesem die Aufrechnung ein (einseitiges) Rechtsgeschäft ist, handelt es sich auch bei der Aufrechnung durch das Finanzamt um eine einseitige Willenserklärung und damit mangels Hoheitscharakters nicht um einen Steuerverwaltungsakt.[4]

(4)   Begründung

413 Nach § 121 Abs. 1 AO ist ein schriftlicher Steuerverwaltungsakt zu begründen, soweit dies zu seinem Verständnis erforderlich ist. Aus § 121 Abs. 2 AO ergeben sich indes Fälle, in denen ein schriftlicher Steuerverwaltungsakt keiner Begründung bedarf. Insbesondere bedarf ein Steuerbescheid gemäß § 121 Abs. 2 Nr. 1 Alt. 2 AO keiner Begründung, soweit das Finanzamt mit dem Steuerbescheid lediglich der Steuererklärung (§§ 149, 150 AO) des Steuerpflichtigen folgt.

> **Beispiel**   F gibt in ihrer Einkommensteuererklärung Einkünfte aus selbstständiger Arbeit als Fotomodel an. Das Finanzamt stuft diese Tätigkeit als gewerblich ein und setzt daher Einkünfte aus Gewerbebetrieb fest. Diese Entscheidung bedarf gemäß § 121 Abs. 1 AO zumindest einer knappen Begründung, weil insoweit von der Steuererklärung der F abgewichen wird. Das Fehlen der nach § 121 Abs. 1 AO notwendigen Begründung führt zwar zur Rechtswidrigkeit des Steuerbescheids, kann aber nach § 126 Abs. 1 und 2 AO geheilt werden oder nach § 127 AO unbeachtlich sein. Gemäß § 126 Abs. 3 S. 1 AO i.V.m. § 110 AO kann dem Steuerpflichtigen jedoch Wiedereinsetzung in den vorigen Stand gewährt werden, wenn er wegen des Fehlens einer notwendigen Begründung die rechtzeitige Anfechtung des Steuerbescheids versäumt hat. ▪

---

4 *Seer* in Tipke/Lang, Steuerrecht, § 21, Rn. 322.

(5) Rechtsbehelfsbelehrung

Gemäß § 157 Abs. 1 S. 3 AO ist den Steuerbescheiden eine Rechtsbehelfsbelehrung beizufügen. Aus dem Wortlaut „beifügen" ist zu schließen, dass es sich bei der Rechtsbehelfsbelehrung nicht um einen integralen Bestandteil des Steuerbescheids handelt. Folglich führt ein Fehlen der Belehrung nicht zur Rechtswidrigkeit des Steuerbescheids, sondern nur zu einer Verlängerung der Einspruchsfrist auf ein Jahr (vgl. § 356 Abs. 2 AO).

414

b) Steuerbescheiden gleichgestellte Bescheide

Kraft gesetzlicher Verweisung können Steuerverwaltungsakte in ihrer Bedeutung Steuerbescheiden gleichgestellt werden. Dabei handelt es sich um Freistellungsbescheide (§ 155 Abs. 1 S. 3 AO), Steuervergütungsbescheide (§ 155 Abs. 4 AO), Feststellungsbescheide (§ 181 Abs. 1 S. 1 AO), Steuermessbescheide (§ 184 Abs. 1 S. 3 AO), Zerlegungsbescheide (§§ 185, 184 Abs. 1 S. 3 AO) und Zuteilungsbescheide (§§ 190 S. 2, 185, 184 Abs. 1 S. 3 AO).

415

Besonders klausurrelevant davon ist der Feststellungsbescheid gemäß § 181 Abs. 1 S. 1 AO. Während der Steuerbescheid lediglich die Steuer bestandskräftig festsetzt, stellt der Feststellungsbescheid die Besteuerungsgrundlagen bestandskräftig fest. Nach § 199 Abs. 1 AO sind Besteuerungsgrundlagen die tatsächlichen und rechtlichen Verhältnisse, die für die Steuerpflicht und die Bemessung der Steuer maßgeblich sind. Im Steuerbescheid sind die Besteuerungsgrundlagen lediglich Teil der Begründung der Festsetzung, nehmen aber an dessen Regelungswirkung nicht teil. In manchen Fällen schreibt das Gesetz aber vor, dass die Besteuerungsgrundlagen verbindlich festgestellt werden müssen (§ 179 Abs. 1 AO). Eine solche gesonderte Feststellung wird in § 180 Abs. 1 AO sowie in Einzelsteuergesetzen (z.B. § 10d Abs. 4 EStG, § 38a Abs. 4 EStG) angeordnet.

416

Die gesonderte Feststellung nach § 180 Abs. 1 S. 1 Nr. 1 AO hat ihren Sinn darin, dass bestimmte Besteuerungsgrundlagen für verschiedene Steuern relevant sind. Im Falle des § 180 Abs. 1 S. 1 Nr. 2 a) AO sind bestimmte Besteuerungsgrundlagen für eine Mehrzahl von Steuerpflichtigen relevant und daher gesondert und nach § 179 Abs. 2 S. 2 AO auch einheitlich festzustellen. In beiden Fällen bewirkt die einmal durchgeführte gesonderte Feststellung eine erhebliche Verfahrensvereinfachung, da nicht mehrmals – evtl. durch verschiedene Finanzämter – ein und dieselbe Besteuerungsgrundlage mehrmals geprüft werden muss. Auch werden so divergierende Entscheidungen vermieden und damit die einheitliche Rechtsanwendung gefördert. Im Falle des § 180 Abs. 1 Nr. 2 b) AO soll im Sinne der Verwaltungsökonomie dasjenige Finanzamt die Besteuerungsgrundlagen feststellen, das ihnen örtlich am nächsten liegt.

417

Der Feststellungsbescheid stellt für den (späteren) Steuerbescheid einen Grundlagenbescheid i.S.v. § 171 Abs. 10 AO dar, während der Steuerbescheid als Folgebescheid nach § 182 Abs. 1 S. 1 AO fungiert.

418

Beispiel Der Gewinn der ABC-KG muss nach § 180 Abs. 1 Nr. 2 a) AO gesondert und einheitlich festgestellt werden. Auf Grundlage dieses Feststellungsbescheides ergeht sodann für jeden Gesellschafter ein eigener Steuerbescheid, der die Steuer aufgrund des gesondert und einheitlich festgestellten Gewinns für jeden Gesellschafter individuell festsetzt. ■

c) allgemeine Steuerverwaltungsakte

419 Neben den oben genannten sonstigen Steuerverwaltungsakten stellt insbesondere die Prüfungsanordnung im Rahmen der Außenprüfung i.S.d. § 196 AO einen allgemeinen Steuerverwaltungsakt dar.

2. Wirksamkeitsvoraussetzungen

420 Ein Steuerverwaltungsakt ist wirksam, sobald er seinem Inhaltsadressaten bekannt gegeben wurde, soweit keine Nichtigkeitsgründe gegeben sind und solange er nicht aufgehoben, geändert oder sonst erledigt ist (vgl. § 124 AO).

a) Bekanntgabe

421 **Bekanntgabe** ist die von einem Bekanntgabewillen getragene Übermittlung des Steuerverwaltungsakts an den Inhaltsadressaten.

Dies kann geschehen durch einfachen Brief (§ 122 Abs. 2 AO), Telefax, elektronisch (§ 122 Abs. 2a AO), öffentlich (§ 122 Abs. 3, Abs. 4 AO), Zustellung (§ 122 Abs. 5 AO) und neuerdings auch durch Bereitstellung zum Datenabruf (§ 122a AO).

Wird der Verwaltungsakt durch einfachen Brief bekanntgegeben, so gilt gemäß § 122 Abs. 2 Nr. 1 AO die Bekanntgabe am dritten Tag nach Aufgabe zur Post als erfolgt. Wenn der Verwaltungsakt tatsächlich später zugegangen ist, so ist der tatsächliche Zugangszeitpunkt maßgeblich (§ 122 Abs. 2 Hs. 2 AO). Geht der Verwaltungsakt tatsächlich früher zu, so ist dieser frühere Zeitpunkt unbeachtlich. Nach (umstrittener) Auffassung des *BFH* soll es sich bei der Fiktion der Bekanntgabe am dritten Tag um eine Frist i.S.v. § 108 Abs. 3 AO handeln.[5] Folglich sind nach § 108 Abs. 1 BGB die §§ 1087 bis 193 BGB anzuwenden. Dies hat zur Folge, dass der Bekanntgabetag wegen § 193 BGB nie ein Samstag, Sonntag oder gesetzlicher Feiertag sein kann.

Nach § 122 Abs. 1 S. 4 AO soll der Verwaltungsakt dem Bevollmächtigten (z.B. Steuerberater) bekannt gegeben werden, wenn eine schriftliche Empfangsvollmacht vorliegt.

Für die Bekanntgabe an Personenmehrheiten und Ehegatten sind § 122 Abs. 6 und Abs. 7 AO zu beachten.

b) Nichtigkeitsgründe

422 Die den Regelungen der Verwaltungsverfahrensgesetze des allgemeinen Verwaltungsrechts vergleichbare Vorschrift des § 124 AO enthält die auch im Steuerrecht maßgeblichen Nichtigkeitsgründe. Hinsichtlich der Einzelheiten hierzu wird auf die verwaltungsrechtliche Literatur verwiesen.

c) Aufhebung, Änderung und Erledigung

423 Sämtliche Steuerverwaltungsakte können nach Bekanntgabe und auch noch nach Eintritt der Bestandskraft aufgehoben bzw. geändert werden. Wie im allgemeinen Verwaltungsrecht

---

5 Z.B. *BFH*/NV 2014, 1186.

kann sich auch ein Steuerverwaltungsakt in sonstiger Weise erledigen. Mangels Klausurrelevanz soll hierauf im Folgenden jedoch nicht weiter eingegangen werden. Für die Aufhebung und Änderung von Steuerverwaltungsakten kennt die AO eine Vielzahl von Vorschriften, welche im Folgenden dargestellt werden.

aa) Rücknahme nach § 130 AO

Das steuerverwaltungsrechtliche Pendant zu § 48 (L)VwVfG stellt § 130 AO dar. Dieser ermöglicht die Rücknahme rechtswidriger Steuerverwaltungsakte. Unbedingt zu beachten ist jedoch, dass diese Vorschrift nach § 172 Abs. 1 S. 1 Nr. 2 d) Hs. 2 AO nicht für Steuerbescheide (und diesen gleichgestellte Bescheide) gilt. Folglich können nur sonstige Steuerverwaltungsakte nach § 130 AO zurückgenommen werden. Hinsichtlich der Rücknahmevoraussetzungen gelten die gleichen Voraussetzungen wie im allgemeinen Verwaltungsrecht. **424**

bb) Widerruf nach § 131 AO

Wie § 49 (L)VwVfG im allgemeinen Verwaltungsrecht ermächtigt § 131 AO die Finanzbehörden zum Widerruf rechtmäßiger Steuerverwaltungsakte. Wenn sogar rechtmäßige Steuerverwaltungsakte widerrufen werden können, können nach § 131 AO erst recht auch rechtswidrige Steuerverwaltungsakte widerrufen werden. Jedoch gilt nach § 172 Abs. 1 S. 1 Nr. 2 d) Hs. 2 AO diese Vorschrift wiederum nicht für Steuerbescheide und diesen gleichgestellte Bescheide. **425**

cc) Berichtigung nach § 129 AO

Der Berichtigungstatbestand des § 129 AO gilt für alle Steuerverwaltungsakte, also auch für Steuerbescheide. Demnach können Schreibfehler, Rechenfehler und ähnliche offenbare Unrichtigkeiten, die beim Erlass eines Verwaltungsakts unterlaufen sind, jederzeit berichtigt werden. **426**

(1) Frist

Bei allgemeinen Steuerverwaltungsakten kann eine Berichtigung jederzeit, also unbefristet, erfolgen. Bei Steuerbescheiden ist jedoch stets § 169 Abs. 1 S. 1 AO zu beachten. Demnach ist eine Änderung des Steuerverwaltungsakts nicht mehr zulässig, wenn die Festsetzungsfrist abgelaufen ist. Nach der ausdrücklichen Klarstellung in § 169 Abs. 1 S. 2 AO gilt dies auch für die Berichtigung nach § 129 AO. Dauer, Beginn und Ende der Festsetzungsfrist regeln §§ 169 Abs. 2, 170, 171 AO. **427**

(2) offenbare Unrichtigkeiten

Eine ähnliche offenbare Unrichtigkeit setzt eine Ähnlichkeit mit Schreib- oder Rechenfehlern voraus. Eine solche Ähnlichkeit ist nie gegeben, wenn der Fehler ein Rechtsanwendungsfehler ist. Wenn also die Finanzbehörde die Rechtslage falsch gewürdigt hat, kann dieser Fehler selbst bei größtmöglicher Offensichtlichkeit nie nach § 129 AO korrigiert werden. Es muss sich daher um „mechanische" Fehler handeln.[6] Dies sind solche, die nicht auf einem fehlerhaften Denkprozess beruhen, sondern sich als bloßes Versehen darstellen. **428**

---

6 *Birk/Desens/Tappe* Steuerrecht, Rn. 398.

Beispiel M gibt in seiner Einkommensteuererklärung an, mit F verheiratet zu sein. M und F wählen die Zusammenveranlagung. Wenn der veranlagende Finanzbeamte dies schlicht übersieht und der Steuerbescheid dementsprechend falsch ist, kann nach § 129 AO berichtigt werden. Denn das bloße Übersehen von Angaben in der Steuererklärung stellt keine falsche Rechtsanwendung dar. Es liegt ein Fehler vor, der einem Schreib- oder Rechenfehler vergleichbar ist. Wenn der Finanzbeamte zwar nicht übersieht, dass M und F zusammen zu veranlagen sind, er jedoch glaubt, hier sei eine Einzelveranlagung durchzuführen, da M und F im Laufe des Veranlagungszeitraums die Scheidung eingereicht haben, so liegt eine offensichtlich falsche Rechtsanwendung vor. Eine Berichtigung nach § 129 AO ist dann nicht möglich. ■

Rechtsprechung und Finanzverwaltung wenden § 129 AO überwiegend auch auf Fehler der EDV an, obwohl diese oftmals keineswegs offensichtlich sind.[7]

Ein Fehler, der dem Steuerpflichtigen beim Ausfüllen seiner Steuererklärung unterlaufen ist, ist dann nach § 129 AO zu berichtigen, wenn sich das Finanzamt den Fehler zu eigen macht, d.h. wenn der Fehler für das Finanzamt anhand der eingereichten Unterlagen ohne weiteres erkennbar ist und tatsächlich ein menschlicher Sachbearbeiter die Steuererklärung „absegnet". In diesem Fall wird der Fehler des Steuerpflichtigen zum Fehler des Finanzamts.

dd) Änderung einer Vorbehaltsfestsetzung nach § 164 Abs. 2 AO

429 Gemäß § 164 Abs. 2 AO kann ein Steuerbescheid geändert werden, wenn die Steuerfestsetzung unter Vorbehalt der Nachprüfung steht. Voraussetzung ist nur, dass der Vorbehalt wirksam ist, d.h. er muss nicht rechtmäßig sein. Der Vorbehalt entfällt kraft Gesetzes nach § 164 Abs. 4 AO, wenn die Festsetzungsfrist abläuft.

ee) Änderung einer vorläufigen Festsetzung nach § 165 Abs. 2 AO

430 Gemäß § 165 Abs. 2 AO kann ein Steuerbescheid auch dann geändert werden, wenn die Steuerfestsetzung lediglich vorläufig erfolgt ist. Hinsichtlich der Festsetzungsfrist ist § 171 Abs. 8 AO zu beachten.

ff) Schlichte Änderung auf Antrag nach § 172 Abs. 1 Nr. 2 a) AO

431 Wenn und soweit der Steuerpflichtige zustimmt oder dies beantragt, kann die Steuerfestsetzung geändert werden, zu seinen Gunsten jedoch nur, wenn der Antrag bzw. die Zustimmung innerhalb der Einspruchsfrist (§ 355 AO) erfolgt ist. Antrag bzw. Zustimmung können formlos erfolgen.

gg) Änderung wegen neuer Tatsachen oder Beweismittel nach § 173 AO

432 Nach §§ 173, 172 Abs. 1 S. 1 Nr. 2 d) Hs. 1 AO sind Steuerbescheide auch aufzuheben oder zu ändern, soweit Tatsachen oder Beweismittel nachträglich bekannt werden, die zu einer höheren Steuer führen. Nach Nr. 2 der Vorschrift gilt dies auch, wenn eine niedrigere Steuer entsteht. Insoweit darf den Steuerpflichtigen aber kein grobes Verschulden am erst nachträglichen Bekanntwerden der Tatsachen bzw. Beweismittel treffen. In beiden Fällen darf nicht

---

7 *BFH* VIII R 15/10, BStBl II 2013, 307.

die Änderungssperre nach § 173 Abs. 2 AO eingreifen und freilich darf die Festsetzungsfrist nach § 169 Abs. 1 AO nicht abgelaufen sein.

Will das Finanzamt den Steuerbescheid zum Nachteil des Steuerpflichtigen ändern und sind **433** dem Finanzamt Tatsachen oder Beweismittel ausschließlich wegen Verletzung der Amtsermittlungspflicht nach § 88 AO unbekannt geblieben, so schließt der auch im Steuerschuldverhältnis geltende Grundsatz von Treu und Glauben die Änderung aus. Trifft den Steuerpflichtigen hingegen eine nicht unerhebliche Mitschuld, steht dem Finanzamt die Änderung offen.

Tatsachen i.S.v. § 173 AO sind alle tatsächlichen Zustände, Vorgänge, Beziehungen und **434** Eigenschaften materieller oder immaterieller Art.[8]

Keine Tatsachen sind insbesondere die Feststellung der Verfassungswidrigkeit einer gesetzlichen Vorschrift durch das BVerfG oder die rückwirkende Änderung des Gesetzes durch den Gesetzgeber. Auch ist der Wert einer Sache keine Tatsache, sondern eine auf den wertbegründenden Faktoren beruhende Schlussfolgerung. Eine Tatsache ist dagegen das Bestehen sog. vorgreiflicher Rechtsverhältnisse wie Kaufverträgen, Geschäftsführerverträgen etc. Die Tatsache muss rechtserheblich sein, was aber regelmäßig der Fall ist, wenn sie zu einer höheren oder niedrigeren Steuer führt.[9]

Beweismittel sind alle Erkenntnismittel, die geeignet sind, das Vorliegen oder Nichtvorlie- **435** gen von Tatsachen zu belegen.[10]

In § 92 S. 2 AO findet sich eine nicht abschließende Aufzählung von Beweismitteln.

Die Tatsachen oder Beweismittel müssen nachträglich bekannt werden. Dies bedeutet, dass **436** sie bei Erlass des Steuerbescheids bereits vorhanden waren und nicht erst nachträglich entstanden sind. Nach h.M. kommt es für die Frage der Unkenntnis auf das Wissen des zuständigen Finanzamts und innerhalb dessen auf die zuständige Dienststelle an. Dabei muss sich diese das Wissen des Vorstehers, des zuständigen Sachgebietsleiters und des zuständigen Sachbearbeiters zurechnen lassen.[11] Ohne Rücksicht auf die tatsächliche Kenntnis gilt dem Sachbearbeiter als bekannt, was in den Akten des Finanzamts über den jeweiligen Steuerpflichtigen enthalten ist. Dies gilt nicht für Umstände, die in Akten über andere Steuerpflichtige enthalten ist, selbst wenn insoweit derselbe Sachbearbeiter zuständig ist. Der Inhalt bereits weggelegter Akten ist dem Finanzamt dagegen nicht ohne weiteres bekannt, wenn für deren Beiziehung kein besonderer Anlass besteht.[12]

Ein grobes Verschulden des Steuerpflichtigen i.S.v. § 173 Abs. 1 Nr. 2 AO ist bei Vorsatz und **437** grober Fahrlässigkeit zu bejahen. Dabei begründet ein bloßes Vergessen nicht ohne weiteres eine grobe Fahrlässigkeit. Wenn der Steuerpflichtige jedoch amtliche Vordrucke und die beiliegenden Anleitungen nicht liest und deswegen in seiner Steuererklärung Angaben unter-

---

8   *BFH* VI R 94/13, BStBl II 2014, 864.
9   *Birk/Desens/Tappe* Steuerrecht, Rn. 431.
10 *Birk/Desens/Tappe* Steuerrecht, Rn. 422.
11 *BFH* VIII B 96/01, *BFH*/NV 2002, 479.
12 *Birk/Desens/Tappe* Steuerrecht, Rn. 423.

lässt, ist regelmäßig von einem groben Verschulden auszugehen. Die Feststellungslast für das Vorliegen eines groben Verschuldens trägt die Finanzbehörde. Bedient sich der Steuerpflichtige zur Erfüllung seiner steuerlichen Pflichten der Mitwirkung eines Steuerberater oder sonstigen Bevollmächtigten, so muss er sich dessen Verschulden analog §§ 110 Abs. 1 S. 2, 152 Abs. 1 S. 3 AO zurechnen lassen.[13]

438 Nach § 173 Abs. 1 Nr. 2 S. 2 AO ist das Verschulden des Steuerpflichtigen unbeachtlich, wenn die Tatsachen oder Beweismittel in einem zumindest mittelbaren Zusammenhang mit Tatsachen oder Beweismitteln stehen, die zu einer höheren Steuer führen.

Beispiel S hat steuerpflichtige Einkünfte aus Vermietung und Verpachtung. Das zuständige Finanzamt weiß dies und fordert den S mehrfach zur Abgabe einer entsprechenden Steuererklärung auf. S gibt dennoch bewusst keine Steuererklärung ab. Das Finanzamt schätzt daher gemäß § 162 AO die Einkünfte auf 100 000 €. Nach Erlass des auf dieser Schätzung beruhenden Steuerbescheids erfährt das Finanzamt, dass S aus der Vermietertätigkeit tatsächlich Einnahmen in Höhe von 100 000 € und Ausgaben in Höhe von 70 000 € hatte.

Der Änderungstatbestand des § 172 Abs. 1 Nr. 1 AO ist erfüllt, da das Finanzamt die tatsächliche Höhe der Einnahmen (wirken steuererhöhend) erst nachträglich erfahren hat. Unerheblich dafür ist, dass die geschätzte Höhe der Einnahmen mit der tatsächlichen Höhe identisch ist, da die Schätzung auch dann auf Unkenntnis beruht, wenn sie tatsächlich korrekt ist. Die Schätzung der korrekten Höhe begründet keine Kenntnis der Höhe. Hinsichtlich der Ausgaben (wirken steuermindernd) ist der Änderungstatbestand des § 172 Abs. 1 Nr. 2 AO erfüllt. An sich müsste aber wegen Vorsatzes des S die Berücksichtigung der Ausgaben unterbleiben. Da sie aber in einem unmittelbaren Zusammenhang (gleiche Einkunftsart) mit steuererhöhenden Umständen (Einnahmen) stehen, bleibt das grobe Verschulden (Vorsatz) des S unberücksichtigt. Insgesamt kann der auf der Schätzung beruhende Steuerbescheid daher gemäß § 172 Abs. 1 Nr. 1 und Nr. 2 AO geändert und so vollständig an die tatsächlichen Verhältnisse angepasst werden. ▪

hh) Änderung wegen Fehlern des Steuerpflichtigen nach § 173a AO

439 Der noch relativ junge Änderungstatbestand des § 173a AO ermöglicht die Änderung eines Steuerbescheids, der wegen Schreib- oder Rechenfehlern des Steuerpflichtigen fehlerhaft ist. Die Vorschrift ähnelt zunächst § 129 AO, erfasst aber im Gegensatz zu dieser auch die Fälle, in denen der Steuerpflichtige einen Fehler macht, der für das Finanzamt objektiv nicht erkennbar war. Dies sind insbesondere Fälle, in denen eine rein maschinelle Veranlagung erfolgt.

Anders als § 129 AO erfasst die Vorschrift aber keine „ähnlichen offenbaren Unrichtigkeiten", sondern ist in ihrem Anwendungsbereich auf Schreib- und Rechenfehler beschränkt. Dies ist insbesondere in den Fällen relevant, in denen der Steuerpflichtige einen Wert im Steuererklärungsformular in ein falsches Feld einträgt. Denn solche Fehler sind keine Schreibfehler. Sie können daher nicht nach § 173a AO korrigiert werden. Eine analoge Anwendung scheidet aus, da dem Gesetzgeber bewusst auf die Aufnahme des Merkmals der „ähnlichen offenbaren Unrichtigkeit" verzichtet hat, so dass es jedenfalls an der Planwidrigkeit der Regelungslücke fehlt.

---

13 *Birk/Desens/Tappe* Steuerrecht, Rn. 428.

In seinen Folgen unterscheidet sich § 173a AO von § 129 AO insbesondere dadurch, dass nur bei Änderungen nach § 173a AO Saldierungsmöglichkeiten nach § 177 AO bestehen.

ii) Änderung wegen widerstreitender Steuerfestsetzung nach § 174 AO

Eine Änderung des Steuerbescheids kann auch aufgrund einer widerstreitenden Steuerfestsetzung erfolgen. Das Gesetz kennt drei Arten widerstreitender Steuerfestsetzung: den positiven Widerstreit, den negativen Widerstreit und den durch Rechtsbehelf ausgelösten Widerstreit. **440**

Der positive Widerstreit ist in § 174 Abs. 1, Abs. 2 AO erfasst. Dabei wird ein und derselbe Sachverhalt mehrfach zugunsten oder zuungunsten des Steuerpflichtigen berücksichtigt. Dies kann in folgender Weise geschehen: **441**

- Derselbe Sachverhalt wird mehreren, sich gegenseitig ausschließenden Steuerarten unterworfen.

Beispiel Die Einkünfte einer Gesellschaft werden als körperschaftsteuerpflichtig behandelt, gleichzeitig werden die Einkünfte der Gesellschafter als Einkünfte aus gewerblicher Mitunternehmerschaft behandelt. ■

- Derselbe Sachverhalt wird mehreren Steuerpflichtigen zugeordnet, obwohl er nur einem zugeordnet werden kann.

Beispiel Der Abzug von AfA bei einer Maschine wird dem Leasinggeber und dem Leasingnehmer gestattet. ■

- Derselbe Sachverhalt wird in mehreren Veranlagungszeiträumen erfasst.

Beispiel Die Januarmiete geht im Dezember 2016 ein und wird sowohl im Veranlagungsjahr 2016 als auch im Veranlagungsjahr 2017 berücksichtigt. ■

- Derselbe Sachverhalt wird von mehreren Finanzämtern wegen derselben Steuerschuld berücksichtigt.

Der negative Widerstreit ist in § 174 Abs. 3 AO erfasst. In einem solchen Fall wird ein bestimmter Sachverhalt bei einer Steuerfestsetzung in der erkennbaren Annahme nicht berücksichtigt, dass der Sachverhalt in einem anderen Steuerbescheid zu berücksichtigen sei. **442**

Bei dem in § 174 Abs. 4 AO erfassten durch Rechtsbehelf ausgelösten Widerstreit kann eine Korrektur erfolgen, wenn aufgrund eines Antrags oder Rechtsbehelfs des Steuerpflichtigen ein fehlerhafter anderer Bescheid zugunsten des Steuerpflichtigen aufgehoben oder geändert wurde und deshalb die Steuerfestsetzung mit der infolge des erfolgreichen Antrags bzw. Rechtsbehelfs eingetretene Rechtslage unvereinbar ist. Die Korrektur kann für den Steuerpflichtigen, der den Antrag gestellt bzw. den Rechtsbehelf erhoben hat, oder für einen Dritten (§ 174 Abs. 5 AO) erfolgen.

> **Hinweis**
>
> Zu beachten ist unbedingt, dass eine Änderung nach § 174 AO immer nur dann in Frage kommt, wenn es um die Unvereinbarkeit von Festsetzungen in zwei verschiedenen Steuerbescheiden geht.

Beispiel Im Einkommensteuerbescheid 2022 werden Mieteinnahmen sowohl als Einnahmen aus Vermietung und Verpachtung nach § 21 EStG als auch als Einnahmen aus Gewerbebetrieb nach § 15 Abs. 1 S. 1 Nr. 1 EStG berücksichtigt. Eine Änderung nach § 174 AO kommt nicht in Frage, da es sich um eine Mehrfachberücksichtigung in ein- und demselben Steuerbescheid handelt. Der Steuerpflichtige kann dagegen nur mit dem Einspruch vorgehen. Eine Änderung nach § 174 AO ist verschuldensunabhängig möglich, so dass diese Regelung für den Steuerpflichtigen eine Änderung auch dann ermöglicht, wenn wegen seines Verschuldens eine Änderung nach § 173 Abs. 1 Nr. 2 AO ausgeschlossen ist ▪

jj) Änderung wegen Grundlagenbescheiden nach § 175 Abs. 1 Nr. 1 AO

443 Wenn ein Grundlagenbescheid erlassen, aufgehoben oder geändert wird, so muss nach § 175 Abs. 1 Nr. 1 AO auch der auf diesem beruhende Steuerbescheid als Folgebescheid erlassen, aufgehoben oder geändert werden. Grundlagenbescheide sind nach § 171 Abs. 10 AO insbesondere Feststellungsbescheide i.S.v. §§ 179, 180 AO sowie Steuermessbescheide i.S.v. § 184 AO.

Beispiel Der in 2021 erzielte Gewinn der ABC-OHG wurde von dem für die Veranlagung des für A zuständigen Finanzamts gemäß §§ 162 Abs. 5, 155 Abs. 2 AO geschätzt, da ein entsprechender Feststellungsbescheid durch das hierfür zuständige Finanzamt noch nicht erlassen worden war. Die Schätzung beläuft sich auf 100 000 €. Die Steuer wird für A darauf beruhend auf 20 000 € festgesetzt. Kurze Zeit später wird der Feststellungsbescheid erlassen und in diesem ein Verlust in Höhe von 10 000 € festgestellt. Der Steuerbescheid des A wird daher unter Änderung des vorher erlassenen Steuerbescheids nach § 175 Abs. 1 Nr. 1 AO auf null festgesetzt. ▪

kk) Änderung wegen rückwirkender Ereignisse nach § 175 Abs. 1 Nr. 2 AO

444 Die Regelung des § 175 Abs. 1 Nr. 2 AO ermöglicht die Änderung von Steuerbescheiden bei Eintritt rückwirkender Ereignisse. Ereignisse in diesem Sinne sind wie bei § 173 AO sämtliche Tatsachen und vorgreifliche Rechtsverhältnisse, nicht aber rückwirkende Gesetzesänderungen oder die bundesverfassungsgerichtliche Nichtigerklärung von Gesetzen. Im Gegensatz zu § 173 AO darf das Ereignis nicht bereits bei Erlass des Steuerbescheids vorhanden sein. Es muss vielmehr erst danach eingetreten sein.

445 Ein Ereignis hat **steuerliche Wirkung für die Vergangenheit**, wenn es den der Besteuerung in der Vergangenheit zugrunde gelegten Sachverhalt so verändert, dass bei Anwendung der Steuergesetze auf diesen geänderten Sachverhalt auch eine Änderung der Steuer eintritt.

Dies soll insbesondere der Fall sein bei der Änderung von Rechtsverhältnissen durch Ausübung zivilrechtlicher Gestaltungsrechte wie Anfechtung, Widerruf, Rücktritt, Minderung, außerdem bei Eintritt einer Bedingung, konstitutiven Verwaltungsakten, ferner bei Erstattung von Aufwendungen, die in vergangenen Jahren als Sonderausgaben oder außergewöhnlichen Belastungen geltend gemacht worden waren.[14]

---

14 *Birk/Desens/Tappe* Steuerrecht, Rn. 442.

Als rückwirkendes Ereignis gilt nach § 175 Abs. 2 S. 1 AO auch der Wegfall einer Voraussetzung für eine Steuervergünstigung, wenn gesetzlich bestimmt ist, dass diese Voraussetzung für eine bestimmte Zeit gegeben sein muss oder wenn durch Verwaltungsakt festgestellt worden ist, dass sie die Grundlage für die Gewährung der Steuervergünstigung bildet. Beispiele hierfür finden sich etwa in § 7d Abs. 6 EStG oder § 61 Abs. 3 AO.

446

§ 175 Abs. 1 S. 2 AO enthält schließlich eine Sonderregelung für den Beginn der Festsetzungsfrist, ohne die dieser Korrekturtatbestand in zahlreichen Fällen leerliefe.

Im Verhältnis zu den leges speciales der §§ 17 UStG und 16 GrEStG wird § 175 Abs. 1 Nr. 2 AO verdrängt, bleibt aber neben § 165 Abs. 2 AO anwendbar.

II)   sonstige Änderungstatbestände

Den neuen Änderungstatbeständen der §§ 175a, 175b AO dürfte allenfalls geringe Klausurrelevanz zukommen.

447

mm) Vertrauensschutz nach § 176 AO

Wird ein Steuerbescheid nach §§ 172 bis 175b oder §§ 164 Abs. 2, 165 Abs. 2 AO geändert, so ist dies nur unter Beachtung des nach § 176 AO zu schützenden Vertrauens des Steuerpflichtigen möglich.

448

nn) Saldierung nach § 177 AO

> **Hinweis**
>
> Die Vorschrift des § 177 AO enthält selbst keinen eigenständigen Änderungstatbestand.

449

Die Regelung setzt voraus, dass ein Steuerbescheid aufgrund einer Änderungsbefugnis nach §§ 172 ff. AO aufgehoben oder geändert wird. Eine solche Änderung ist an sich immer nur punktuell möglich, d.h. für jeden einzelnen Fehler des Steuerbescheids muss ein Korrekturtatbestand erfüllt sein, sonst kann er nicht korrigiert werden. Ist die Bestandskraft der Steuerfestsetzung durch einen Änderungstatbestand nach §§ 172 ff. AO aber erstmal durchbrochen, kann nach § 177 AO eine weitergehende Änderung des Steuerbescheids erreicht werden als der Änderungstatbestand erlaubt. Erfolgt aber lediglich eine Berichtigung nach § 129 AO, so lässt dies die Bestandskraft des Steuerbescheids unberührt, so dass auch § 177 AO nicht anwendbar ist.

Nach § 177 AO „mitkorrigiert" werden können materielle Fehler.

450

> **Materielle Fehler** in diesem Sinne sind gemäß § 177 Abs. 3 AO alle Fehler und offenbaren Unrichtigkeiten i.S.v. § 129 AO, die zur Festsetzung einer Steuer führen, die von der kraft Gesetzes entstandenen Steuer abweicht.

Zu beachten ist, dass offenbare Unrichtigkeiten i.S.v. § 129 AO nicht Anlass für die Berichtigung materieller Fehler nach § 177 AO sein können, dass aber materielle Fehler, die aufgrund anderer Änderungstatbestände korrigiert werden, Anlass für die Berichtigung von offenbaren Unrichtigkeiten nach § 129 AO sein können.

Nach Auffassung des *BFH* können sogar solche Fehler nach § 177 AO korrigiert werden, für die an sich auch ein Änderungstatbestand nach §§ 172 ff. AO greifen würde, für die aber eine solche Korrektur wegen Ablaufs der Festsetzungsfrist nach § 169 Abs. 1 AO nicht mehr möglich ist.[15]

Problematisch ist, dass § 177 AO keine unbegrenzte Berichtigung materieller Fehler erlaubt. Vielmehr wird der Berichtigungsrahmen begrenzt durch das Ausmaß der Änderung, die Anlass für die Änderung des Steuerbescheids ist. Dies ergibt sich aus dem Wortlaut „soweit die Änderung reicht" in § 177 Abs. 1 und Abs. 2.

»» Achtung! ««

451 Für die Durchführung einer Berichtigung nach § 177 AO dürfen nie die Fehler, die Anlass der Änderung des Steuerbescheids sind, saldiert werden (Saldierungsverbot).

Beispiel Der Steuerbescheid geht fehlerhaft von einem zu versteuernden Einkommen in Höhe von 100 000 € aus. Es wurden zu Unrecht Betriebsausgaben in Höhe von 1000 € nicht berücksichtigt, was gemäß § 173 AO änderbar wäre. Außerdem wurden Betriebseinnahmen in Höhe von 3000 € nicht berücksichtigt, was nach § 175 AO änderbar wäre. Es darf nun nicht dahingehend saldiert werden, dass die Festsetzung nur noch in Bezug auf Betriebseinnahmen in Höhe von 2000 € nach § 175 AO zu ändern wäre. ■

»» Nicht vertauschen! ««

452 Es müssen andererseits immer die Fehler, die nicht Anlass der Änderung des Steuerbescheids sind, saldiert werden (Saldierungsgebot).

Beispiel Der Steuerbescheid geht fehlerhaft von einem zu versteuernden Einkommen in Höhe von 100 000 € aus. Es wurden zu Unrecht Betriebsausgaben in Höhe von 1000 € nicht berücksichtigt, was gemäß § 173 AO änderbar wäre. Außerdem wurden Betriebseinnahmen in Höhe von 3000 € nicht berücksichtigt, was nach § 175 AO änderbar wäre. Gleichzeitig liegen weitere Betriebsausgaben in Höhe von 500 € und Betriebseinnahmen in Höhe von 4000 € vor, die jeweils nicht berücksichtigt wurden, für die aber kein Korrekturtatbestand nach §§ 172–175b AO erfüllt ist. Hier müssen die 4000 € Betriebseinnahmen und die 500 € Betriebsausgaben saldiert werden, so dass im Ergebnis noch 3500 € Betriebseinnahmen als materieller Fehler i.S.v. § 177 Abs. 3 AO mitberichtigungsfähig sind. ■

453 Bei der Berichtigung nach § 177 AO kommen stets nur „gegenläufige" Fehler in Betracht.

> **Gegenläufige Fehler** sind solche, die sich für den Steuerpflichtigen anders auswirken als diejenigen, die Anlass der Änderung der Steuerfestsetzung sind.

Im vorgenannten *Beispiel* sind noch 3500 € Betriebseinnahmen i.S.v. § 177 Abs. 3 AO zu berichtigen. Betriebseinnahmen wirken steuererhöhend. Das Erfordernis der Gegenläufigkeit bedeutet nun, dass der Fehler, der Anlass für die Änderung der Steuerfestsetzung ist, steuermindernd sein muss. D.h. die Berücksichtigung des materiellen Fehlers in Höhe von 3500 € kann hier nur im Zusammenhang mit der Änderung nach § 173 AO bezüglich der Betriebsausgaben in Höhe von 500 € erfolgen. Die Korrektur nach § 173 AO gibt den Rahmen der Änderungsmöglichkeit vor, d.h. den Umfang, in dem die Bestandskraft durchbrochen werden darf. Dieser beläuft sich auf 500 € zugunsten des Steuerpflichtigen. Von den 3500 € Betriebs-

---

15 *BFH* X R 38/90, BStBl II 1992, 504.

einnahmen können daher nur 500 € zuungunsten des Steuerpflichtigen berücksichtigt werden. Die weitergehenden 3000 € bleiben unberücksichtigt. Es kommt so zu einer Saldierung, so dass die Änderung nach § 173 AO im Ergebnis unterbleiben muss, da die Fehler wegen der Saldierung insoweit keine steuerliche Auswirkung haben. Anders ist dies bei den nach § 175 AO zu berichtigenden Betriebseinnahmen in Höhe von 3000 €. Diese Änderung der Steuerfestsetzung kann „ungestört" durchgeführt werden, da insoweit keine gegenläufigen materiellen Fehler nach § 177 AO zu berücksichtigen sind.

II. Die Ermittlung der Besteuerungsgrundlagen

1. Grundlagen

Die Ermittlung der Besteuerungsgrundlagen ist geprägt vom Untersuchungsgrundsatz nach **454** § 88 AO und dem Legalitätsprinzip gemäß § 85 AO. Die Regelungen in §§ 85, 88 AO weisen den Finanzbehörden nur ihre Aufgaben zu, enthalten jedoch keine Befugnis für bestimmte Maßnahmen. Nach § 90 AO kann der Steuerpflichtige die Ermittlung der Besteuerung nicht einfach den Finanzbehörden überlassen. Er muss hieran mitwirken. Insbesondere hat er nach §§ 149 ff. AO Steuererklärungen abzugeben.

Der Umfang der behördlichen Ermittlungspflicht und die Mitwirkungspflicht des Steuer- **455** pflichtigen stehen in Wechselwirkung zueinander. Je weniger der Steuerpflichtige mitwirkt, desto weniger muss das Finanzamt ermitteln und kann bei entsprechenden Anhaltspunkten vom Vorliegen steuerbegründender bzw. steuererhöhender Tatsachen ausgehen. Dabei gilt jedoch grundsätzlich, dass die Feststellungslast für steuerbegründende bzw. steuererhöhende Tatsachen die Finanzbehörde trifft, während die Unerweislichkeit steuermindernder Tatsachen zulasten des Steuerpflichtigen geht.

Nach § 162 AO kann die Finanzbehörde die Besteuerungsgrundlagen unter den dort **456** genannten Voraussetzungen auch schätzen. Ferner kann die Finanzbehörde aufgrund der Vermutungsregeln der §§ 158 161 AO von der Sachaufklärung absehen. Die Vorschriften der §§ 101 bis 104 AO enthalten Mitwirkungsverweigerungsrechte, während § 30a Abs. 5 AO klarstellt, dass auch die Banken zur Mitwirkung der Sachaufklärung gemäß § 93 AO verpflichtet sind.

Als verfassungsrechtliches Gegengewicht zur umfassenden Offenbarungspflicht des Steuer- **457** pflichtigen gewährt ihm das in § 30 AO geregelte Steuergeheimnis den Schutz seiner für Besteuerungszwecke den Finanzbehörden offenbarten persönlichen Daten.

2. besondere Verfahrensarten

Das Gesetz regelt in §§ 193 ff. AO die besonderen Voraussetzungen und Verfahrensregeln für **458** Außenprüfungen und in §§ 208, 404 AO die Aufgaben und Befugnisse der Steuerfahndung. Während die Außenprüfung eine offene und terminlich abgesprochene Ermittlung der Besteuerungsgrundlagen „vor Ort" darstellt, ist die Arbeit der Steuerfahndung mit derjenigen der Kriminalpolizei zu vergleichen und kann deshalb auch teilweise verdeckt erfolgen.

Die nach § 196 AO vorab zu erteilende Prüfungsanordnung bestimmt den Umfang der Außenprüfung. Sie stellt einen Steuerverwaltungsakt nach § 196 AO dar, gegen den der Betroffene Einspruch einlegen und Klage erheben kann.

Wenn der mit der Außenprüfung betraute Beamte Verfahrens- und Formvorschriften verletzt, ergibt sich daraus nicht ohne weiteres ein Verwertungsverbot. Findet die Prüfung jedoch ohne rechtmäßige Prüfungsanordnung statt oder verletzt der Prüfer während der Prüfung Grundrechte des Steuerpflichtigen, so können die sich daraus ergebenden Erkenntnisse steuerlich nicht verwertet werden, wenn der Steuerpflichtige sich gegen die jeweiligen Maßnahmen oder jedenfalls gegen den darauf beruhenden Steuerbescheid mit Einspruch und/oder Klage wehrt und damit zu erkennen gibt, dass er der Verwertung nicht zustimmt.[16]

III. Die Festsetzung der Steuer

459   Die Festsetzung kann mit oder auch ohne Steuerbescheid erfolgen und ist nur bis zum Ablauf der Festsetzungsverjährung möglich.

1. Steuerfestsetzung ohne Steuerbescheid

460   Eine Festsetzung ohne Steuerbescheid findet im Fall der sog. Steueranmeldung nach § 150 Abs. 1 S. 3 AO statt. Eine Steueranmeldung ist vorgeschrieben bei der Umsatzsteuer gemäß § 18 Abs. 1 3 UStG, der Lohnsteuer nach § 41a EStG, der Kapitalertragsteuer nach § 44 Abs. 1, 45a Abs. 1 EStG und der Versicherungssteuer gemäß § 8 VersStG. In ihrer Wirkung entspricht die Steueranmeldung gemäß § 168 AO einer Steuerfestsetzung unter Vorbehalt der Nachprüfung i.S.v. § 164 AO. Folglich kann der Steuerpflichtige auch gegen seine eigene Steueranmeldung Einspruch einlegen. Wenn die Steueranmeldung zu einer Steuervergütung oder einer Herabsetzung der bisher entrichteten Steuer führt, so steht die Steueranmeldung nach § 168 S. 2 AO erst dann einer Steuerfestsetzung gleich, wenn das Finanzamt zustimmt.

2. Festsetzungsverjährung

461   Wenn die Festsetzungsfrist abgelaufen ist, erlischt nach § 47 AO der Anspruch auf die noch nicht festgesetzte Steuer. Eine Festsetzung ist dann nach § 169 Abs. 1 S. 1 AO nicht mehr zulässig. Die Festsetzungsfrist beträgt nach § 169 Abs. 2 S. 1 Nr. 2 AO in der Regel vier Jahre. Gemäß § 169 Abs. 2 S. 2 AO verlängert sich die Festsetzungsfrist bei leichtfertiger Steuerverkürzung (§ 378 AO) auf fünf Jahre, bei Steuerhinterziehung (§ 379 AO) auf zehn Jahre. Die Frist beginnt nach § 170 Abs. 1 AO mit Ablauf des Kalenderjahres der Steuerentstehung. In den meisten Fällen kommt jedoch die Anlaufhemmung des § 170 Abs. 2 Nr. 1 AO zum Tragen. Wenn – wie regelmäßig – eine Steuererklärungspflicht besteht, beginnt die Frist erst mit Ablauf des Jahres, in dem die Steuererklärung abgegeben wurde, spätestens jedoch mit Ablauf des dritten Folgejahrs nach Entstehung der Steuer (§ 38 AO). Das Fristende wird häufig durch Ablaufhemmungstatbestände des § 171 AO hinausgeschoben.

IV. Das Einspruchsverfahren

462   Das Einspruchsverfahren ist als „verlängertes Veranlagungsverfahren" ausgestaltet. Denn auf den zulässigen Einspruch hin wird nach § 367 Abs. 2 S. 1 AO der gesamte Steuerbescheid erneut geprüft.

---

16 *Birk/Desens/Tappe* Steuerrecht, Rn. 505.

Für die Änderung des Steuerbescheids im Einspruchsverfahren bedarf es keiner Korrekturvorschrift, da der Bescheid infolge des Einspruchs noch nicht bestandskräftig ist. Wenn der Steuerpflichtige erkennbar keine Gesamtprüfung will, sondern lediglich einen bestimmten Aspekt berücksichtigt haben möchte, so ist seine Eingabe im Hinblick auf Art. 19 Abs. 4 GG nicht als Einspruch zu verstehen, sondern als Antrag auf eine „schlichte Änderung" nach § 172 Abs. 1 S. 1 Nr. 2a AO auszulegen. **463**

Einspruch gegen einen Steuerverwaltungsakt

A. Zulässigkeit

    I. Statthaftigkeit, §§ 347, 348 AO

    II. Form, § 357 AO

    III. Frist, § 355 AO

    IV. Beschwer, § 350 AO

    V. Einspruchsbefugnis, §§ 352, 353 AO

    VI. kein Einspruchsverzicht, § 354 AO

    VII. keine Einspruchsrücknahme, § 362 AO

    VIII. allgemeines Rechtsschutzbedürfnis

B. Begründetheit

    I. formelle Rechtswidrigkeit des Steuerverwaltungsakts

    II. materielle Rechtswidrigkeit des Steuerverwaltungsakts

    III. subjektive Rechtsverletzung, Art. 2 Abs. 1 GG

PRÜFUNGSSCHEMA

---

1. Zulässigkeit

Der Einspruch ist nach § 358 AO zulässig, wenn alle Sachentscheidungsvoraussetzungen erfüllt sind. **464**

a) Statthaftigkeit

Der Einspruch ist nach § 347 Abs. 1 S. 1 Nr. 1 AO gegen Steuerverwaltungsakte i.S.v. § 118 AO insbesondere in Abgabenangelegenheiten statthaft. Was Abgabenangelegenheiten sind, definiert § 347 Abs. 2 AO. Demgegenüber regelt § 348 AO, in welchen Fällen der Einspruch nicht statthaft ist. **465**

b) Form

Nach § 357 Abs. 1 AO muss der Einspruch schriftlich eingelegt werden, wobei weder eine Unterschrift noch die Bezeichnung als „Einspruch" notwendig ist. Hinsichtlich des Inhalts des Einspruchs enthält § 357 Abs. 3 AO Sollvorschriften. **466**

c) Frist

Nach § 355 Abs. 1 AO muss der Einspruch innerhalb eines Monats nach Bekanntgabe des Verwaltungsakts eingelegt werden. Fehlt es an einer korrekten Rechtsbehelfsbelehrung, so beträgt die Einspruchsfrist nach § 355 Abs. 2 AO ein Jahr. Der Einspruch muss innerhalb der Frist bei der nach § 357 Abs. 2 AO zuständigen Behörde eingehen. Die Fristberechnung erfolgt nach § 108 Abs. 1, Abs. 3 AO. Wiedereinsetzung ist nach § 110 Abs. 1 S. 1 AO möglich, wobei für die Frage des Verschuldens auch eine Zurechnung nach § 110 Abs. 1 S. 2 AO erfolgen kann. **467**

» Hier begegnen in Klausuren natürlich oft die aus anderen Rechtsgebieten bekannten Fristprobleme (allgemeines Grundwissen) «

d) Beschwer

468 Der Einspruchsführer muss nach § 350 AO eine Beschwer schlüssig geltend machen. Dies kann er insbesondere dadurch, dass er eine Rechtsverletzung rügt. Bei einem Steuerbescheid kann sich aus den nicht gesondert festgestellten Besteuerungsgrundlagen keine Beschwer ergeben.

> **Beispiel** Der Steuerbescheid geht hinsichtlich der vom Steuerpflichtigen erzielten Mieteinnahmen von Einkünften aus Gewerbebetrieb i.S.v. § 15 Abs. 1 S. 1 Nr. 1 EStG und nicht von Einkünften aus Vermietung und Verpachtung nach § 21 EStG aus. Diese Besteuerungsgrundlage kann der Steuerpflichtige als solche mangels Beschwer nicht mit dem Einspruch angreifen. ▪

469 Auch bei einer zu niedrigen oder einer Nullfestsetzung kann sich in Ausnahmefällen ebenfalls eine mögliche Rechtsverletzung ergeben.[17]

> **Beispiel** A vereinnahmt Umsatzsteuer in Höhe von 100 000 € und macht Vorsteuerbeträge in Höhe von insgesamt 150 000 € geltend. Das Finanzamt erkennt von der geltend gemachten Vorsteuer 50 000 € nicht an, weil es davon ausgeht, dass A die entsprechenden Ausgaben nicht für sein Unternehmen getätigt hat. Es erfolgt daher im Umsatzsteuerbescheid 2021 eine Festsetzung von 0 €. A ist hier durch diese Nullfestsetzung in Höhe von 50 000 € im Einspruchsverfahren beschwert. ▪

e) Einspruchsbefugnis

470 Nur in den Ausnahmefällen der §§ 352 und 353 AO ist auch eine besondere Einspruchsbefugnis erforderlich.

f) kein Verzicht, keine Rücknahme

471 Auf den Einspruch darf nicht nach § 354 AO verzichtet worden sein. Auch darf er nicht nach § 362 AO bereits zurückgenommen worden sein.

g) allgemeines Rechtsschutzbedürfnis

472 Das nicht ausdrücklich aber gewohnheitsrechtlich anerkannte Erfordernis des Rechtsschutzbedürfnisses ist auch im Einspruchsverfahren zu beachten. Es fehlt insbesondere in Fällen, in denen der Steuerpflichtige sein Rechtsschutzziel ebenso gut einfacher erreichen kann.

2. Begründetheit

473 Der Einspruch ist begründet, wenn der angegriffene Steuerverwaltungsakt rechtswidrig ist und der Einspruchsführer dadurch in seinen Rechten verletzt wird.

a) formelle Rechtswidrigkeit

474 Der Verwaltungsakt ist muss von der zuständigen Behörde, im gesetzmäßigen Verfahren und in der hierfür vorgesehenen Form erlassen worden sein. Die Regelungen zur Zuständigkeit finden sich in §§ 16–29a AO. Nach § 126 AO können formelle Fehler im Verwaltungsverfahren jedoch geheilt worden sein. Auch können solche Fehler nach § 127 AO unbeachtlich sein, so dass sie nicht zum Erfolg des Einspruchs führen.

---

17 Vgl. AEAO zu § 350 Nr. 2, Nr. 3.

b) materielle Rechtswidrigkeit

Der Steuerverwaltungsakt ist materiell rechtswidrig, wenn er nicht auf einer gültigen Ermächtigungsgrundlage beruht, deren Voraussetzungen nicht eingehalten werden oder die ausgesprochene Rechtsfolge nicht durch die Ermächtigungsgrundlage gedeckt ist.

475

aa) Änderungsbescheide

Beim Einspruch gegen Änderungsbescheide ist vorrangig § 351 Abs. 1 Hs. 1 AO zu beachten, der den Prüfungsmaßstab einschränkt. Demnach können solche Verwaltungsakte grundsätzlich nur insoweit angegriffen werden, wie die Änderung reicht. Demnach kann der Steuerpflichtige gegen den Änderungsbescheid nur einwenden, dass die Voraussetzungen für die Änderung nicht vorliegen oder dass im Wege der Berichtigung nach § 177 AO eine gegenläufige Änderung zu berücksichtigen ist. Ferner können aber auch solche Einwendungen vorgebracht werden, die schon gegen den ursprünglichen Verwaltungsakt begründet waren.

476

> **Beispiel** Der Steuerbescheid setzt bestandskräftig eine Steuer in Höhe von 10 000 € fest. Sodann wird aufgrund einer Änderung nach § 173 AO eine Steuer in Höhe 12 000 € festgesetzt. Durch seinen Einspruch gegen diesen Änderungsbescheid kann der Steuerpflichtige wegen § 351 Abs. 1 Hs. 1 AO nur die ursprüngliche Festsetzung in Höhe von 10 000 € erreichen. ■

Nach § 132 AO hat der Steuerpflichtige aber auch im Rechtsbehelfsverfahren einen Anspruch auf Beachtung der Korrekturvorschriften. Im Sinne von § 351 Abs. 1 Hs. 2 AO kann sich aus diesen etwas Anderes ergeben. Wenn also ein Änderungsbescheid eine bestandskräftige Festsetzung nach §§ 172 ff. AO zum Nachteil des Steuerpflichtigen ändert, kann dieser nach §§ 351 Abs. 1 Hs. 2, 132 AO erreichen, dass eine Festsetzung erfolgt, die günstiger ist als die im ursprünglichen Steuerbescheid, sofern auch zu seinen Gunsten ein Korrekturtatbestand nach §§ 172 ff. AO eingreift.

477

> **Beispiel** Der Steuerbescheid setzt bestandskräftig eine Steuer in Höhe von 10 000 € fest. Sodann wird aufgrund einer Änderung nach § 173 Abs. 1 Nr. 1 AO eine Steuer in Höhe von 12 000 € festgesetzt. Der Steuerpflichtige ist zurecht der Auffassung, dass auch die ursprüngliche Festsetzung falsch war und der Fehler nach § 173 Abs. 1 Nr. 2 AO zu korrigieren ist. Korrekt wäre demnach die Festsetzung von 8000 €. Durch seinen Einspruch gegen den Änderungsbescheid kann der Steuerpflichtige nach §§ 351 Abs. 1 Hs. 2, 132 i.V.m. § 173 Abs. 1 Nr. 2 AO auch die Festsetzung in Höhe von 8000 € erreichen. ■

bb) Folgebescheide

Nach § 351 Abs. 2 AO können Entscheidungen in einem Grundlagenbescheid nicht durch Einspruch gegen den Folgebescheid angegriffen werden. Der Grundlagenbescheid stellt vielmehr selbst einen Verwaltungsakt dar, gegen den der Einspruch statthaft ist. Im Einspruch gegen den Folgebescheid kann aber eingewendet werden, dass der Grundlagenbescheid nicht wirksam bekannt gegeben wurde, nichtig ist oder nicht richtig umgesetzt wurde.

478

> **Beispiel** Der Feststellungsbescheid stellt nach §§ 179 Abs. 1, 180 Abs. 1 S. 1 Nr. 2 a) AO einen Gewinn der ABC-OHG in Höhe von 1 000 000 € fest. Der Steuerbescheid des A setzt darauf beruhend eine Steuer in Höhe von 300 000 € fest. Will A geltend machen, dass seine Steuer zu hoch festgesetzt wurde, weil die ABC-OHG weniger Gewinn erzielt habe,

so muss er unter Beachtung von § 352 AO den Feststellungsbescheid angreifen, da dieser für seinen Steuerbescheid einen Grundlagenbescheid darstellt. ◼

c) Rechtsverletzung

479 Ein rechtswidriger Steuerverwaltungsakt verletzt den (beschwerten) Einspruchsführer zumindest in seinen Rechten aus Art. 2 Abs. 1 GG.

3. Entscheidung

480 Das Finanzamt kann dem Einspruch nach § 367 Abs. 2 S. 3 AO abhelfen oder eine Einspruchsentscheidung treffen. Gegen die Einspruchsentscheidung ist nach § 348 Nr. 1 AO kein weiterer Einspruch statthaft.

Infolge der nach § 367 Abs. 2 S. 1 AO vorgeschrieben Gesamtprüfung kann sich auch eine Verböserung ergeben. In einem solchen Fall ist der Einspruchsführer nach § 367 Abs. 2 S. 2 AO hierauf hinzuweisen und ihm Gelegenheit zur Stellungnahme (und damit auch zur Einspruchsrücknahme) zu geben.

V. Erhebung und Vollstreckung

481 Das Erhebungsverfahren ist in §§ 218 ff. AO geregelt, das Vollstreckungsverfahren in §§ 249 ff. AO. In diesen Verfahren geht es um die Verwirklichung des durch Festsetzung entstandenen Steueranspruchs. Die Erhebung wie auch die Vollstreckung setzt lediglich einen wirksamen Titel i.S.v. § 218 Abs. 1 AO voraus. Nicht erforderlich ist, dass dieser Titel auch rechtmäßig ist. Es ist daher auch eine Vollstreckung rechtswidriger Steuerbescheide möglich. Der Steueranspruch muss außerdem fällig und darf noch nicht erloschen sein.

482 Grundlage für die Verwirklichung von Steueransprüchen kann auch der sog. Abrechnungsbescheid i.S.v. § 218 Abs. 2 AO sein. Es handelt sich dabei um einen Verwaltungsakt, dessen Regelungsgehalt darin besteht, festzustellen, ob und inwieweit ein Steueranspruch (noch) besteht. Vor allem im Zusammenhang mit der Aufrechnung nach § 226 AO spielt der Abrechnungsbescheid eine erhebliche Rolle. Denn wenn das Finanzamt eine Steuerschuld erheben möchte und der Steuerpflichtige die Aufrechnung bspw. mit einem Erstattungsanspruch erklärt, so wird das Finanzamt in einem Abrechnungsbescheid feststellen, ob und in welchem Umfang die Aufrechnung zum Erlöschen der Steuerschuld geführt hat. Freilich kann sich der Steuerpflichtige auch gegen einen Abrechnungsbescheid mit dem Einspruch wehren (§ 347 Abs. 1 S. 1 Nr. 1 AO).

Beispiel Das Finanzamt setzt gegen A eine Einkommensteuer in Höhe von 100 000 € bestandskräftig fest. A ist der Auffassung, dass er gegen das Finanzamt noch einen Anspruch auf Erstattung von Umsatzsteuer aus dem vorvergangenen Veranlagungszeitraum in Höhe von 10 000 € hat und erklärt gegenüber dem Finanzamt die Aufrechnung. Das Finanzamt erkennt die Aufrechnung nicht an und erlässt einen Abrechnungsbescheid, in dem festgestellt wird, dass der Anspruch des Finanzamts auf Zahlung von Einkommensteuer nach wie vor in Höhe von 100 000 € besteht. ◼

483 Wird gegen einen Steuerbescheid Einspruch eingelegt, so hindert dies nach § 361 Abs. 1 AO nicht die Vollziehung des Bescheids, so dass das Erhebungs- und auch das Vollstreckungsverfahren durch den Einspruch nicht beendet wird. Wird jedoch nach einem Einspruch die Vollziehung nach § 361 Abs. 2 AO ausdrücklich ausgesetzt, so kann der Steueranspruch weder erhoben, noch vollstreckt werden.

B. Steuerprozessrecht

Das Steuerprozessrecht ist spezialgesetzlich in der FGO auf Grund der Ermächtigung in Art. 108 Abs. 6 GG geregelt.   **484**

I. Verfahrensgrundsätze

1. Dispositionsmaxime

Nach der Dispositionsmaxime (Verfügungsgrundsatz) sind allein die Beteiligten (§ 57 FGO)   **485**
befugt, über den Streitgegenstand zu verfügen. Nur die Beteiligten (und nicht das Gericht) können die Klage ändern (§ 67 FGO), sie zurücknehmen (§ 72 FGO) und das Klagebegehren für erledigt erklären (vgl. § 138 FGO). Auch wenn das Gericht nicht an die Fassung der Anträge gebunden ist (§ 96 Abs. 1 S. 2 FGO), darf es über das Klagebegehren nicht hinausgehen und deshalb auch keine verbösernde Entscheidung treffen. Die Dispositionsmaxime reicht indes nicht soweit, dass den Beteiligten die Möglichkeit eines gerichtlichen Vergleichs offensteht. Denn wegen der strikten Bindung der Finanzverwaltung an das Gesetz, darf sie grundsätzlich (Ausnahme: sog. tatsächliche Verständigung) keine vertraglichen Regelungen auf dem Gebiet der Steuerverwaltung treffen. Deshalb sollen solche Regelungen auch im Steuerprozess keine Anerkennung finden.

2. Untersuchungsgrundsatz

Gemäß § 76 Abs. 1 S. 1 FGO erforscht das Gericht den Sachverhalt von Amts wegen (Untersu-   **486**
chungsgrundsatz). Dies bedeutet, dass das Gericht im Rahmen des von den Beteiligten zur Entscheidung gestellten Streitgegenstandes das Gericht für die Erforschung des Sachverhalts zuständig und insoweit nicht an das Beteiligtenvorbringen gebunden ist (§ 76 Abs. 1 S. 5 FGO). Die Beteiligten sind bei der Erforschung des Sachverhalts lediglich „heranzuziehen" (§ 76 Abs. 1 S. 2 FGO).

3. Beschleunigungsgrundsatz

Nach dem Beschleunigungsgrundsatz soll das finanzgerichtliche Verfahren möglichst   **487**
schnell durch eine Entscheidung abgeschlossen werden. Ausdruck findet dieser durch das Rechtsstaatsprinzip dirigierte Grundsatz v.a. in den Regelungen der §§ 76 Abs. 2, 77 Abs. 1 S. 2, 65 Abs. 2, 79 Abs. 1, 79b FGO, die allesamt der Förderung eines zügigen Verfahrensablaufs dienen.

4. Mündlichkeitsgrundsatz

Gemäß § 90 Abs. 1 FGO entscheidet das Gericht grundsätzlich auf Grund mündlicher Ver-   **488**
handlung. Daraus folgt, dass das Gericht bei seiner Entscheidung nach mündlicher Verhand-

lung nur solche Umstände berücksichtigen darf, zu denen sich die Beteiligten mündlich äußern konnten. Aus § 91 Abs. 2 FGO ergibt sich aber, dass bei ordnungsgemäßer Ladung auch ohne den ausgebliebenen Beteiligten verhandelt und entschieden werden kann (kein Versäumnisurteil im Steuerprozess!). Ansonsten darf das Gericht auch ohne Durchführung einer mündlichen Verhandlung entscheiden bei Beschlüssen (§ 90 Abs. 1 S. 2 FGO), bei einverständlichem Verzicht (§ 90 Abs. 2 FGO) und in gemäß § 90a Abs. 1 FGO für Gerichtsbescheide geeigneten Fällen.

5. Grundsatz des rechtlichen Gehörs

489 Aus Art. 103 Abs. 1 GG ergibt sich der im deutschen Prozessrecht allgemein vorherrschende Verfahrensgrundsatz, wonach jedem Beteiligten das Recht zusteht, vor Gericht mit seinem Vorbringen gehört zu werden. Dieser Grundsatz wird insbesondere in § 96 Abs. 2 FGO durch das Verbot von Überraschungsentscheidungen konkretisiert. Auch das Äußerungsrecht nach § 92 Abs. 3 FGO ist Ausprägung des Anspruchs auf rechtliches Gehör. Auch die Mitteilung der Besteuerungsgrundlagen nach § 75 FGO sowie das Recht auf Akteneinsicht gemäß § 78 FGO dienen der Gewährung rechtlichen Gehörs.

6. Grundsatz der freien richterlichen Beweiswürdigung

490 Aus § 96 Abs. 1 S. 1 FGO ergibt sich der Grundsatz der freien richterlichen Beweiswürdigung. Demnach ist das Gericht bei der Würdigung der gemäß §§ 81 ff. FGO erhobenen Beweise grundsätzlich nicht an formale Beweisregeln gebunden. Aber auch im Finanzprozess gelten die allgemeinen Regeln zur Feststellungslast (materielle Beweislast). Die Feststellungslast entscheidet darüber, wer die Folgen davon zu tragen hat, dass eine beweisbedürftige Tatsache nicht zur Überzeugung des Gerichts feststeht. Dabei trägt das Finanzamt grundsätzlich die Feststellungslast für steuerbegründende Umstände (z.B. Betriebseinnahmen). Der Steuerpflichtige trägt dagegen grundsätzlich die Feststellungslast für steuerbeschränkende Umstände, d.h. insbesondere für Umstände, die zu einer Steuerbefreiung, -ermäßigung oder -minderung führen (z.B. Betriebsausgaben). Eine Ausnahme von diesen beiden Grundsätzen gilt v.a. dann, wenn Umstände allein in der Verantwortungssphäre eines Beteiligten liegen und deshalb nur diesem die Beweisführung möglich und zumutbar ist.[18]

7. Grundsatz der Öffentlichkeit

491 Gemäß § 52 Abs. 1 FGO i.V.m. § 169 GVG finden mündliche Verhandlungen grundsätzlich öffentlich statt. Zur Wahrung des Steuergeheimnisses (§ 30 AO) sieht § 52 Abs. 2 FGO vor, die Öffentlichkeit auf Antrag eines Beteiligten (i.d.R. des Klägers) auszuschließen. Ansonsten sieht auch § 52 Abs. 1 FGO i.V.m. § 171b GVG einen Ausschluss der Öffentlichkeit vor.

II. Die finanzgerichtliche Klage

492 Die finanzgerichtliche Klage hat Erfolg, wenn sie zulässig und begründet ist.

---

18 *BFH* vom 7.7.1983, BStBl. II 1983, 760.

PRÜFUNGSSCHEMA

1. Die Zulässigkeit

Die Klage ist zulässig, wenn alle Sachurteilsvoraussetzungen erfüllt sind.   **493**

a) Finanzrechtsweg, § 33 FGO

Da streitentscheidende Normen in Abgabenangelegenheiten stets zum Sonderrecht des **494** Staates zählen, handelt es sich bei Streitigkeiten in Abgabenangelegenheiten stets um öffentlich-rechtliche Streitigkeiten i.S.v. § 40 Abs. 1 VwGO (sog. Sonderrechtstheorie). Der Verwaltungsrechtsweg ist dennoch nicht eröffnet, wenn ein Fall der aufdrängenden Sonderzuweisung zum Finanzrechtsweg gemäß § 33 FGO gegeben ist. Nach § 33 Abs. 1 Nr. 1 FGO ist der Finanzrechtsweg in öffentlich-rechtlichen Streitigkeiten über Abgabenangelegenheiten gegeben, soweit die Abgaben der Gesetzgebung des Bundes unterliegen und durch Bundesfinanzbehörden oder Landesfinanzbehörden verwaltet werden. Demnach ist der Finanzrechtsweg insbesondere dann nicht gegeben, wenn Streit um Kommunalabgaben herrscht. Denn diese sind in den Kommunalabgabengesetzen der Länder geregelt, unterliegen also nicht der Gesetzgebung des Bundes.

Bei der Gewerbesteuer ist der Rechtsweg „gespalten": Die Ermittlung der Besteuerungsgrundla- **495** gen und damit die Festsetzung des Gewerbesteuermessbetrages (§ 14 S. 1 GewStG) obliegt gemäß der Grundregel des Art. 108 Abs. 2 S. 1 GG den Finanzbehörden. Damit wird die (bundesgesetzlich geregelte) Gewerbesteuer insoweit von den Landesfinanzbehörden verwaltet, so dass der Finanzrechtsweg für Streitigkeiten über die Besteuerungsgrundlagen bzw. den Gewerbesteuermessbetrag gegeben ist. Gemäß Art. 108 Abs. 4 S. 2 GG i.V.m. §§ 1, 16 Abs. 1 GewStG ist die Erhebung sowie die Festsetzung und damit ein Teil der Verwaltung der Gewerbesteuer den Gemeinden übertragen. Besteht demnach Streit über die Festsetzung und Erhebung der Gewerbesteuer, ist der Finanzrechtsweg nicht gegeben, weil insoweit die Gewerbesteuer nicht gemäß § 33 Abs. 1 Nr. 1 FGO von den Landesfinanzbehörden verwaltet wird.

In öffentlich-rechtlichen Streitigkeiten über die zur Energiepreispauschale ergehenden Verwaltungsakte ist nach der aufdrängenden Sonderzuweisung des § 120 Abs. 2 EStG der Finanzrechtsweg eröffnet.

Sofern der Finanzrechtsweg nicht nach derartigen Sondervorschriften oder gemäß § 33 FGO gegeben ist, ist die Eröffnung des Verwaltungsrechtswegs nach § 40 Abs. 1 VwGO zu prüfen.

b)   Die statthafte Klageart

496   Die FGO kennt dieselben Klagearten wie die VwGO:

- Anfechtungsklage, § 40 Abs. 1 Var. 1 FGO,
- Verpflichtungsklage, § 40 Abs. 1 Var. 2 FGO,
- Fortsetzungsfeststellungsklage, § 100 Abs. 1 S. 4 FGO,
- allgemeine Feststellungsklage, § 40 Abs. 1 Var. 3 FGO,
- allgemeine Leistungsklage, § 41 Abs. 1 FGO.

Welche Klage statthaft ist, richtet sich nach dem Rechtsschutzbegehren des Klägers, vgl. §§ 76 Abs. 2, 96 Abs. 1 S. 2 FGO.

Die Anfechtungsklage zielt auf Aufhebung oder Änderung eines Steuerverwaltungsakts. So kann der Steuerpflichtige insbesondere die Herabsetzung der festgesetzten Steuer mit der Anfechtungsklage erreichen (vgl. §§ 40 Abs. 1 Var. 1, 100 Abs. 2 S. 1 FGO). Wegen der rechtsgestaltenden Wirkung eines stattgebenden Urteils handelt es sich bei der Anfechtungsklage um eine Gestaltungsklage.

Die Verpflichtungsklage ist richtige Klageart, wenn der Steuerpflichtige den Erlass eines Steuerverwaltungsakts erreichen möchte. Meistens wird es dabei um den Erlass eines Steuerbescheides gehen, der einen bestandskräftigen Steuerbescheid zugunsten des Klägers ändert (§§ 173 ff. AO).

Die Fortsetzungsfeststellungsklage gemäß bzw. analog § 100 Abs. 1 S. 4 FGO entspricht dem Rechtsschutzbegehren des Klägers, wenn sich ein Verwaltungsakt vor bzw. nach Klageerhebung erledigt hat. So liegt der Fall etwa, wenn das Finanzamt eine Außenprüfung anordnet (§ 196 AO), der Steuerpflichtige hiergegen klagt und das Finanzamt die Außenprüfung vor Urteilserlass durchgeführt hat.

Die allgemeine Leistungsklage, die anders als in der VwGO in § 40 Abs. 1 Var. 3 FGO eine ausdrückliche gesetzliche Regelung erhalten hat, ist statthaft, wenn der Kläger eine Leistung (Tun oder Unterlassen) begehrt, die nicht im Erlass eines Steuerverwaltungsakts besteht. Dies ist bspw. der Fall, wenn der Kläger die Auszahlung eines Guthabens begehrt, oder wenn der Kläger verhindern will, dass das Finanzamt eine Kontenabfrage durchführt (§ 30a AO).

Mit der Feststellungsklage erreicht der Steuerpflichtige sein Klageziel, wenn dieses in der Feststellung des Bestehens oder Nichtbestehens eines Rechtsverhältnisses oder der Nichtigkeit eines Steuerverwaltungsakts besteht. Bspw. ist dies der Fall, wenn das Finanzamt den Steuerbescheid inhaltlich an einen Verstorbenen adressiert, anstatt an dessen Rechtsnachfolger. Letzterer kann die Nichtigkeit eines solchen Steuerbescheides im Wege der Feststellungsklage feststellen lassen. Auch kann der Steuerpflichtige auf Feststellung klagen, dass er nicht verpflichtet ist, Umsatzsteuervoranmeldungen (§ 18 Abs. 1 UStG) abzugeben.[19] Zu beachten ist, dass die Feststellungsklage gemäß § 41 Abs. 2 S. 1 FGO subsidiär ist, sofern es dem Kläger nicht um die Feststellung der Nichtigkeit eines Steuerverwaltungsaktes geht (§ 41 Abs. 2 S. 2 FGO).

---

19   *BFH* vom 4.6.1970, BStBl. II 1970, 648.

c) Klagebefugnis

Zur Vermeidung von Popularklagen muss der Kläger auch im Finanzgerichtsprozess bei allen **497**
Klagearten geltend machen, in eigenen Rechten betroffen zu sein.

Für die Anfechtungs-, die Verpflichtungs- und die allgemeine Leistungsklage wird dieser allgemeine Rechtsgedanke in § 40 Abs. 2 FGO spezialgesetzlich geregelt. Demnach ist der Kläger klagebefugt, wenn er schlüssig behauptet, durch den angegriffenen Steuerverwaltungsakt bzw. dessen Ablehnung oder Unterlassung bzw. durch die Ablehnung oder Unterlassung
der begehrten sonstigen Leistung in seinen Rechten verletzt zu sein. Demnach muss eine
Rechtsverletzung aufgrund des als richtig unterstellten klägerischen Sachvortrags als möglich
erscheinen. Regelmäßig ist der Kläger bei der Anfechtungsklage daher schon deshalb klagebefugt, weil er Adressat eines ihn belastenden Steuerverwaltungsakts ist und damit eine Verletzung in seiner allgemeinen Handlungsfreiheit nach Art. 2 Abs. 1 GG nicht von vornherein
ausgeschlossen erscheint (sog. Adressatentheorie).

Der kaum klausurrelevante § 40 Abs. 3 FGO erweitert die Klagebefugnis insbesondere zugunsten von Gemeinden. Diese werden durch den Steuerverwaltungsakt der Finanzbehörde
grundsätzlich nicht in ihren Rechten, sondern in Ermangelung einer umfassenden subjektiven Rechtsstellung lediglich in ihren fiskalischen Interessen betroffen.

Für die Feststellungs- und die Fortsetzungsfeststellungsklage fehlt es an einer gesetzlichen
Regelung zur Klagebefugnis. Dennoch ist diese zur Vermeidung von Popularklagen auch hier
als ungeschriebene Sachurteilsvoraussetzung erforderlich.

§ 48 FGO schränkt die Klagebefugnis wegen fehlender persönlicher Beschwer bei Steuerverwaltungsakten über die einheitliche und gesonderte Feststellung von Besteuerungsgrundlagen (§ 179 AO) ein. § 42 FGO schränkt die Klagebefugnis außerdem in sachlicher Hinsicht ein,
indem angeordnet wird, dass eine Rechtsverletzung durch Änderungs- und Folgebescheide
nur insoweit geltend gemacht werden kann, wie dies im Vorverfahren möglich ist. Inwieweit
dies der Fall ist, ergibt sich aus § 351 AO.

Die an sich gegebene Klagebefugnis entfällt gemäß § 50 Abs. 1 S. 3 FGO stets bei einem wirksamen Klageverzicht.

d) Erfolgloses außergerichtliches Vorverfahren

Ist nach §§ 347, 348 AO ein außergerichtlicher Rechtsbehelf (Einspruch) gegeben, ist für die **498**
Zulässigkeit der Klage gemäß § 44 Abs. 1 FGO ein (im Zeitpunkt des Urteilserlasses) erfolglos
durchgeführtes Vorverfahren über den außergerichtlichen Rechtsbehelf notwendig.

Erfolglos ist ein Vorverfahren dann, wenn der Einspruch als unzulässig verworfen oder als
unbegründet zurückgewiesen wurde. Dabei ist nach Sinn und Zweck des außergerichtlichen
Rechtsbehelfsverfahrens für ein „durchgeführtes" Vorverfahren aber zumindest ein form- und
fristgerechter Einspruch nötig, damit der Finanzbehörde die Prüfung des angegriffenen Verhaltens nicht aus rein formalen Gründen verschlossen bleibt und somit das Ziel des Vorverfahrens von vornherein nicht erreicht werden kann.

Ein Vorverfahren ist entbehrlich in den Fällen des § 45 Abs. 1 (Sprungklage) und Abs. 4 (Siche-
rungsverfahren) sowie des § 46 FGO (Untätigkeitsklage). In der Rechtsprechung ist anerkannt,
dass es eines Vorverfahrens außerdem auch dann nicht bedarf, wenn der Steuerpflichtige
durch eine Einspruchsentscheidung erstmals beschwert wird.[20]

---

20 *BFH* vom 4.11.1987, BStBl. II 1988, 377.

e) Feststellungsinteresse

499   Bei der Feststellungsklage muss der Kläger nach § 41 Abs. 1 FGO ein berechtigtes Interesse an der begehrten Feststellung haben. Dieses Feststellungsinteresse liegt vor, wenn der wirtschaftliche Bereich des Klägers betroffen ist und wenn ohne die gerichtliche Feststellung eine Gefährdung seiner rechtlich geschützten Interessen zu befürchten ist.[21]

f) Fortsetzungsfeststellungsinteresse

500   Bei der Fortsetzungsfeststellungsklage bedarf es für deren Zulässigkeit eines berechtigten Interesses an der Feststellung der Rechtswidrigkeit des erledigten Verwaltungsakts bzw. des Unterlassens oder der Ablehnung eines Verwaltungsakts. Ein solches Fortsetzungsfeststellungsinteresse liegt im Steuerprozess regelmäßig in der Wiederholungsgefahr. Denn bei laufend veranlagten Steuern muss der Steuerpflichtige befürchten, dass das Finanzamt auch in einem späteren Veranlagungszeitraum ihre streitige Rechtsauffassung zum Nachteil des Steuerpflichtigen vertreten wird. Bei erledigten Außenprüfungsanordnungen besteht das Fortsetzungsfeststellungsinteresse dagegen in der Regel darin, dass der Steuerpflichtige erreichen möchte, dass die bei der Außenprüfung ermittelten Tatsachen nicht bei einer Änderungsveranlagung verwertet werden dürfen, weil die Außenprüfungsanordnung wegen gravierender Verfahrensverstößen rechtswidrig war.

g) Ordnungsgemäße Klageerhebung

501   Die Klage ist gemäß § 64 Abs. 1 FGO schriftlich zu erheben. Der notwendige Inhalt der Klageschrift ergibt sich aus § 65 Abs. 1 S. 1 FGO. Dabei kann sich dieser Inhalt analog §§ 133, 157 BGB auch durch Auslegung ergeben, was selbst dann gilt, wenn ein Steuerberater die Klageschrift formuliert hat.[22] Nach § 62 Abs. 1 FGO ist eine Prozessvertretung durch einen Bevollmächtigten nicht erforderlich, aber nach § 62 Abs. 2 FGO durch die dort genannten Personen erlaubt.

h) zuständiges Gericht

502   Die Klageschrift muss beim zuständigen Finanzgericht eingehen. Die sachliche Zuständigkeit des Finanzgerichts ergibt sich aus § 35 FGO, die örtliche Zuständigkeit folgt aus § 38 FGO.

i) Klagefrist

503   Die Anfechtungsklage ist gemäß § 47 Abs. 1 S. 1 FGO fristgebunden. Die Klagefrist beträgt einen Monat, wobei Wiedereinsetzung in den vorigen Stand unter den Voraussetzungen des § 56 FGO zu gewähren ist. Die Fristgebundenheit der Verpflichtungsklage ergibt sich aus § 47 Abs. 1 S. 2 FGO. Bei den anderen Klagearten gibt es keine Fristgebundenheit.

j) Beteiligten- und Prozessfähigkeit

504   Die Beteiligten- und Prozessfähigkeit ergibt sich aus § 57 FGO bzw. § 58 FGO.

k) allgemeines Rechtsschutzbedürfnis

505   Jeder Rechtsbehelf ist nur dann zulässig, wenn das allgemeine Rechtsschutzbedürfnis gegeben ist. Dieses wird bereits durch die Klagebefugnis indiziert.

---

21 *BFH* vom 11.4.1991, BStBl. II 1991, 729; 29.7.2003, BStBl. II 2003, 829.
22 *BFH* vom 3.11.2010, IV R 15/08.

2. Die Begründetheit

Die Klage ist begründet, wenn sie gegen den richtigen Beklagten gerichtet ist (§ 63 FGO) **506** und ...

- bei der Anfechtungsklage: ... soweit der angefochtene Verwaltungsakt (in der Klausur konkret benennen!) rechtswidrig und der Kläger dadurch in seinen Rechten verletzt ist (§ 100 Abs. 1 S. 1 FGO).
- bei der Verpflichtungsklage: ... soweit die Ablehnung/Unterlassung des Verwaltungsakts (konkret benennen!) rechtswidrig und der Kläger dadurch in seinen Rechten verletzt ist (§ 101 S. 1 FGO; bei Ermessens-Verwaltungsakten zusätzlich erforderlich: Spruchreife). Dies ist der Fall, wenn der Kläger einen Anspruch auf den begehrten Verwaltungsakt (konkret benennen!) hat.
- bei der allgemeinen Leistungsklage: ... soweit die Ablehnung/Unterlassung der begehrten Leistung rechtswidrig und der Kläger dadurch in seinen Rechten verletzt ist. Dies ist der Fall, wenn der Kläger einen Anspruch auf die begehrte Leistung (konkret benennen!) hat.
- bei der Fortsetzungsfeststellungsklage: ... wenn der angegriffene Verwaltungsakt (konkret benennen!) rechtswidrig war.
- bei der Feststellungsklage: ... wenn das Rechtsverhältnis (konkret benennen!) besteht bzw. nicht besteht (je nach klägerischem Begehren) bzw. wenn der Verwaltungsakt (konkret benennen!) nichtig ist. Bsp. für die begehrte Feststellung des Nichtbestehens eines Rechtsverhältnisses: „Die Klage ist begründet, wenn sie gegen den richtigen Beklagten gerichtet ist und wenn der Kläger nicht verpflichtet ist, monatliche Umsatzsteuervoranmeldungen abzugeben."

Bei der Passivlegitimation gilt nicht das im Verwaltungsprozessrecht übliche Rechtsträger- **507** prinzip. Die Klage ist gemäß § 63 FGO daher immer gegen eine Finanzbehörde gerichtet.

» Großer Unterschied zum Verwaltungsprozess! «

III. Die Revision

Die Finanzgerichtsbarkeit besteht aus lediglich zwei Instanzen und kennt daher keine Beru- **508** fung. Gegen Urteile der Finanzgerichte ist deshalb allein die Revision zum Bundesfinanzhof in München (§ 2 FGO) möglich.

1. Zulässigkeit (§ 124 Abs. 1 FGO)

a) Statthaftigkeit

Die Revision ist gemäß § 115 Abs. 1 FGO bzw. § 90a Abs. 2 S. 2 FGO statthaft, wenn es sich um ein **509** Urteil bzw. einen Gerichtsbescheid (§ 90a Abs. 3 FGO) eines Finanzgerichts handelt und entweder dieses die Berufung im Urteil bzw. Gerichtsbescheid ausdrücklich zugelassen hat oder wenn die Zulassung auf die Nichtzulassungsbeschwerde (§ 116 FGO) vom Bundesfinanzhof ausgesprochen wurde. Gemäß § 155 FGO i.V.m. § 556 ZPO ist auch die Anschlussrevision statthaft.

b) Form- und fristgerechte Revisionseinlegung

Die Einlegung der Revision muss den formalen Anforderungen der §§ 120 Abs. 1 S. 1, S. 2, **510** 62 Abs. 4 S. 2 FGO genügen.

c) Form- und fristgerechte Revisionsbegründung

511 Die Revision muss begründet werden. Dabei müssen die formalen Erfordernisse der §§ 120 Abs. 2, Abs. 3, 62 Abs. 4 S. 1 FGO erfüllt werden.

d) Geltendmachung von Revisionsgründen

512 Die Revision ist nur zulässig, wenn Gründe i.S.v. §§ 118, 119 FGO geltend gemacht werden, d.h. ihr Vorliegen muss zumindest möglich erscheinen.

e) Beschwer

513 Nach allgemeinen Rechtsmittelgrundsätzen ist auch die Revision zum Bundesfinanzhof nur dann zulässig, wenn der Revisionsführer durch das angegriffene Urteil beschwert wird. Dies ist beim Kläger im Sinne einer formellen Beschwer dann der Fall, wenn das Urteil hinter seinem Klageantrag zurückbleibt. Beim Beklagten und Beigeladenen ist dies dagegen im Sinne einer materiellen Beschwer dann der Fall, wenn ihn das Urteil inhaltlich belastet, d.h. nachteilig in seinen Rechten betrifft.

2. Begründetheit

514 Die Revision ist begründet, wenn das angegriffene Urteil materielles Bundesrecht oder das als verletzt gerügte Verfahrensrecht (§ 118 Abs. 3 FGO) verletzt, das Urteil auf dieser Verletzung beruht (Fiktion des § 119 FGO oder positive Kausalitätsfeststellung) und sich die Entscheidung auch nicht aus anderen Gründen als richtig erweist (§ 126 Abs. 4 FGO).

IV. sonstige Rechtsbehelfe der FGO

515 Die FGO kennt weitere Rechtsbehelfe:
- Nichtzulassungsbeschwerde, § 116 FGO,
- Antrag auf Aussetzung der Vollziehung, §§ 69 Abs. 3, 114 Abs. 5 FGO,
- Antrag auf Erlass einer einstweiligen Anordnung, § 114 Abs. 1 FGO,
- Beschwerde, § 128 FGO,
- Erinnerung, § 133 FGO,
- Anhörungsrüge, § 133a FGO,
- Antrag auf Durchführung einer mündlichen Verhandlung, § 90a Abs. 2 S. 1 FGO,
- Antrag auf Wiederaufnahme des Verfahrens, § 134 FGO i.V.m. §§ 578 ff. ZPO,
- Vollstreckungsrechtsbehelfe der ZPO, § 151 Abs. 1 S. 1 FGO.

Online-Wissens-Check

Können Sie die Funktionsweise des § 177 AO erklären?

Überprüfen Sie jetzt online Ihr Wissen zu den in diesem Abschnitt erarbeiteten Themen. Unter www.juracademy.de/skripte/login steht Ihnen ein Online-Wissens-Check speziell zu diesem Skript zur Verfügung, den Sie kostenlos nutzen können. Den Zugangscode hierzu finden Sie auf der Codeseite.

9. Teil
Finanzverfassungsrecht

Das Finanzverfassungsrecht muss drei grundlegende Fragen beantworten:
- Welche Gebietskörperschaft erlässt die Steuergesetze (Steuergesetzgebungshoheit)?
- Welcher Gebietskörperschaft steht das Steueraufkommen zu (Steuerertragshoheit)?
- Welche Gebietskörperschaft vollzieht die Steuergesetze (Steuerverwaltungshoheit)?

516

A. Die Steuergesetzgebungshoheit

Die Steuergesetzgebungshoheit ist in Art. 105 GG geregelt. Sie findet praktisch nur noch im Bereich der konkurrierenden Gesetzgebungskompetenz nach Art. 105 Abs. 2 GG statt. Demnach hat der Bund die konkurrierende Gesetzgebungshoheit, wenn ihm die jeweilige Steuer ganz oder zum Teil zusteht oder die Voraussetzungen des Art. 72 Abs. 2 GG erfüllt sind. Da dem Bund an den meisten der bedeutsamen Steuern zumindest ein Teil zusteht (vgl. Art. 106 Abs. 1, Abs. 3 GG), kommt es auf die Voraussetzungen des Art. 72 Abs. 2 GG im Wesentlichen nur bei der Erbschafts- und Schenkungsteuer sowie bei der Gewerbesteuer, der Grundsteuer und der Grunderwerbsteuer an. Diese Steuerarten sind bundesgesetzlich geregelt, ohne dass dem Bund am Aufkommen ein Ertragsanteil zusteht. Zur Wahrung der Rechts- und Wirtschaftseinheit i.S.v. Art. 72 Abs. 2 GG ist eine bundesgesetzliche Regelung dieser Bereiche erforderlich. Die ausschließliche Steuergesetzgebungshoheit nach Art. 105 Abs. 1 GG spielt wegen der EU-Regelungen zum Zollrecht und der weitgehenden Abschaffung der Finanzmonopole keine Rolle mehr in Klausuren.

517

Die Steuergesetzgebungshoheit (Steuergesetzgebungskompetenz) stellt sich wie folgt dar:

518

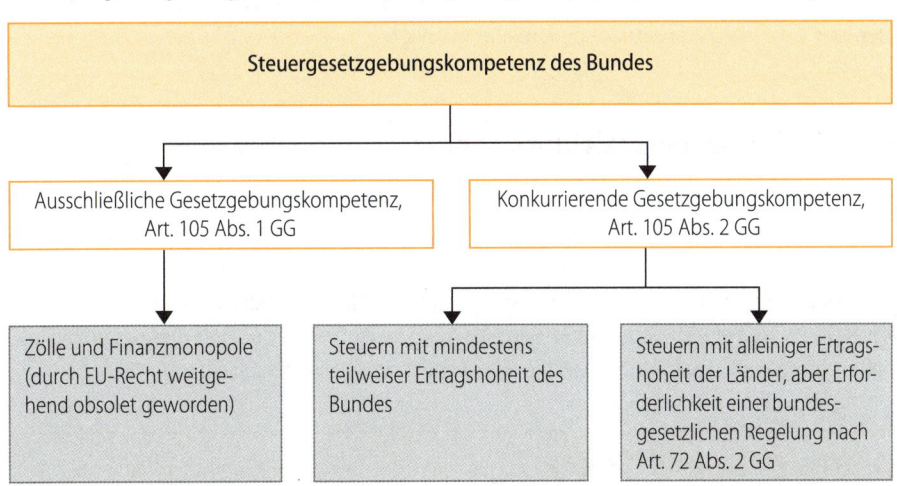

Die Dominanz des Bundes bei der Steuergesetzgebung wird durch das Erfordernis der Zustimmung des Bundesrats gemäß Art. 105 Abs. 3 GG zum Teil wieder ausgeglichen. Die Länder wirken so nämlich über den Bundesrat an der Gestaltung sämtlicher Steuern von erheblicher fiskalischer Relevanz mit. Ansonsten verfügen die Länder über eine ausschließliche Steuergesetzgebungskompetenz nach Art. 105 Abs. 2a GG nur im Hinblick auf die Höhe des Steuersatzes der Grunderwerbsteuer und die überwiegend in den Kommunalabgabengesetzen geregelten örtlichen Verbrauch- und Aufwandsteuern.

519

B. Die Steuerertragshoheit

520 Die Steuerertragshoheit ergibt sich aus Art. 106 GG. Hieraus ergibt sich, dass die ertragreichsten Steuern Bund und Ländern zumindest teilweise zustehen. Insbesondere stehen Bund und Ländern jeweils ein Anteil an den sog. Gemeinschaftsteuern zu, also an der Einkommen-, Körperschaft- und der Umsatzsteuer. Die Länder erhalten exklusiv insbesondere die Erbschaft- und Schenkungsteuer (vgl. Art. 106 Abs. 2 Nr. 2 GG), während den Gemeinden gemäß Art. 106 Abs. 6 GG die Grundsteuer, die Gewerbesteuer und die örtlichen Verbrauch- und Aufwandsteuern zustehen.

521 Vereinfacht stellt sich die Verteilung der Steuern wie folgt dar:

Steuerertragshoheit			
Gemeinschaft-steuern (Bund und Länder): Einkommen-, Körperschaft- und Umsatzsteuer	**Bundessteuern:** Energie-, Strom-, Tabak-, Branntwein-, Kaffee-, Schaumwein-, Versicherung-steuer, Solidaritäts-zuschlag, Zölle	**Ländersteuern:** Erbschaft-, Grunderwerb-, Kraftfahrzeug-, Bier-, Rennwett- und Lotteriesteuer	**Gemeindesteuern:** Gewerbe,- Grundsteuer, örtliche Verbrauch- und Aufwand-steuern

522 Zu beachten ist, dass nach Art. 106 Abs. 5 GG auch den Gemeinden ein Anteil an der Einkommensteuer zusteht, der ihnen aber nicht ertragsmäßig zufließt, sondern durch die Länder (von deren Anteil) weiterzuleiten ist. Entsprechendes gilt für die Umsatzsteuer (Art. 106 Abs. 5a GG). Umgekehrt werden Bund und Länder gemäß Art. 106 Abs. 6 S. 4 GG am Aufkommen der Gewerbesteuer über eine Umlage beteiligt.

C. Die Steuerverwaltungshoheit

523 Nach den Vorgaben von Art. 30, 108 GG ist die Steuerverwaltungshoheit aufgeteilt. Bundesfinanzbehörden verwalten gemäß Art. 108 Abs. 1 S. 1 GG die dort genannten Steuern. Die übrigen Steuern werden nach Art. 108 Abs. 2 S. 1 GG durch die Finanzbehörden (insbesondere Finanzämter und Landesamt für Steuern bzw. Oberfinanzdirektion) der Bundesländer verwaltet. Nach Art. 108 Abs. 3 GG handelt es sich dabei um Steuerverwaltung im Auftrag des Bundes (Bundesauftragsverwaltung), wenn die jeweilige Steuer dem Bund zumindest teilweise zufließt.

Online-Wissens-Check

Wie werden die Steuern in Deutschland verteilt?

Überprüfen Sie jetzt online Ihr Wissen zu den in diesem Abschnitt erarbeiteten Themen. Unter **www.juracademy.de/skripte/login** steht Ihnen ein Online-Wissens-Check speziell zu diesem Skript zur Verfügung, den Sie kostenlos nutzen können. Den Zugangscode hierzu finden Sie auf der Codeseite.

Sachverzeichnis

Die Zahlen verweisen auf die Randnummern.